塑造『规范』

21世纪以来欧盟对非洲教育发展合作

徐冰娜 著

全球治理与教育变革丛书／阚阅 主编

商务印书馆
创于1897
The Commercial Press

图书在版编目（CIP）数据

塑造"规范"：21世纪以来欧盟对非洲教育发展合作 / 徐冰娜著. — 北京：商务印书馆，2024
（全球治理与教育变革丛书）
ISBN 978-7-100-23976-9

Ⅰ. ①塑…　Ⅱ. ①徐…　Ⅲ. ①教育－国际合作－研究－欧洲联盟、非洲　Ⅳ. ① G550.3 ② G540.3

中国国家版本馆CIP数据核字（2024）第095915号

全球治理与教育变革丛书
塑造"规范"
21世纪以来欧盟对非洲教育发展合作
徐冰娜　著

商　务　印　书　馆　出　版
（北京王府井大街36号　邮政编码100710）
商　务　印　书　馆　发　行
江苏凤凰数码印务有限公司印刷
ISBN 978-7-100-23976-9

2024年8月第1版　　开本 890×1240　1/32
2024年8月第1次印刷　　印张 10¾

定价：62.00元

全球治理与教育变革丛书

总　序

全球治理(global governance)即“如何管理和规范我们生存的世界”，这个命题古而有之，但其真正的发展与成熟则受到全球化和国际组织的助推。1989 年世界银行(World Bank)在其研究报告《撒哈拉以南非洲：从危机到可持续增长》中探讨“治理的危机”(crisis of governance)问题时就首先使用了“治理”的表述。[①] 此后，全球治理的概念由美国国际政治理论家詹姆斯·罗西瑙(James Rosenau)等提出，[②] 并经联合国全球治理委员会(UN Commission on Global Governance)的提倡，[③] 仅十多年时间就从一个鲜有人知晓的名词变为“后冷战”时代国际事务研究与实践的核心主题。

随着全球治理理论和实践的发展，其“溢出”效应日益显著。全球治理的领域和范围早已从最初的国际关系领域延伸到更广泛的安全、经济、政治和社会事务领域。对于这样一种现实需求和学术趋

---

① The International Bank for Reconstruction and Development/The World Bank, *Sub-Saharan Africa: From Crisis to Sustainable Growth: A Long-Term Perspective Study*, Washington, DC: The International Bank for Reconstruction and Development/The World Bank, 1989.

② Rosenau, James N. and Czempiel, Ernst-Otto, *Governance without Government Order and Change in World Politics*, Cambridge: Cambridge University Press, 1992.

③ Commission on Global Governance, *Our Global Neighborhood: Report of the Commission on Global Governance*, Oxford: Oxford University Press, 1995.

向，教育研究者显然应给予更多关注。正如加拿大学者卡伦·芒迪（Karen Mundy）指出的，政治科学、国际关系和公共管理领域最近的研究表明，国际的、地区的和跨国的行为主体及其政策过程的影响力正在增长，这种状况理应得到教育政策研究界的高度重视。[①] 对教育研究者来说，在业已开启并不断深化对全球化及国际组织研究的基础上，加强对全球治理与教育变革的研究，特别是对全球教育治理的研究，是一项重要而紧迫的任务。

一、全球化时代须更加关注全球教育发展

正如美国经济学家托马斯·弗里德曼（Thomas L. Friedman）在其畅销书《世界是平的：一部二十一世纪简史》（*The World Is Flat: A Brief History of the Twenty-first Century*）中所描述的，21世纪初期处于一个“世界正被抹平”的全球化不断深入发展的进程当中。[②] 在全球化时代，教育正在打破既有的传统边界和藩篱，从一种具有强烈民族国家排他特征的专属物品，变成越来越具有全球属性的公共物品。

全球化的发展造成越来越多的趋同性教育问题。世界各国对教育的意义和目标的认识从来没有像今天这样趋同，各国的教育改革也从来没有像今天这样越来越成为席卷全球、具有不可遏止之态势和很多相似要素的“政策流行病”。质量、效率、绩效、公平等成为很多国家教育改革的共同目标，结构改革、市场机制、强化竞争、家校协同等也往往是教育改革的共同举措。全球化的发展催生了越来越多的教

---

① 卡伦·芒迪：“全球治理与教育变革：跨国与国际教育政策过程研究的重要性”，《北京大学教育评论》2011年第1期。

② Friedman, Thomas L., *The World Is Flat: A Brief History of the Twenty-first Century*, New York, NY: PICADOR, 2007.

育“全球空间”(global spaces);其影响远远超出了市场化的动态,并转化为互联互通水平的提高。特别是信息通信技术的发展,强化了超越地理领土的联系,导致很多超国家和超领土空间的出现。这些“全球空间”反过来又使得教育政策和教育优先事项的发展和流通超越国家层面,从而导致“去领土化”的进程。① 放眼世界,从全纳教育(Inclusive Education)到全民教育(Education for All),从终身学习(Lifelong Learning)到学习化社会(Learning Society),从国际理解教育(Education for International Understanding)到全球公民教育(Global Citizenship Education)等等,风起云涌的全球教育思潮和教育运动正在以一种独特的“国际制度国内化”方式形塑国家教育政策和教育发展的未来。

新的全球化背景对我们理解和认知教育问题提出了新的要求:在本体论上,强调全球化与全球教育问题发展所带来的全球图景(global landscape)这一全球本体对教育学及其相关知识体系建构的基础和核心意义;在方法论上,强调从全球本体出发,突破民族国家视野的束缚,以全球主义方法论重新建构人类对包括教育在内的政治、经济、文化、环境和社会等各领域全球化的认知和知识建构;在价值观上,倡导以全球意识、全球思维和全球价值来矫正单纯的国家主义的偏颇和不足。在当前加快建设“教育强国”的进程中,我国教育事业的发展离不开开放的国际环境和良好的外部条件。同时,全球教育发展也为我国“教育强国”建设提供了坐标、定位和方向,为接轨和对标国际先进教育制度,进而促进国内教育改革提供了机

① Solesin, Luca, “The Global Governance of Education 2030: Challenges in a Changing Landscape,” *Education Research and Foresight Working Paper 26*, Paris, UNESCO, 2020.

遇和可能。

二、应对教育挑战须更加关注全球教育治理

全球教育治理是在全球化不断深入发展的背景下，为应对越来越多的全球教育挑战而采取的管理共同教育事务的诸多方法的总和。全球教育治理既是一种越来越走近我们教育生活和教育现实的教育现象，也是一种越来越走向各国教育改革和教育发展议程中心的教育政策。

事实上，全球治理的一个主要特征就是多样化的私人和公共行为体在地方、国家、国际和跨国多重水平与范围上的互动。当前，国际政策行为体在教育治理中也体现出日益明显的多层级的特征。在全球化背景下，各国政府、国际组织、跨国公司等行为体越来越重视在地区和全球层面开展教育对话、交流与合作。例如，很多国际组织正日益介入跨国层面的教育治理和政策协调。过去30年经济全球化的发展以及“冷战”的结束，已经改变了各国政府的战略重点及其管理和控制跨境教育服务的能力。经济一体化与自由化进程不仅削弱了战后凯恩斯福利国家的主权和能力，同时也造就了很多新形式的国际组织和跨国专门机构。其中，经合组织（OECD）、世界银行和世贸组织（WTO）等都尝试采取了大量的教育多边主义（educational multilateralism）措施。[①] 全球教育治理不再被视为一种空泛的理想主义，而日益成为一种正常的运作现象。教育正在逐步走向扩大了的全球治理改革议程的前沿。

---

① Mundy, Karen, “Global Governance, Educational Change,” *Comparative Education*, Vol. 43, No. 3, 2007, p. 347.

当前我国已进入全面深化改革扩大开放的新时代。新时代的发展背景和发展形势，要求教育事业的发展同样要统筹国内国际两个大局。积极参与全球教育治理既是提升国家软实力和国际影响力的现实需求，也是加快实现社会主义现代化强国和中华民族伟大复兴的战略任务。2014 年 3 月，习近平主席对联合国教科文组织(UNESCO)进行了历史性访问并发表重要演讲。习近平主席指出，“中国高度重视同教科文组织的合作，愿意加大参与教科文组织的各项活动”[①]。2023 年 9 月，习近平主席会见联合国教科文组织总干事奥德蕾·阿祖莱(Audrey Azoulay)时再次强调，中国愿同联合国教科文组织开展更紧密合作，促进各种文明交流互鉴、包容合作，助力世界和平，推动构建人类命运共同体。中国坚持科教兴国战略，积极推进教育、科技、文化事业发展，重视同联合国教科文组织等各方开展国际交流合作。中方愿同联合国教科文组织一道努力，为促进全球共同发展作出贡献。[②] 习近平主席的讲话对中国全面参与全球教育治理发出了号召，做出了动员。在全球治理的积极参与中，倡导构建人类命运共同体，促进全球治理体系变革，推动国际秩序朝着更加开放、包容、普惠、平衡、共赢的方向发展，寻求与世界其他国家和地区的共同发展，将国家的繁荣与人类的共同福祉联系在一起，已经成为我国的重要战略。

三、全球教育治理发展更需中国有效参与

与学术研究相比，我国对于全球治理的政治实践则步伐更快，也

① 习近平：“在联合国教科文组织总部的演讲”，2014 年 3 月 27 日，https://www.gov.cn/xinwen/2014-03/28/content_2648480.htm。

② 新华社：“习近平会见联合国教科文组织总干事阿祖莱”，2023 年 9 月 28 日，https://www.gov.cn/yaowen/liebiao/202309/content_6906880.htm。

提出了更加明确的任务和目标。2012年党的十八大报告首次提出，全球治理机制正在发生深刻变革。党的十八大报告对我国参与国际事务进行了系统规划，重申了我国的原则和目标，即“中国将坚持把中国人民利益同各国人民共同利益结合起来，以更加积极的姿态参与国际事务，发挥负责任大国作用，共同应对全球性挑战”，特别是“坚持权利和义务相平衡，积极参与全球经济治理”，以及“积极参与多边事务，推动国际秩序和国际体系朝着公正合理的方向发展”。[①] 这是党中央在对国内外形势准确判断和把握的基础上，强调实行更加积极主动开放战略的重大部署。2013年党的十八届三中全会进一步将“完善和发展中国特色社会主义制度，推进国家治理体系和治理能力现代化”作为全面深化改革的总目标。[②] 2015年10月，习近平总书记在主持十八届中共中央政治局第二十七次集体学习时指出，要“积极发掘中华文化中积极的处世之道和治理理念同当今时代的共鸣点，继续丰富打造人类命运共同体等主张，弘扬共商共建共享的全球治理理念”[③]。2016年9月，习近平在主持十八届中共中央政治局第三十五次集体学习时强调，中国要“积极参与全球治理，主动承担国际责任”[④]。党的十九大报告指出：“中国秉持共商共建共享的全球治理观，倡导国际关系民主化，坚持国家不分大小、强弱、

---

① 新华社：“胡锦涛在中国共产党第十八次全国代表大会上的报告”，2012年11月17日，https://www.gov.cn/ldhd/2012-11/17/content_2268826_7.htm。

② 新华社：“中国共产党第十八届中央委员会第三次全体会议公报”，2013年11月12日，https://www.gov.cn/hudong/2015-06/09/content_2875841.htm。

③ 新华社：“习近平在中共中央政治局第二十七次集体学习时强调推动全球治理体制更加公正更加合理，为我国发展和世界和平创造有利条件”，2015年10月13日，https://www.gov.cn/xinwen/2015-10/13/content_2946293.htm。

④ 新华社：“习近平在中共中央政治局第三十五次集体学习时强调加强合作推动全球治理体系变革，共同促进人类和平与发展崇高事业”，2016年9月28日，https://www.gov.cn/xinwen/2016-09/28/content_5113091.htm。

贫富一律平等，支持联合国发挥积极作用，支持扩大发展中国家在国际事务中的代表性和发言权。中国将继续发挥负责任大国作用，积极参与全球治理体系改革和建设，不断贡献中国智慧和力量。”① 2019年10月，党的十九届四中全会从政治上、全局上、战略上对治理体系和治理能力这一重大问题进行研究部署，并立足当前、着眼长远，做出《中共中央关于坚持和完善中国特色社会主义制度，推进国家治理体系和治理能力现代化若干重大问题的决定》的战略决策。2022年10月，党的二十大报告提出：“中国积极参与全球治理体系改革和建设，践行共商共建共享的全球治理观，坚持真正的多边主义，推进国际关系民主化，推动全球治理朝着更加公正合理的方向发展。”② 上述发展论述表明，统筹国内国际两个大局，推动全球治理体制向着更加公正合理的方向发展，为我国发展和世界和平创造更加有利的条件，是以习近平同志为总书记的党中央治国理政新理念、新思想、新战略的重大主题之一。

参与全球教育治理是当前和今后我国基于全球发展大势而做出的历史选择，也是顺势而为所应迈向的必由之路。党中央和国务院高度重视全球教育治理问题，并对当前及今后我国参与全球教育治理做出一系列重要战略安排。2016年4月，中共中央办公厅、国务院办公厅联合印发的《关于做好新时期教育对外开放工作的若干意见》提出，“促进教育领域合作共赢，尤其是加强与国际组织的合作，拓展有关国际组织的教育合作空间，选拔推荐优秀人才到国际组织任职，积极

① 习近平：“决胜全面建成小康社会，夺取新时代中国特色社会主义伟大胜利——在中国共产党第十九次全国代表大会上的报告”，2017年10月18日，https://www.gov.cn/zhuanti/2017-10/27/content_5234876.htm。

② 习近平：“高举中国特色社会主义伟大旗帜，为全面建设社会主义现代化国家而团结奋斗——在中国共产党第二十次全国代表大会上的报告”，2022年10月16日，https://www.gov.cn/xinwen/2022-10/25/content_5721685.htm。

参与全球教育治理，提升发展中国家在全球教育治理中的发言权和代表性”①。该意见首次从国家政策层面提出全球教育治理的表述，标志着全球教育治理在中国正由一种理论设想逐步变成行动实践。2019年2月，中共中央、国务院印发的《中国教育现代化2035》，再度强调“开创教育对外开放新格局”，特别是要“积极参与全球教育治理，深度参与国际教育规则、标准、评价体系的研究制定。推进与国际组织及专业机构的教育交流合作。健全对外教育援助机制”。② 这是在面向教育现代化和教育强国的中长期规划中对积极参与全球教育治理做出的全面部署。2023年5月，习近平总书记主持二十届中共中央政治局第五次集体学习时发表重要讲话指出，“要完善教育对外开放战略策略，统筹做好‘引进来’和‘走出去’两篇大文章，有效利用世界一流教育资源和创新要素，使我国成为具有强大影响力的世界重要教育中心。要积极参与全球教育治理，大力推进‘留学中国’品牌建设，讲好中国故事、传播中国经验、发出中国声音，增强我国教育的国际影响力和话语权”③。习近平总书记的讲话精神为新时代我国有效参与全球教育治理更加明确了方向和目标。

中国作为联合国教科文组织等联合国机构的重要会员国，作为世界上人口最多、教育规模最大的国家，如何进一步提高与联合国教科文组织等国际机构的合作水平，全面开启全球教育治理新征程，引领世界教育发展潮流，是摆在我们面前的新的历史任务。新时代是中国

① 新华社：“中共中央办公厅、国务院办公厅印发《关于做好新时期教育对外开放工作的若干意见》”，2016年4月29日，https://www.gov.cn/zhengce/2016-04/29/content_5069311.htm。

② 新华社：“中共中央、国务院印发《中国教育现代化2035》”，2019年2月23日，https://www.gov.cn/xinwen/2019-02/23/content_5367987.htm。

③ 新华社：“习近平主持中央政治局第五次集体学习并发表重要讲话”，2023年5月29日，https://www.gov.cn/yaowen/liebiao/202305/content_6883632.htm。

日益走进世界舞台中央、不断为人类做出更大贡献的时代。中国秉持共商共建共享的全球治理观，将继续发挥负责任大国作用，积极参与全球治理体系改革和建设，不断贡献中国智慧和力量。建设教育强国，意味着中国教育将以更加开放的姿态全面走向世界，中国将成为世界重要的教育中心之一，更加积极地参与全球教育治理，以中国教育发展的理论、经验、道路、模式为解决世界教育发展问题提供中国方案。中国教育的发展模式本身就是它的最大资产和对全球教育发展的最大贡献。基于自身的治理实践，中国将为全球教育治理做出重大贡献。

四、有效参与全球教育治理更须加强研究

尽管国际、地区和跨国行为主体的影响力日益增强，然而对这些行为主体对国内和全球教育变革影响的研究仍处于起步阶段，对世界政治体系的教育动力讨论仍需要加强。从这个意义上讲，需要通过持续的研究形成对全球治理与教育变革以及全球教育治理的科学认知与全面理解。

全球教育治理不仅是时代发展的产物，也是顺应全面深化改革和全方位开放的需要，更是比较教育研究者应该关注的重要课题。顾明远教授、王英杰教授和张民选教授在《全球化时代比较教育的挑战与使命》一文中明确指出，比较教育研究所面对的问题已远远不仅仅是单向的教育借鉴和国别教育的相似与差异分析，其研究的问题更加全球化，全球治理赋予了比较教育研究者新的使命和新的任务。① 刘宝

① 顾明远、王英杰、张民选：“全球化时代比较教育的挑战与使命”，《比较教育研究》2015 年第 4 期。

存教授等也指出，在“全球治理”的语境中，教育领域不断出现很多新问题，如全球教育治理、国际教育援助、国际理解教育、全球公民教育、可持续发展教育等；这些是以往比较教育研究或教科书中并不关注或较少关注的边缘领域，而“全球治理”的出现使其成为亟待研究的重要问题。①

中国参与全球教育治进程更是一个新生的事物和全新的探索。对于制约中国参与全球教育治理进一步深入和持久发展的很多制度性、机制性和学理性问题仍需要做更多的反思、研究、分析和破解。科学理解全球教育治理的内涵，认清全球教育治理存在的危机，厘清中国在全球教育治理变革中的角色，以及寻求全球治理与国家治理的有效互动，对当代中国及当代中国的教育发展具有重大意义，也显得十分迫切和必要。

虽然全球教育治理在中国的提出，无论从决策层还是学术界都相对滞后，但却拥有更多的认知基础和“后发优势”。“全球治理与教育变革丛书”正是为适应理论、政策与实践的发展与需求而推出的。本丛书依托教育部国别和区域研究备案中心——浙江大学联合国教科文组织研究中心的系列研究成果，特别是中心所承担的教育部哲学社会科学研究重大课题攻关项目“我国在开放科学领域有效参与全球治理研究”（项目批准号：22JZD043）、国家社科基金教育学重点课题“自贸港(自贸区)建设背景下的教育对外开放研究”（课题批准号：AFA210013)、浙江省哲学社会科学规划重大项目“中国有效参与全球教育治理的路径及战略研究”（课题编号：22QNYC01ZD)、中国联合国教科文组织全国委员会委托项目“联合国教科文组织全

① 刘宝存、臧玲玲：“全球化时代的比较教育：机遇、挑战与使命”，《教育研究》2020年第3期。

球教育治理机制以及我国的有效参与”等项目的研究成果，中心以“国际组织与全球教育治理”为主要方向培养博士研究生和硕士研究生的学业成果，以及本领域相关研究者的重要成果。我们期待这些研究成果能够为更深入认识和理解全球治理与教育变革问题，以及更有效参与和贡献全球教育治理实践，提供相关的信息和可能的参考。

在开展全球治理与教育变革研究的过程中，我们也深感知识的匮乏和能力的有限，这套丛书所呈现的仍只是非常初步的探索成果，期待学界同仁的批评指正。我们也希望在不断加强自身能力建设的同时，与所有热心于全球治理与教育变革的人士一道为更好开展研究和更好服务实践而不懈努力。

是为序。

2024 初夏谨识于浙大紫金港

目　录

序

阚阅（浙江大学教育学院院长）

值此徐冰娜博士第一部学术专著《塑造“规范”：21 世纪以来欧盟对非洲教育发展合作》付梓之际，谨向徐冰娜博士表示热烈的祝贺！

徐冰娜博士这部专著所讨论的话题具有重要的价值和意义。在全球化时代，国家之间处于一种紧密关联、相互依存的状态，欠发达国家的教育发展问题并非单个国家自身的问题，而是关乎全人类共同利益的世界性问题。国际教育援助作为推动欠发达国家教育发展的重要抓手，已成为国内外教育界所关心的重大议题。大规模的国际教育援助兴起于第二次世界大战之后，至今已有 70 多年的历史。随着 21 世纪以来各国联系的日益加深，教育援助已从国家间的外交行为转变为一项带有多重性质的全球事务，国际社会逐步深化拓展国际教育援助的内涵，各援助主体也在不断完善并形成各具特色的援助实践模式。党的二十大报告提出“促进世界和平与发展，推动构建人类命运共同体”，并将“推动构建人类命运共同体”作为中国式现代化的本质要求之一。而不断探索和总结具有中国特色的国际教育援助的新模式，正是建设相互尊重、公平正义、合作共赢的新型国际关系的重要途径，也是构建人类命运共同体的必然要求。因此，徐冰娜博士这部专著的出版可谓恰逢其时。

《塑造“规范”：21世纪以来欧盟对非洲教育发展合作》一书系统梳理了21世纪以来欧盟超国家层面对非洲教育发展合作的政策和实践，重点考察欧盟对非洲教育发展合作的背景目标、机制手段以及作用成效。无论从学术研究还是实践应用的角度来说，这都是一本值得出版的好书。本书有助于丰富教育学界有关国际教育援助的研究，为了解欧盟对非洲教育发展合作提供了丰富翔实的数据与案例。从理论层面而言，本书有助于完善国际教育援助的理论诠释和建构，探讨欧盟教育发展合作的内在机理、手段机制、作用成效等，为我国推进国际教育援助提供学理基础和依据。从实践层面而言，国际教育援助并非单纯抽象的学理探讨，已成为各国对外政策实践的重要内容。本书紧密结合新时代国家积极参与全球治理、深化南南合作的战略发展需求，在深入把握欧盟对非洲教育发展合作的政策和实践的基础上，借鉴其成功经验，为我国教育援助政策的制定和调整、教育援助手段的运用、教育援助效果的评估、国际形象的塑造等提供学理依据、国际经验参照和决策支持。

近年来关于国际教育援助的研究成果并不多见，徐冰娜博士的这部著作在以下几个方面做出了自己的贡献：首先是研究内容的创新。北京师范大学刘宝存教授曾指出，全球化时代，教育领域不断涌现出许多新兴研究议题，如全球教育治理、国际教育援助等，这些是以往比较教育研究中较少关注的议题，这促使比较教育学者展开新的研究领域和研究议题。国际教育援助作为国际和国内相关领域的重大研究议题，也是比较教育研究的学术前沿和热点议题，但目前国内学界对教育援助的关注和研究略显不足。本书从欧盟对非洲教育发展合作的政策和实践出发，深入研究欧盟对非洲教育发展合作的目标、规范内容、手段机制以及效果。这在一定程度上实现了对目前比较教育研究对象和内容的创新，也在一定程度上弥补了我国学界在教育援助领域研究力度不足的短板。

其次是研究视角的创新。国际教育援助是国内外学界的新兴议题，但需要注意的是，国际教育援助是一个得到广泛使用但又至今未形成广泛共识的概念，也缺乏完整的逻辑分析框架和理论视角。国内已有的关于教育援助的研究大多为现象和事实的描述，倾向于表层的译介，并未转入更深层次的批判性学理分析，且缺乏相应的理论支撑。本书创新性地采用了欧洲国际关系研究领域备受关注和认可的理论视角即“规范力量”，基于此构建了其分析框架。该理论视角是对欧盟行为体角色研究以及教育发展合作研究的新探索与尝试，也能为国际教育援助提供新的考察视角与分析路径。

当然，本书也存在一些可以进一步讨论和深化之处，比如如何对 21 世纪以来欧盟对非洲教育发展合作实践中程序性扩散、传递性扩散和“文化过滤”扩散之间的协同机制和潜在张力进行更充分解析；如何在欧盟对非洲教育发展合作研究的基础上加强对中国国际教育援助的剖析，增强欧盟经验对我国国际教育援助发展对策建议的针对性；等等，这些都需要进一步论证和探究。不过瑕不掩瑜，本书仍然不失为一部研究欧盟教育发展合作的重要成果。

徐冰娜博士曾在浙江大学教育学院比较教育学专业攻读博士学位，其间获得浙江大学争创优秀博士学位论文资助，博士论文在教育部平台评审中获得 4A 的优秀成绩，并获评“2022 年浙江大学优秀博士学位论文”和“2022 年浙江省优秀博士学位论文提名论文”。本书正是在她博士学位论文的基础上修改而完成的最终成果，也是她一直以来锐意进取、刻苦钻研的结晶。成果来之不易，未来更为可期。作为徐冰娜博士的博士生导师，我见证了她学术成长的过程，期待着她有更多更好的成果问世。

特为之序！

2024 年 6 月 5 日

于浙大紫金港成均苑

绪　论

第一节　从国际教育援助到教育发展合作：背景与概念

国际教育援助问题备受学界关注，是实现可持续发展目标的重要手段，也是我国推进“一带一路”倡议、深化南南合作的重要方式。而作为传统援助者的欧盟在国际教育援助方面具有丰富的经验，其教育援助政策和实践经验值得我国学界予以关注和深入探讨。

一、国际教育援助：中国与欧盟

当今世界，加大对发展中国家，尤其是在实现各级优质全民教育方面差距最大的国家的教育援助，是实现可持续发展目标的重要手段。[1] 国际教育援助总量大体上在增长，于2016年达到了135亿美元，这是自2009年以来教育类别在国际援助总额（不包括债务减免）中的比重首次增长——从2015年的6.9%增至2016年的7.6%。[2]（图

---

① UNESCO, *Incheon Declaration and Framework for Action for the Implementation of Sustainable Development Goal 4*, 2015, p.9.

② UENSCO, *Aid to Education: A Return to Growth?*, 2018, p.2.

0-1)但需要指出的是，国际教育援助投入虽逐步增长，却远远不能满足目前国际教育援助的需求。据联合国教科文组织(UNESCO)估计，若想实现全民教育发展目标，2015—2030年每年仍有至少390亿美元的资金缺口，如果要弥补资金缺口，国际社会的教育援助投入需增加6倍。[①] 2019年7月的高级别政治论坛上，联合国教科文组织指出，国际社会在推动实现可持续发展目标4(确保包容和公平的优质教育，让全民终身享有学习机会)上的力度明显不足，并对在2030年前能否实现可持续发展目标4表达了担忧，呼吁国际社会加大教育援助的力度。[②]

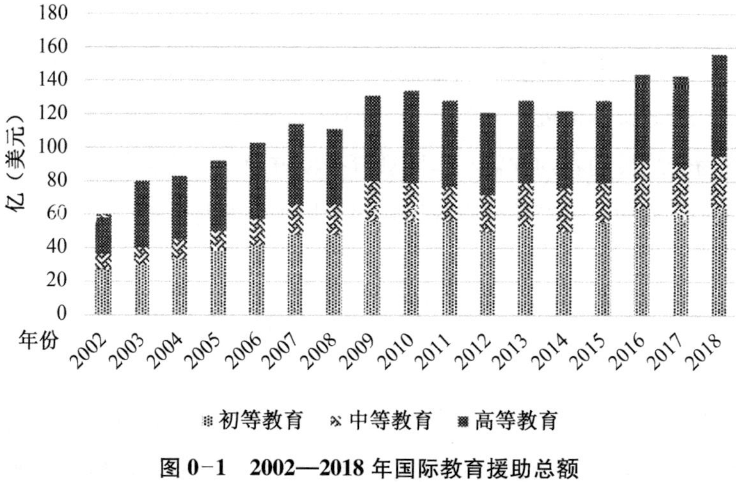

图0-1 2002—2018年国际教育援助总额

资料来源：UNESCO & UIS, *Meeting Commitments: Are Countries on Track to Achieve SDG 4?*, 2019, p. 11.

随着综合国力的增强，我国在国际社会中已实现从受援国到援助

---

① UENSCO, *Aid to Education: A Return to Growth?*, 2018, p. 1.

② UNESCO & UIS, *Meeting Commitments: Are Countries on Track to Achieve SDG 4?*, 2019, pp. 2-12.

国的转变，逐渐承担起更多的国际责任和义务，更加重视教育援助的作用。尤其是在“一带一路”倡议背景下，教育援助的重要性日益凸显：《关于做好新时期教育对外开放工作的若干意见》提出，我国要积极开展国际教育援助，发挥教育援助在“南南合作”中的重要作用，加大对发展中国家的支持力度，加快构建我国教育援外基地和对外教育培训中心，创新对外教育援助模式，开展优质教学仪器设备、整体教学方案、配套师资培训一体化援助。[①]《推进共建“一带一路”教育行动》则关注教育援助在加强“一带一路”教育共同体行动中的战略定位，提出开展教育互联互通合作、开展人才培养培训合作以及共建丝绸合作机制三个方面的合作重点，实施“丝绸之路”教育援助计划，做大教育援助格局。[②] 与此同时，需要正视的是，我国作为新兴援助者，教育援助机制与体系正处于建设和发展中，教育援助开展时间相对较短、经验有限，也存在一些待改进之处，如教育援助机构分散，有待制订国家层面统一连贯的教育援助战略[③]，对基础教育援助的投入和关注不足[④]，教育援助筹资能力、资源配置合理性以及有效性、持续性、透明度等方面受疑。[⑤]

---

① 中华人民共和国教育部：“中办国办印发《关于做好新时期教育对外开放工作的若干意见》 坚持扩大开放 做强中国教育”，2016 年 4 月 30 日，http：//www. moe. gov. cn/jyb_ xwfb/s6052/moe_ 838/201605/t20160503_ 241658. html。

② 中华人民共和国教育部：“教育部关于印发《推进共建“一带一路”教育行动》的通知”，2016 年 7 月 15 日，http：//www. moe. gov. cn/srcsite/A20/s7068/201608/t20160811_ 274679. html。

③ UNESCO, *Background Paper Prepared for the Education for All Global Monitoring Report 2015: The Role of China as an Education Aid Donor*, 2015, p. 1.

④ 王学军：“教育援助与国家软实力培育——中日在尼日利亚小学援建项目的案例比较”，《比较教育研究》2015 年第 3 期。

⑤ Bräutigam, D., “Aid ‘With Chinese Characteristics’: Chinese Foreign Aid and Development Finance Meet the OECD-DAC Aid Regime”, *Journal of International Development*, Vol. 23, No. 5, 2011.

而欧盟作为传统援助者，在教育援助领域形成了典型的“欧盟模式”，这主要表现在以下三个方面。其一，从发展援助项目的规模和地理范围来看，欧盟是全球发展援助的强大参与者。2016年，欧盟及其成员国的官方发展援助金额高达843亿美元[①]，占全球官方发展援助总额的59.1%[②]，是唯一一个对140余个国家进行发展援助的国际行为体。[③] 欧盟的援助涉及政治、经济、教育等多个领域，形成了综合性、多领域的援助框架。[④] 其二，欧盟高度重视教育援助，强调教育援助在减贫和发展中的重要作用，将教育援助视为欧盟及其成员国发展合作政策的优先事项之一。[⑤] 欧盟也是目前教育援助份额最高的多边援助机构之一，仅次于世界银行。[⑥] 欧盟在支持发展中国家的教育发展方面做出了重要贡献，已支持了100多个国家的教育行动，在对60个国家的援助行动中，教育更是援助的重点领域。[⑦] 其三，欧盟不仅是国际援助的重要参与者，并且在国际援助工作中更扮演着领导者和规范制定者的角色。非洲是欧盟国际援助的优先和重点区域，面向非洲，欧盟先后制定了《雅温得协定》（Yaoundé Conven-

---

① OECD, *OECD Development Cooperation Peer Reviews: European Union 2018*, 2018, p. 55.

② European Commission, "EU Official Development Assistance Reaches Highest Level Ever", 11 April 2017, https://europa.eu/rapid/press-release_IP-17-916_en.htm.

③ 王新影："欧盟对外援助与欧洲一体化"，中国社会科学院博士学位论文，2010年，第27页。

④ OECD, *OECD Development Cooperation Peer Reviews: European Union 2018*, 2018, p. 11.

⑤ Commission of the European Communities, *Communication from the Commission to the Council and the European Parliament on Education and Training in the Context of Poverty Reduction in Developing Countries*, 2002, p. 2.

⑥ Heyneman, S. & Lee, B., "International Organizations and the Future of Education Assistance", *International Journal of Educational Development*, No. 48, 2016.

⑦ European Commission, "Education in International Cooperation and Development", 12 August 2019, https://ec.europa.eu/europeaid/sectors/human-development/education_en.

tion)、《洛美协定》(Lome Convention)、《科托努协定》(Cotonou Agreement)等协定文件，引领国际援助的发展方向。

综上可见，欧盟作为国际教育援助领域的积极参与者和领导者，其教育援助政策和实践经验值得我国学界予以关注和深入探讨。

二、教育发展合作：欧盟与非洲

本书以21世纪以来欧盟对非洲教育发展合作的理念与实践为主要研究对象，试图厘清欧盟对非洲教育发展合作的动因和目标，明晰欧盟对非洲教育发展合作中的内容、运行机制以及手段方式，剖析欧盟对非洲教育发展合作的实质内涵，分析欧盟对非洲教育发展合作的实际效果，从而为我国把握欧盟教育发展合作发展态势、参与全球教育发展合作尤其是对非洲教育发展合作，提供国际经验借鉴。

基于此，在展开具体的论述之前，本书需要界定如下两个主要概念。

(一) 非洲

非洲是欧盟发展合作的重要对象，欧盟对非洲的发展合作并非局限在非洲国家层面，而是涉及区域、次区域和国家三个层面。[①] 欧盟对非洲的发展合作受到多重政策框架的指导，这包括欧洲睦邻政策(European Neighbourhood Policy)、《科托努协定》和《欧盟—南非贸易发展合作协定》(Trade, Development and Cooperation Agreement with South Africa)。21世纪以来，出于非洲区域一体化的诉求，欧盟提出

---

① European Commission, *Joint Communication to the European Parliament and the Council Towards a Comprehensive Strategy with Africa*, 2020, p. 2.

“一个欧洲，一个非洲”（One Europe, One Africa）的口号，首次将非洲作为一个整体来对待，试图超越非洲政策工具的分散性，寻求创建以欧盟和非洲统一组织/非盟为中心的、统一的欧非大陆层面的政策框架和合作机制。[①] 自非盟成立以来，尤其是在2007年的《欧非联合战略》(Joint Africa-EU Strategy)出台后，欧盟对非洲的发展合作主要是在欧盟—非盟的框架下进行的。欧盟对非洲的发展合作涵盖非洲大陆的54个国家——这54个国家均是非盟[②]的成员国。除了面向54个非洲国家，还包括对非洲五个次区域层面的发展合作，比如欧盟对西非国家经济共同体(Economic Community of West African States)、中非国家经济共同体(Economic Community of Central African States)等区域经济共同体的发展合作，以及包括面向非洲区域层面的发展合作，例如对非盟机构的发展合作。

综上所述，在本书中，“非洲”并非单纯的地理概念，而包含了地理概念和政治概念，涉及区域、次区域和国家三个层面。欧盟对非洲的发展合作亦涵盖了其对非洲区域、次区域和国家三个层面的发展合作行为。

（二）发展合作

国际上关于“援助”有众多表述，比如官方援助(Official Aid/Assistance)、官方发展援助(Official Development Aid/Assistance)、国际援助(International Aid/Assistance)、对外援助(Foreign Aid/Assis-

① 陈水胜：“冷战后欧盟对非洲政策调整析论”，外交学院博士学位论文，2015年，第44—56页。

② 非盟共有55个成员，包括受到国际普遍认可的54个国家，以及具有争议的阿拉伯撒哈拉民主共和国(西撒哈拉)。该国并未被国际社会普遍承认，欧盟也未与其进行任何发展合作。

tance)、国际发展援助(International Development Aid/Assistance)、国际发展合作(International Development Cooperation)等。各国际行为体对“援助”这个术语并没有统一和明确的界定，不同的行为体基于自身的援助理念和援助动机，采用不同的术语来指代自身的对外援助行为。[①] 鉴于国际社会和学界对“援助”并未有清晰、统一的界定，因此很有必要在欧盟语境下厘清“援助”一词的内涵。

20 世纪末尤其是 21 世纪以来，欧盟的各项条约以及两份《欧洲发展共识》(European Consensus on Development)更倾向于使用“发展合作”(development cooperation)一词，强调欧盟援助的目的是推动发展中国家经济、社会等领域的发展，实现联合国千年发展目标(Millennium Development Goals)以及可持续发展目标(Sustainable Development Goals)，也表明欧盟及其成员国与发展中国家之间是平等的伙伴关系。[②] 发展合作更能体现其发展援助行为中的“合作”特性以及“发展”目的，不再是传统地将不适宜当地的援助强加给受援者的不平等的行为，而是一种“质”的飞跃，即援助理念的变化——援助者和受援国是平等的合作伙伴，援助行为应尊重受援国的国情、传统和需求。[③] 为与欧洲政策文本的表述一致，本书使用“发展合作”作为核心表述，指代欧盟的发展援助行为。

有关发展合作的目标、对象、内涵以及手段等，欧盟做出过一系列说明。如《欧洲联盟运行条约》(Treaty on the Functioning of the European Union)第 208 条明确规定，“欧盟发展合作的主要目标是减少

---

① Breuning, M., “Foreign Aid, Development Assistance or Development Cooperation: What’s in a Name?”, *International Politics*, No. 39, 2002.

② Hamburger, F., “An Overview of EU Development Policy”, in M. Lister (ed.), *European Union Development Policy*, New York: St. Martin’s Press, 1998, p. 13.

③ Breuning, M., “Foreign Aid, Development Assistance or Development Cooperation: What’s in a Name?”, *International Politics*, No. 39, 2002.

乃至最后消除贫困”[①]。更准确地说，“促进发展中国家，尤其是条件最差的发展中国家经济和社会的可持续发展；促进发展中国家平稳、逐步地和世界经济接轨；促进发展中国家同贫困作斗争”[②]。2017年新的《欧洲发展共识》积极响应联合国提出的《改变我们的世界：2030年可持续发展议程》(Transforming our World：The 2030 Agenda for Sustainable Development)和可持续发展目标，承诺欧盟及其成员国的发展合作将力争消除贫困、降低脆弱性和解决不平等问题，还致力于支持民主、法治与人权，维护和平，预防冲突，改善环境质量，实现对全球自然资源的可持续管理，为面临自然或人为灾害的群体、国家和区域提供援助，创建一个以更加密切的多边合作及良好的全球治理为基础的国际体系。[③] 在援助方式上，“欧盟及其成员国在同发展中国家进行发展合作时，基于各国的国情、能力、需求和表现，采用不同且互补的形式(包括项目援助、部门计划支持以及部门和一般预算支持)和援助交付形式(包括结对、技术援助和能力建设)”[④]。需特别注意的是，欧盟在发展合作领域具有超国家和政府间的双重功能属性：广义上的欧盟发展合作包含了欧盟及其所有成员国的发展合作行

① European Parliament, Council & European Commission, *Joint Statement by the Council and the Representatives of the Governments of the Member States Meeting within the Council, the European Parliament and the Commission: The New European Consensus on Development*, 2017, p. 6.

② 欧共体官方出版局编：《欧共体基础法》，苏明忠译，国际文化出版公司1992年版，第61—62页。

③ European Parliament, Council & European Commission, *Joint Statement by the Council and the Representatives of the Governments of the Member States Meeting within the Council, the European Parliament and the Commission: The New European Consensus on Development*, 2017, p. 6.

④ European Parliament, Council & European Commission, *Joint Statement by the Council and the Representatives of the Governments of the Member States Meeting within the Council, the European Parliament and the Commission: The New European Consensus on Development*, 2017, p. 40.

为，狭义上仅指超国家层面的欧盟发展合作行为，这是两个相对独立的体系。本书中的“欧盟发展合作”特指超国家层面的欧盟发展合作行为，不包括欧盟各成员国的发展合作行为。

综上，本书将欧盟语境下的“发展合作”定义为欧盟超国家层面对受援国进行的面向所有发展中国家，致力于在可持续发展的背景下消除贫困、降低脆弱性、解决不平等，在经济、环境、健康、教育等多领域提供财力、物力、人力等方面的支持，解决受援国发展过程中遇到的问题，促使其减少乃至最终消除贫困，实现可持续发展的行为。

教育发展合作属于发展合作的分支领域，其主体和客体与“发展合作”大体一致，在发展合作领域上则更具有针对性。关于教育发展合作的目标，从广义上讲，是经济增长、创造就业、减少收入差距、消除不平等以及提高生活水平等的内动力，能帮助发展中国家加快减贫进程，实现可持续发展。从狭义上讲，教育发展合作聚焦教育领域的发展问题，“要最大限度地扩大发展中国家人民受教育的机会，确保所提供的教育能满足大多数学生的需要，为不断提高人口教育水平奠定基础”，支持全纳和平等的全民优质教育和终身学习。[①] 此外，从教育发展合作的具体领域来看，其干预的目标领域包括学前教育、基础教育、中等教育、职业技术教育与培训、高等教

① European Commission, Council of the European Communities & Council of the European Communities, *Development Cooperation Policy in the Run-up to 2000: Collection of Communications from the Commission to the Council and the European Parliament and of Relevant Resolutions, Declarations and Conclusions of the Council of Ministers May 1992/May 1995*, 1996, p. 257.

育、非正规教育以及在紧急和危机情况下的教育。① 在教育发展合作的方式上，包括财政和人力资源两种主要手段，具体有教育资金投入、教育基础设施建设、教师培训、能力建设、教材开发等具体方式。②

综上，本书将欧盟语境下的“教育发展合作”定义为，欧盟在超国家层面与受援国进行的致力于向所有发展中国家的教育发展提供人力、物力、信息、技术等方面的支持，解决受援国教育发展过程中遇到的问题，帮助受援国或区域确保和扩充教育机会、提升教学质量，激活受援国可持续发展的内动力，减少乃至最终消除贫困，实现可持续发展的行为。

第二节 欧盟对非洲教育发展合作研究的推进

目前学界有关欧盟发展合作的研究大致包括以下三类：第一类为聚焦欧盟发展合作的宏观研究，对欧盟发展合作的历史演变、动因和目的、政策基础、发展合作途径和方式、发展合作成效与挑战等内容

---

① European Parliament, Council & European Commission, *Joint Statement by the Council and the Representatives of the Governments of the Member States Meeting within the Council, the European Parliament and the Commission: The New European Consensus on Development*, 2017, p. 12.

② European Commission, Council of the European Communities & Council of the European Communities, *Development Cooperation Policy in the Run-up to 2000: Collection of Communications from the Commission to the Council and the European Parliament and of Relevant Resolutions, Declarations and Conclusions of the Council of Ministers May 1992/May 1995*, 1996, p. 257.

进行阐述，尝试总结欧盟发展合作的特点，把握欧盟发展合作的发展趋势。第二类是基于区域的视角，对欧盟与非洲发展合作历史、发展合作关系、发展合作政策和实践项目、发展合作有效性等内容进行梳理和评析。第三类是对欧盟与非洲教育发展合作的政策、项目的成效进行评估，分析取得的成效以及存在问题。

一、有关欧盟发展合作的研究

国内外学者已围绕欧盟发展合作的历史、动因、内容和领域、特点、有效性等主题进行了探究。

第一，国外学者系统地梳理了欧盟发展合作的历史演变。此类研究以卡琳·艾兹(Karin Arts)和安娜·迪克森(Anna Dickson)、马乔里·里斯特(Marjorie Lister)、毛里齐奥·卡本(Maurizio Carbone)、约瑟夫·麦克马洪(Joseph Mcmahon)等人的专著为代表，介绍了欧共体/欧盟发展合作政策自1957年《罗马条约》(Treaty of Rome)以来的演变过程。如卡本表示，欧共体发展合作政策可追溯至《罗马条约》，该条约规定了欧洲经济共同体六个成员国与发展中国家、殖民地之间的关系，从《罗马条约》生效至20世纪末，欧共体的发展合作政策逐渐从与非洲少数国家的关系拓展为涵盖世界所有区域发展中国家的全球政策。①

第二，国内外学者围绕欧盟发展合作的动机和目的、发展合作与欧盟国际角色定位等问题进行了研究。帕特里克·霍尔顿(Patrick Holden)认为，援助难以用纯粹的利他主义来解释，而是与政治、地

① Carbone, M., *The European Union and International Development: The Politics of Foreign Aid*, New York: Routledge, 2007, p. 31.

缘经济和战略目标密切相关的“政治工具”，欧盟发展合作行为的背后也有其地缘经济和政治动机。[①] 里斯特表示，1992 年的《欧洲联盟条约》(Treaty on European Union)为欧盟的发展合作政策描绘了蓝图——欧盟发展合作旨在促进发展中国家的经济和社会的可持续发展，促进发展中国家融入世界经济体系，解决贫困问题，支持民主、人权和法治。[②] 王新影认为，欧盟对外援助有利己和利他两个方面的动机，服务于加强欧盟国际影响力和存在感、对区域乃至全球输出欧洲模式的目标。[③] 崔文星表示，欧盟的发展合作政策与国际发展合作趋势紧密相连，响应国际发展合作的目标，具有利他主义的色彩，但同时欧盟的发展合作政策也具有强烈的利己主义色彩，这主要表现在欧盟试图通过发展合作政策增强欧盟在国际舞台上的影响力，影响乃至主导国际发展合作的倾向和趋势。[④] 刘丽云总结道，欧盟的发展合作政策映射了欧盟在地缘政治、安全、经济等方面的利益诉求和政治意图。[⑤] 霍尔顿、卡本、里斯特、秦亚青、刘丽云、贾文华、王新影等国内外学者一致认为欧盟是国际援助的重要参与者，也在国际援助工作中扮演着领导者和规范制定者的角色。[⑥]

第三，卡琳·艾兹和安娜·迪克森、索尼娅·卢卡雷利(Sonia

---

① Holden, P., *In Search of Structural Power: EU Aid Policy as a Global Political Instrument*, Farnham, England; Burlington, VT: Ashgate, 2009, pp. 17-18.

② Lister, M., "Introduction", in M. Lister (ed.), *European Union Development Policy*, New York: St. Martin's Press, 1998, p. xi.

③ 王新影：“欧盟对外援助与欧洲一体化”，中国社会科学院博士学位论文，2010 年，第 24 页。

④ 崔文星：“欧盟发展合作政策探析——基于欧盟与千年发展目标和 2015 年后发展议程关系的考察”，上海交通大学博士学位论文，2015 年，第 1 页。

⑤ 刘丽云：“试析欧盟发展政策的新特点、新取向和新功能”，《欧洲研究》2009 年第 1 期。

⑥ Carbone, M., *The European Union and International Development: The Politics of Foreign Aid*, New York: Routledge, 2007, pp. 31-32.

Lucarelli)和伊恩·曼纳斯(Ian Manners)等学者还着力分析了欧盟发展合作的内容和领域。就援助领域来说，学界认为欧盟的发展合作领域已从最初的《罗马条约》中的贸易优惠扩展到政治、经济、文化、卫生、教育等多个领域[1]，形成了综合性、多领域的援助，还将发展中国家和平、安全、环境、人权、卫生等议题都包括了进来。[2] 索尼娅·卢卡雷利和伊恩·曼纳斯、简·奥里比(Jan Oribe)和海伦·韦斯鲁伊斯(Helen Versluys)等学者也认为，欧盟的发展合作政策有助于传播和扩散民主、法治、尊重人权和自由等价值观。[3] 玛丽亚·波托内罗(Maria Botonero)还表示，2005年的《欧洲发展共识》基于其民主价值和经验，推广"欧盟发展模式"（EU-like model of development)，这无疑凸显了欧盟利用其重要的软实力资源，推广其治理模式来增强对其他国家影响力的意图。[4] 王新影、高希杰等学者对欧盟发展合作的基本构成、权限划分、法律基础和资金来源等内容做了系统梳理，认为欧盟在发展合作领域逐渐形成了独特的、成熟的、不同于其他援助者的"欧洲模式"。[5]

第四，国内外学者尝试总结出欧盟在国际发展合作领域的独特性，把握欧盟发展合作的发展趋势。奥里比指出，欧盟利用发展援助

---

① Scbrijver, N., "The EU's Common Development Cooperation Policy", in Telo Mario (ed.), *The European Union and Global Governance*, London: Routledge, 2009, p. 176.

② 季玲："从区域主义到全球主义——欧盟发展合作政策研究"，外交学院硕士学位论文，2004年，第10页。

③ Oribe, J., Versluys, H., "The European Union's International Development Policy: Leading and Bennevolent?", in J. Oribe (ed.), *Europe's Global Role: External Policies of the European Union*, Farnham: Ashgate Publishing Limited, 2008, p. 78.

④ Botonero, E. M. R., *EU Higher Education as Soft Power in Neighbouring Countries: A Projection of Influence by Compelling Means*, Bordeaux: ECPR General Conference Sciences, 2013, pp. 1-28.

⑤ 高希杰："'政策一致性'视野下的欧盟对非援助研究"，华东师范大学硕士学位论文，2011年，第1—2页。

这种软实力工具来对其他区域、国家乃至全球施加其影响。[①] 刘丽云认为，20世纪90年代以来，欧盟发展合作政策主要有三个特点：其一，反映了欧盟在地缘政治、经济、安全等方面的利益诉求和政治意图；其二，将发展合作同安全、和平等相关领域联系起来；其三，在发展合作政策中附加政治性条件和原则。[②] 卡琳·艾兹提出欧盟的发展合作政策具有实质性和创新性，对非洲、加勒比和太平洋(African, Caribbean and Pacific，以下简称“非加太”)区域国家的发展合作政策成为欧盟象征性地展现其对南北关系的承诺和实践的舞台。[③] 卡本、崔文星、刘颜、季玲等学者关注欧盟发展政策一致性的特点，指出欧盟主张内外政策一致、欧盟同受援者的政策一致性、欧盟与其他援助者的政策一致性等，借此增强发展合作的积极影响并提高其有效性。[④] 埃里克·伦兹加德(Erik Lundsgaarde)指出欧盟的发展合作政策与全球发展议程是紧密结合的，遵循《援助有效性巴黎宣言》(Paris Declaration on Aid Effectiveness)和《阿克拉行动议程》(Accra Agenda for Action)提高援助有效性的原则，保证发展合作政策能够得到更好的协调，确保援助资源在地域分配上更加均衡。[⑤]

第五，学界对欧盟发展合作的成效以及存在的问题等进行梳理。英国议会上议院议员琳达·查克(Lynda Chalker)等学者表示，欧盟

---

① Orbie, J., *Europe's Global Role: External Policies of the European Union*, Farnham: Ashgate Publishing Limited, 2008, p. 152.

② 刘丽云：“试析欧盟发展政策的新特点、新取向和新功能”，《欧洲研究》2009年第1期。

③ Arts, K. & Dickson, A., *EU Development Cooperation: from Model to Symbol*, Manchester: Manchester University Press, 2004, pp. 1–6.

④ Carbone, M., “Mission Impossible: the European Union and Policy Coherence for Development”, *Journal of European Integration*, Vol. 30, No. 3, 2008.

⑤ Lundsgaarde, E., “The Future of European Development Aid”, *Futures*, Vol. 44, No. 7, 2012.

的发展合作政策已经在减贫、健康、艾滋病预防、粮食安全、教育和性别平等等领域取得了实质性进展[①]，能够促进受援国经济发展、政治变革、医疗卫生水平的提高以及教育水平的提升。[②] 但国内外也有学者表示欧盟的发展合作存在一定的挑战和问题：如卡本认为虽然欧盟在发展合作方面做出了各种承诺，但实际效果并不显著，难以超越短期政治和经济利益的考量。[③] 杰拉德·麦肯(Gerard McCann)也表明欧盟的发展合作政策存在着协调不足和承诺不力等问题。[④] 欧盟发展合作尚未实现完全的一致性，尤其是欧盟超国家层面的发展合作政策同各成员国的发展合作政策存在明显的不协调，前者往往会受到影响。[⑤] 欧盟自身发展合作政策也存在内部程序复杂和高度碎片化等问题。[⑥] 此外，新兴援助国的兴起[⑦]，全球安全、发展、环境问题之间的联系日益紧密，都对欧盟发展合作未来的发展提出了特殊关切。[⑧]

---

① Chalker, L., "The UK's View of the Future of European Development Cooperation", in M. Lister (ed.), *European Union Development Policy*, New York: St. Martin's Press, 1998, p. 2.

② 王渤力："欧盟发展政策的演进研究"，中国人民大学博士学位论文，2017 年，第 60—67 页。

③ Carbone, M., "Beyond Aid: Policy Coherence and Europe's Development Policy", *Revue Internationale de Politique de Développement*, Vol. 3, No. 3, 2012.

④ McCann, G., "Europe, Partnership and the Colonial Legacy", in G. McCann, S. McCloskey (eds.), *From the Local to the Global: Key Issues in Development Studies*, London: Pluto Press, 2009, p. 150.

⑤ 崔文星："欧盟发展合作政策探析——基于欧盟与千年发展目标和 2015 年后发展议程关系的考察"，上海交通大学博士学位论文，2015 年，第 2 页。

⑥ 张海冰："欧盟对外援助政策调整的背景及趋势"，《德国研究》2011 年第 2 期。

⑦ Carbone, M., "The European Union and China's Rise in Africa: Competing Visions, External Coherence and Trilateral Cooperation", *Journal of Contemporary African Studies*, Vol. 29, No. 2, 2011.

⑧ Lundsgaarde, E., "The Future of European Development Aid", *Futures*, Vol. 44, No. 7, 2012.

二、有关欧盟对非洲发展合作的研究

非加太区域的国家一直以来是欧盟非常重要和重视的合作伙伴，其中又以非洲区域和国家为最。国内外学者围绕欧盟与非洲发展合作的历史、欧非发展合作中的关系、与非洲发展合作政策和实践项目、发展合作有效性等议题展开了富有成效的研究。

第一，国内外学者就欧盟对非洲发展合作的历史演变以及每个历史阶段的特征进行了详细的梳理。欧盟委员会发展政策负责人弗里德里希·汉贝(Friedrich Hamburger)指出，欧盟对非洲的发展合作最早可追溯到1957年，欧共体/欧盟与非加太国家的关系是欧洲发展合作政策的“基石”，在20世纪90年代，欧共体对非加太国家的发展资金高达整个发展合作预算的六成。[①] 薇姬·波奇菲尔德(Vicki Birchfield)、卡琳·艾兹和安娜·迪克森、高希杰、金玲等学者表示，欧非关系一直以来是以制度化的合作框架为特征，欧盟对非洲发展合作可根据几份重要协定划分为四个阶段——“联系制度”(associate on system)阶段、《雅温得协定》阶段、《洛美协定》阶段以及《科托努协定》阶段。[②] 玛丽·法瑞尔(Mary Farrell)指出，“联系制度”是殖民主义的产物，《雅温得协定》延续了具有浓厚依附色彩的“联系制度”，试图在殖民主义下享有战略性经济利益，《洛美协定》和《科托努协定》反映了欧盟对地区间主义态度的转变，是一种创新的合作模

---

① Hamburger, M., “An Overview of EU Development Policy”, in M. Lister (ed.), *European Union Development Policy*, New York: St. Martin’s Press, 1998, p. 12.

② Birchfield, V. L., *The EU’s Development Policy: Empirical Evidence of ‘Normative Power Europe’?*, Montreal: Tenth Biennial International Conference of the European Union Studies Association, 2007, p. 10.

式，自《科托努协定》以来，欧盟扩大了同非加太国家政治对话的范围，纳入有关民主、人权和法治的条款。[①] 此外，赵可昊等学者指出，20 世纪末，欧盟试图突破非加太《科托努协定》的合作协定和框架，以首届欧非首脑会议为标志，探索专门针对非洲的发展合作政策和框架。[②] 金玲将 21 世纪以来欧盟对非洲发展合作分为两个阶段：第一个阶段是 2000—2011 年，欧盟反思自身对非政策存在的问题以及着眼于其他国家的竞争压力，调整对非洲发展合作政策；第二个阶段以 2011 年欧盟的《增加欧盟发展政策的影响：变革议程》(Increasing the Impact of EU Development Policy：An Agenda for Change)为标志，欧盟对非洲发展合作开始进入转型深化阶段，进一步聚焦到若干个重点国家和重点领域，对发展合作附加的政治条件也进行了灵活调整。[③]

第二，在对欧盟对非洲发展合作历史演变进行探究的同时，国内外学者也着重探究了欧盟与非洲在发展合作中的关系。里斯特指出，欧盟是非洲国家等南方国家的理想伙伴和捍卫者。[④] 国内学者金玲认为，21 世纪以来，欧盟根据国际环境不断调整对非的政策，从首届欧非首脑峰会，到 2005 年首份对非战略的出台，再到 2007 年《欧非联合战略》，欧盟努力超越传统的“援助—受援助”关系，给予非洲更多的自主权。[⑤] 卡本认为《洛美协定》通过强调伙伴关系、规定发展

---

① Farrell, M., “A Triumph of Realism over Idealism? Cooperation between the European Union and Africa”, *European Integration*, Vol. 27, No. 3, 2005.

② 赵可昊：“冷战后欧盟对非洲发展援助政策研究”，外交学院硕士学位论文，2017 年，第 23 页。

③ 金玲：“欧盟的非洲政策调整：话语、行为与身份重塑”，《西亚非洲》2019 年第 2 期。

④ Lister, M., *The European Union and the South*, London：Routledge, 1997, p. 1.

⑤ 金玲：“欧盟的非洲政策调整：话语、行为与身份重塑”，《西亚非洲》2019 年第 2 期。

合作不能侵蚀受援国独立自主发展的权利，赋予非加太受援国更大的自主权。[①] 但部分西方学者秉持负面态度，如弗兰克·朗(Frank Long)表示，虽然《洛美协定》已经使双方建立真正的伙伴关系，但仍带有殖民主义印记，欧共体勾勒的与非加太国家之间相互依赖的美好愿景只是一种“骑手与马匹之间的伙伴关系”（partnership between horse and rider）。[②] 玛丽·法瑞尔以及史蒂芬·赫特(Stephen Hurt)等学者认为《洛美协定》使得欧非两个区域之间的关系更加牢固，建立了高度制度化的合作框架，继《洛美协定》后的《科托努协定》被描绘为一种创新的区域间合作形式，但欧盟对非洲发展合作政策实际上是“现实主义胜于理想主义”[③]，不过是从“合作转变为胁迫”[④]。

第三，学界对欧盟对非洲发展合作的内容和领域进行了探讨。冷战时期，欧盟对非洲的发展援助主要聚焦在贸易方面；冷战后，伴随多方对非势力的介入，欧盟逐渐调整对非洲的策略，开始突破传统的经济贸易领域，强调民主、人权、法治、安全等方面的内容。[⑤] 理查德·扬斯(Richard Youngs)、卡洛斯·桑蒂索(Carlos Santiso)、卡伦·德尔·比昂多(Karen Del Biondo)、赵可昊、刘青建等学者分析指出，21世纪以来，欧盟对非洲的发展合作议题逐渐丰富，欧盟加

---

① Carbone, M., *The European Union and International Development: The Politics of Foreign Aid*, New York: Routledge, 2007, p. 58.

② Long, F., *The Political Economy of EEC Relations with African, Caribbean and Pacific States: Contributions to the Understanding of the Lome Convention on North-South Relations*, UK: Pergamon Press, 1980, p. 12.

③ Farrell, M., “A Triumph of Realism over Idealism? Cooperation between the European Union and Africa”, *European Integration*, Vol. 27, No. 3, 2005.

④ Hurt, S., “Cooperation and Coercion? The Cotonou Agreement between the European Union and ACP States and the End of the Lomé Convention”, *Third World Quarterly*, Vol. 24, No. 1, 2003.

⑤ 赵雅婷：“21世纪以来欧盟对非援助的政治导向研究”，中国人民大学博士学位论文，2017年，第1页。

强了对非洲国家的政治干预，人权、民主、善治等成为欧盟对非洲政治干预的核心议题[①]，和平、安全、能源、气候、人口流动和移民、教育和卫生、粮食安全等议题也逐渐受到重视。[②] 刘青建等表示，欧盟对非洲的发展合作政策寻求与安全等议题的关联性，试图通过发展合作强化非洲的安全建设，稳定非洲的局势。[③] 陈水胜指出，冷战后，欧盟对非洲政策以及欧非合作机制进行结构性调整，聚焦到若干个重点领域和重点议题，尝试改变欧盟对非洲发展合作的分散性，构建起统一、综合的对非洲发展合作政策。[④]

第四，学界对欧盟对非洲发展合作的成效以及存在的问题等进行了梳理。秦亚青教授指出，虽然欧非之间还存在着一些不平等的现象，但是近年来欧盟的诸多发展合作措施还是取得了显著的成效，欧非正在发展更为平等的合作关系；从《罗马条约》到《科托努协定》，欧盟逐渐采取更优惠的贸易政策，也尝试给予发展中国家更多的自主权，这在一定程度上赢得了后者的认同。[⑤] 戴瑞发现，对非洲发展合作是欧盟发挥其软实力、输出欧洲发展模式的重要手段，欧盟根据国际环境不断调整对非政策，保持在非洲的传统影响力和地位。[⑥] 但国

---

① Santiso, C., "Sisyphus in the Castle: Improving European Union Strategies for Democracy Promotion and Governance Conditionality", *The European Journal of Development Research*, Vol. 15, No. 1, 2003.

② 赵可昊："冷战后欧盟对非洲发展援助政策研究"，外交学院硕士学位论文，2017 年，第 24 页。

③ 赵雅婷、刘青建："欧盟对非援助政策新变化探析"，《教学与研究》2015 年第 6 期。

④ 陈水胜："冷战后欧盟对非洲政策调整析论"，外交学院博士学位论文，2015 年，第 43 页。

⑤ 秦亚青：《观念、制度与政策：欧盟软权力研究》，世界知识出版社 2008 年版，第 248 页。

⑥ 戴瑞："欧盟对非洲援助政策的调整：规范传播理论的视角"，复旦大学博士学位论文，2013 年，第 21 页。

内外学者也表示欧盟对非洲发展合作存在一定的挑战和问题。如高希杰等学者聚焦欧盟的“发展政策一致性”，探究了欧盟对非洲发展合作中“发展政策一致性”的概念、制度框架、实施路径以及具体落实情况，还表示欧盟对非多边援助协调在现实中存在着难以克服的结构性困难。[①]“发展政策一致性”想象多于现实，欧盟及其成员国在对非洲实施发展合作的过程中，继续维持欧盟超国家层面和成员国的双轨局面。[②] 西比勒·席珀斯(Sibylle Scheipers)和丹妮拉·西库雷利(Daniela Sicurelli)、马克·兰根(Mark Langan)等学者立足于曼纳斯“规范力量”的视角，对欧盟与非洲关系中“应然”和“实然”的规范力量进行考察，认为欧盟对非政策虽然已经在规范性层面取得了一定的进展[③]，但还需应对地缘政治和商业利益对规范性角色塑造的挑战。[④]

三、有关欧盟对非洲教育发展合作的研究

教育发展合作是欧盟对非洲发展合作的重要领域之一，已有的关于欧盟对非洲教育发展合作的研究主要围绕以下几个议题展开：对非洲教育发展合作的历史演变、对非洲教育发展合作的动因和目标、对非洲教育发展合作的手段方式以及具体的项目、对非洲教育发展合作

---

① 周玉渊、唐翀：“欧盟对非援助协调新变化及对中国的启示”，《教学与研究》2013 年第 7 期。

② 高希杰：“‘政策一致性’视野下的欧盟对非援助研究”，华东师范大学硕士学位论文，2011 年，第 35 页。

③ Scheipers, S. & Sicurelli, D., “Empowering Africa: Normative Power in EU-Africa Relations”, *Journal of European Public Policy*, Vol. 15, No. 4, 2008.

④ Langan, M., “Normative Power Europe and the Moral Economy of Africa-EU Ties: A Conceptual Reorientation of ‘Normative Power’”, *New Political Economy*, Vol. 17, No. 3, 2012.

取得的成效以及存在的挑战等。

第一，国内外学者对欧盟对非洲教育发展合作的历史阶段进行了划分。张军广和楼世洲指出，欧共体早期阶段并没有独立的对非洲教育发展合作的政策、机构、制度等，相关教育发展合作的内容嵌含在一系列涉非的协定和条约中，对非洲教育发展合作呈碎片化状态。伴随着欧非首脑峰会对话机制的建立，欧非双方建立了以欧非首脑峰会为框架的教育发展合作机制，欧盟逐渐实现了对非洲教育发展合作的组织化和制度化。[①] 罗梦云指出，非洲高等教育的发展高度依赖前宗主国或其他国际援助，非洲的高等教育援助经历了“西方理念渗透阶段”“自发性依附阶段”以及“独立意识觉醒阶段”等。[②] 高虹瑶认为欧盟对非教育援助大致上可以分为四个阶段：第一个阶段是殖民时期，欧洲宗主国对非洲殖民地和海外领地的教育援助；第二个阶段是欧共体成立后，开始从国对国转变为集体对非教育援助的模式；第三个阶段是欧盟成立后，欧盟对非教育援助同全球教育发展议程逐渐接轨，关注基础教育、职业技术教育与培训以及教育公平等议题；第四个阶段是非盟成立后，成为欧盟对非洲教育援助的中介和桥梁，欧盟对非洲教育援助开始主要在欧盟与非盟的合作框架下进行，以推行系列教育项目，推进非洲教育的发展。[③]

第二，国内外学者探究了欧盟对非洲教育发展的动因和目标。正如国际教育政策研究专家、有二十余年世界银行教育项目经历的斯蒂芬·海恩曼（Stephen Heyneman）以及学者宝美·李（Bommi Lee）所

---

① 张军广、楼世洲：“赢得青年就赢得未来：欧盟对非教育援助新理念——基于2017年‘非—欧峰会’主题的分析”，《比较教育研究》2018年第12期。

② 罗梦云：“依附理论视角下的外部援助与非洲高等教育发展关系的研究”，浙江师范大学硕士学位论文，2016年，第46—47页。

③ 高虹瑶：“欧盟援助非洲教育政策的发展演变研究”，浙江师范大学硕士学位论文，2015年，第22—42页。

言，对外援助经常与人道主义动机结合起来——联合国体系下的多边援助的政治动机并不显著，其项目和战略是受援国和援助国多方利益共识的产物，但双边援助机构反映了国家对外援助优先事项以及援助的政治经济目标倾向。他们表示，“没有双边援助机构的援助是仅基于人道主义援助的，援助不可避免地带有政治和经济利益的考量，双边援助是援助国外交政策的一部分”[①]。超国家性质的欧盟在对非洲教育发展合作时也有其政治、经济等方面的利益考量，比如国内学者张军广和楼世洲认为，欧盟对非洲教育发展合作作为欧盟对非洲发展合作政策的一部分，是欧盟全面实现对非战略目标的重要支撑，为欧盟实现稳定外部环境、获得对非战略竞争优势、主导非洲发展议程等目标奠定了基础。[②] 玛丽亚·波托内罗指出，在诸如欧盟委员会、经合组织、联合国教科文组织或世界银行等国际组织的援助与发展合作政策中，教育尤其是高等教育的重要性日益凸显，欧洲高等教育发展合作是在全球化、政治动荡和经济衰退背景下，对北非等邻国投射软实力的重要机制；他进一步指出，欧盟在与邻国建立发展合作关系方面有其政治、经济、社会、地缘战略和安全利益方面的考虑。[③]

第三，国内外学者对欧盟对非洲教育发展合作的手段和方式、政策和实践项目等内容进行详细的梳理和评析。玛丽亚·波托内罗指出，教育发展合作是欧盟影响全球政治议程的有效软实力以及软外交发挥作用的重要路径，欧盟在世界上其他区域，尤其是在邻国促进了

① Heyneman, S. & Lee, B., “International Organizations and the Future of Education Assistance”, *International Journal of Educational Development*, No. 48, 2016.

② 张军广、楼世洲：“赢得青年就赢得未来：欧盟对非教育援助新理念——基于2017年‘非—欧峰会’主题的分析”，《比较教育研究》2018年第12期。

③ Botonero, E. M. R., *EU Higher Education as Soft Power in Neighbouring Countries: A Projection of Influence by Compelling Means*, Bordeaux: ECPR General Conference Sciences, 2013, pp. 1-28.

欧盟模式的高等教育改革，协助伙伴国家的教育系统同欧洲的教育系统实现软融合。[①] 张军广和楼世洲指出，欧盟以“赢得青年就赢得未来”为教育发展合作理念，以非洲各级教育机构参与欧盟教育科研创新项目为推手，构建起多层次的会议和论坛制度，加强对非洲教育发展合作的设计、实施、管理和评估工作。[②]

第四，对欧盟对非洲教育发展合作的具体项目进行梳理，评估其成效并探究其存在的问题。玛丽亚·波托内罗、拉德万·阿卜杜勒·哈米德(Radwan H. Abdel Hamid)、阚阅等学者关注欧盟“坦普斯计划”(TEMPUS Programme)的进展和影响情况。阚阅指出，坦普斯计划促进了包括北非国家在内的伙伴国家高等教育体制和管理的改革、学位课程的建设、人力资本的开发以及合作网络的构建。[③] 玛丽亚·波托内罗表示，坦普斯计划已经在国际上创建了具有战略影响力的欧洲品牌，这是任何一个欧盟成员国都无法单独做到的，坦普斯计划提高了北非国家高等教育系统的质量，帮助其获得国际认可和可比性，也推动博洛尼亚进程以及欧盟的外交议程。[④] 拉德万·阿卜杜勒·哈米德则选取埃及作为案例展开分析，认为坦普斯计划使得埃及的高等教育发生了显著的变化——埃及教育系统得以改善，更接近欧洲的教

---

① Botonero, E. M. R., *EU Higher Education as Soft Power in Neighbouring Countries: A Projection of Influence by Compelling Means*, Bordeaux: ECPR General Conference Sciences, 2013, pp. 1-28.

② 张军广、楼世洲：“赢得青年就赢得未来：欧盟对非教育援助新理念——基于2017年‘非—欧峰会’主题的分析”，《比较教育研究》2018年第12期。

③ 阚阅：“泛欧高等教育合作的新起点：欧盟‘坦普斯计划’述略”，《高等工程教育研究》2010年第5期。

④ Botonero, E. M. R., *EU Higher Education as Soft Power in Neighbouring Countries: A Projection of Influence by Compelling Means*, Bordeaux: ECPR General Conference Sciences, 2013, pp. 1-28.

育标准。[1] 简·奈特（Jane Knight）和埃蒙特·塔德斯·沃尔德吉奥尔吉斯（Emnet Tadesse Woldegiorgis）聚焦尼雷尔流动计划（Mwalimu Nyerere Mobility Programme）和非加太学术流动计划（Intra-ACP Academic Mobility Scheme），在一定程度上肯定了尼雷尔流动计划和非加太学术流动计划对促进非洲内部流动的作用。[2] 张军广和楼世洲认为欧盟通过前瞻性、战略性布局，促进非洲高等教育的发展，同时对非洲青年的社会道德价值观施加影响，鼓励非加太区域学生的跨区域流动，实现优秀国际性人才的洲际培养。[3]

通过对上述文献的梳理可以注意到，整体来说，已有的对欧盟发展合作，尤其是欧盟对非洲发展合作的历史演进、运行机制、实践项目等问题的研究，为本书奠定了研究基础。但该领域的研究无论是在广度上还是深度上都存在不足，有待进一步深化与扩展，也为本书的研究提供了空间。

首先，整体来说，对欧盟对非洲教育发展合作的研究较少，缺乏系统全面的把握。学界对欧盟发展合作以及欧盟对非洲发展合作方面的研究较为成熟，已从国际政治、国际关系、地缘政治、经济学等学科视角出发，对欧盟发展合作的历史演变、政策基础、管理机制等内容进行了较为系统的梳理，欧盟对非洲教育发展合作在宏观的欧盟发

---

① Hamid, R. H. A., *Exchanging Experience of Four Different Tempus Mechatronice Projects: Egypt-EU Partnership*, 9th France-Japan & 7th Europe-Asia Congress on Mechatronics (MECATRONICS)/13th Int'l Workshop on Research and Education in Mechatronics (REM), 2012, pp. 1-2.

② Knight, J. & Woldegiorgis, E. T., "Academic Mobility in Africa: Students, Scholars, Programmes, and Providers", in J. Knight, E. T. Woldegiorgis (eds.), *Regionalization of African Higher Education: Progress and Prospects*, Rotterdam: Sense Publishers, 2017, p. 120.

③ 张军广、楼世洲：“赢得青年就赢得未来：欧盟对非教育援助新理念——基于2017年‘非—欧峰会’主题的分析”，《比较教育研究》2018年第12期。

展合作、欧盟对非洲发展合作的研究中略有所涉及，但专门聚焦欧盟对非洲教育发展合作的研究则较为缺乏。其次，已有的欧盟对非洲教育发展合作的研究较少，且为数不多的研究主要聚焦于欧盟对非洲教育发展合作历史或具体的教育发展合作项目等方面内容，研究成果碎片化，缺乏对欧盟对非洲教育发展合作系统、全面的研究，对欧盟对非洲教育发展合作的政策、实践、成效等内容缺乏全景式研究。最后，已有的欧盟对非洲教育发展合作研究大多为现象和事实性描述，倾向于表层译介，并未转入更深层次的批判性学理分析，且缺乏相应的理论支撑。在全球化背景下，超国家层面的欧盟是如何通过教育发展合作实现其对非政策的目标、实现其全球角色塑造的？如何解释、理解和评价国际发展合作中的欧盟的角色和行为？上述问题仍存在一个有待开拓的研究空间。

第三节　理论视角及研究思路

本书以“规范力量”（Normative Power）为研究视角，并基于规范力量构建研究分析框架。“规范力量”这一概念源于学界对欧盟在世界政治格局中角色定位——它在国际舞台中是什么性质的行为体，在国际政治中扮演着或者说应当扮演着怎样的角色，发挥着怎样的作用——的探究，是对欧盟行为体角色的新定位，也是理解、诠释和分析欧盟对外政策的重要视角。

一、理论视角和分析框架

建构主义学派学者、现任哥本哈根大学政治学系教授伊恩·曼纳斯于2002年发表了题为《规范力量欧洲：术语上的矛盾?》(Normative Power Europe：A Contradiction in Terms?)的文章。该文首次提出“规范力量”的概念——“规范力量不同于以往以经济手段为基础的民事力量以及以军事手段为基础的军事力量”，而是一种“塑造国际关系中‘规范’(normal)的能力”，是“观念的力量”(power over opinion)，抑或者被称为“思想的力量”(ideological power)。[①] 他将欧盟界定为“规范力量欧洲”(Normative Power Europe)，这既是指欧盟在国际政治中作为一种特殊的行为体的地位，也表明这一行为体所拥有的特殊力量——不同于以往的民事力量和军事力量，主要是凭借规范施加的影响力。[②] 这是基于建构主义理论发展出来的概念，关注行为体互动中的非物质性力量，以及规范如何影响行为体的认同与行为，并由此引发学界对欧盟规范的讨论浪潮。

自规范力量被曼纳斯提出以来，它在有关欧盟外交政策和对外关系的政策辩论和学术研究中都颇为流行。娜塔莉·托奇(Nathalie Tocci)、托马斯·迪兹(Thomas Diez)等学者也在曼纳斯的基础上对规范力量理论进行拓展，丰富了规范力量的理论内涵和内容，逐渐构建起规范力量的分析框架。担任欧盟外交和安全政策高级代表兼欧盟委员会副主席何塞·博雷利(Josep Borrell)的特别顾问、曾就职于欧

---

① Manners, I., “Normative Power Europe: A Contradiction in Terms?”, *Journal of Common Market Studies*, Vol. 40, No. 2, 2002.

② 严骁骁：“反思‘规范性力量欧洲’：理论与实践”，南京大学博士学位论文，2016年，第44页。

洲政策研究中心(Centre for European Policy Studies)的学者娜塔莉·托奇将规范力量运用于欧盟外交政策研究上，提出了“规范性外交政策”（Normative Foreign Policy)框架，以考察和评估欧盟的外交政策以及外交行为，并因对欧盟外交政策的突出研究贡献获得安娜·林德奖(Anna-Lindh Award)。托奇指出，“规范力量欧洲”将超国家层面的欧盟描述为一个外交政策行为者，致力于通过非强制性手段在国际事务中塑造、传播规则和价值观，实现这些规则和价值观的“普遍化”。[①] 她明晰了规范性外交政策的框架，提出规范性外交政策具有三个维度——目标(goal)、手段(means)和效果(impact)。也就是说，规范性外交政策着重考虑三个方面：一个行为体想要什么(其目标)、如何行动(其政策手段的部署)以及实现了什么(其结果和影响)。

规范力量具有历史性，欧盟的规范产生于一定的时空框架下，有其特定的历史背景。[②] 哈佛大学欧洲研究中心的学者罗伯特·福克纳(Robert Falkner)表示，将欧盟简单地视为国际关系中的规范行为体是缺乏历史深度的，必须将欧盟置于国际政治环境中进行分析，才能对欧盟在国际政治中的作用有更全面和深刻的认知。[③]

(一) 规范性目标

研究规范性外交政策必须先中立且客观地定义好“规范性”

---

① Tocci, N., *Profiling Normative Foreign Policy: The European Union and Its Global Partners*, CEPS Working Document No. 279, 2007, p. 1.

② Postel, K., “The Historicity of European Normative Power”, in Z. Laïdi (ed.), *EU Foreign Policy in a Globalized World: Normative Power and Social Preferences*, New York: Routledge, 2008, p. 38.

③ Falkner, R., *The European Union as ‘a Green Normative Power’? EU Leadership in International Biotechnology Regulation*, Minda de Gunzburg Center for European Studies, Harvard University, 2006, p. 5.

(normative)。“规范性”可以理解为在国际事务中被认为是“规范”的东西，“传达一种标准化的感觉和对非越轨行为的期望，而不是一种道德上的命令”，规范性外交政策在道德上是不中立的，但必须基于合法、已被普遍接受的既定标准，这些标准需要一个“外部参照点”(external reference point)。[①]

芬兰坦佩雷大学国际政治学教授托马斯·弗斯博格(Tuomas Forsberg)认为，规范力量首先需要阐明“规范”是指哪些规范。[②] 对此，曼纳斯归纳出五个核心规范(即和平、自由、民主、法治与人权)以及四项次要规范(社会团结、反歧视、可持续发展和善治)，而后在其文章中将上述这五个核心规范和四项次要规范统一归纳为欧盟的九项规范性原则。这些规范是在欧盟系列法律条文、政策规则、条约规定的基础上产生的，具有特殊性与普适性。这些规范是欧盟内部管理体系的规范，对于形成一个具有自身特征的政治共同体是不可或缺的。[③] 上述这些规范是欧盟内部的认同和共识的基础，也是欧盟对外政策的理念基础。[④] 欧盟创造了一系列兼具独特性和普适性的价值和原则，也认为其自身处理国际关系的方式、价值观以及成功的多边治理模式等具有推广的价值，因而将自身的模式塑造成为国际体系中其他行为体的标准和范本，即“新欧洲模式”，试图在全球事务中树

---

① Tocci, N., *Profiling Normative Foreign Policy: The European Union and Its Global Partners*, CEPS Working Document No. 279, 2007, pp. 2-3.

② Forsberg, T., “Normative Power Europe, Once Again: A Conceptual Analysis of an Ideal Type”, *Journal of Common Market Studies*, Vol. 49, No. 6, 2011.

③ Diez, T., “Constructing the Self and Changing Others: Reconsidering ‘Normative Power Europe’ ”, *Millennium: Journal of International Studies*, Vol. 33, No. 3, 2005.

④ 张茗：“‘规范性力量欧洲’：理论、现实或‘欧托邦’?”，《欧洲研究》2008 年第 5 期。

立榜样的力量。[1] 规范力量不仅包括欧盟的一些价值观和理念，还包括欧盟的制度模式和标准等。欧洲凭借这些价值观、理念、制度模式和标准等规范在国际事务中使用非军事的手段塑造、推广和传播欧盟的模式，以规范世界政治和经济，提高欧盟的国际影响力。

目标维度是判断外交政策是否具有规范性的关键要素。托奇援引了传统现实主义的一代宗师、美国耶鲁大学和约翰斯·霍普金斯大学教授阿诺德·沃尔夫斯(Arnold Wolfers)的"环境目标"(milieu goal)和"占有目标"(possession goal)两个概念。沃尔夫斯把行为体的对外政策目标分为两种——与拥有物有关的占有目标以及与所处的环境有关的环境目标。"占有目标"以占有为目的，指国际行为体意在加强其认为有价值的事物，例如领土、联合国安理会成员资格、关税优惠等排他性事物，对这个目标的追求虽不是传统国际政治上的"零和"，但却带有很强的排他性和竞争性。"环境目标"以塑造国际行为体在其中发挥作用的外部环境为目的，通过国际机制、组织和法律来塑造国际环境，即提供一个普遍的既约束其他国际行为体也约束自身的规范性框架。环境目标是与特定行为者的特定利益间接相关的目标，但实际上与国际关系发展得更广泛的环境有关。与占有目标不同，环境目标会随着时间的推移而变化，而追求环境目标在一定程度上有助于实现占有目标。托奇表示，规范性外交政策追求"环境目标"——"旨在通过国际制度、组织和法律等来达到塑造环境的目标"，国际机构、制度和法律在不同的政策领域提供了一种"规范框架"。[2]

---

① 宋黎磊："欧盟特性研究：作为一种规范性力量的欧盟"，《国际论坛》2008年第2期。

② Tocci, N., *Profiling Normative Foreign Policy: The European Union and Its Global Partners*, CEPS Working Document No. 279, 2007, p. 4.

（二）规范性手段

规范的创立和扩散密不可分，"规范力量欧洲"不仅强调规范制定的能力，还强调欧盟是一个行为者，努力将其规范转换为国际公认的规范。[①]"规范力量欧洲"如何发挥其作用？其作用机制和路径是什么？如何向世界其他区域和国家推广规范？曼纳斯指出，欧盟的规范力量在于输出规范体系，并概括了欧盟规范性原则在其他区域和国家乃至全球进行推广与传播的六种手段和方式。

第一种是"传染性"扩散（Contagion Diffusion），这是一种无意识的传播，依赖于一些仿效和模仿的机制，也就是说，欧盟并非是有意识地将自身规范向其他行为体进行传播和扩散。在没有欧盟参与和活动的情况下，鉴于其在区域一体化方面的声望和地位，其他行为体可能受到潜移默化的影响，从而自发地接受、学习和模仿欧盟的规范。例如欧盟区域一体化的思想和机制手段在各大洲之间传播，在南美洲（南方共同市场以及南美洲国家联盟）和非洲（非洲统一组织/非盟）颇为盛行。

第二种是信息性扩散（Information Diffusion），这借助于一系列战略性沟通（如欧盟的战略和政策声明）以及声明性沟通（如欧盟轮值主席国或欧盟委员会主席的倡议）来实现。欧盟与其他国际行为体进行宣传性沟通，引导和塑造有关国际规范的讨论，这些规范在欧盟机构内外的信息传播依赖于系列交流机制，包括说服性吸引和论证性推广。

第三种是程序性扩散（Procedural Diffusion），指欧盟与第三方行

---

① Laïdi, Z., "European Preferences and Their Reception", in Z. Laïdi (ed.), *EU Foreign Policy in a Globalized World: Normative Power and Social Preferences*, New York: Routledge, 2008, p. 4.

为体之间建立制度化关系，包括签署区域间合作协议、制度化对话、加入某一国际组织或者其他行为体加入欧盟等，涉及区域间合作协议中的政治伙伴关系、国际组织的成员资格、协会协议等。

第四种是传递性扩散(Transference Diffusion)，指欧盟通过实质性或财务性手段，与第三方行为体进行贸易、经济或者技术援助等方面的合作，通过财政援助与经济制裁并举的方式来传播欧盟的规范。传递性扩散依赖于许多经济援助机制的参与和支持。①

第五种是公开性扩散(Overt Diffusion)，这是欧盟在第三国和国际组织的公开性实际存在所带来的结果，例如委员会代表团和成员国大使。公开性扩散依赖于一系列的存在、发声、外交或行动机制。

第六种是“文化过滤”扩散(Cultural Filter Diffusion)，能够影响对象行为体对欧盟所提出的国际规范原则的学习和同化，这一机制是建立在知识构成和规范传播主体所带来的社会政治认同的相互作用基础之上的。“文化过滤”扩散涉及身份认同以及知识建构的一系列机制，包括说服性参与、对话和辩论的场所以及思想的转移。“文化过滤”扩散建立在第三国的文化传播和学习欧洲规范的过程中。②

(三) 规范性效果

在效果维度上，曼纳斯表示欧盟的渐进式规范能力取决于规范在何种程度上激发了欧盟的外部行动，并被非欧盟的行为体所认可。③ 对规范性外交政策的评估应重视对其实际结果的考察，即评估

---

① Forsberg, T., “Normative Power Europe, Once Again: A Conceptual Analysis of an Ideal Type”, *Journal of Common Market Studies*, Vol. 49, No. 6, 2011.

② Manners, I. & Whitman, R., “Normative Power and the Future of EU Public Diplomacy”, in M. K. Davis Cross, J. & Melissen, J. (eds.), *European Public Diplomacy: Soft Power at Work*, New York: Palgrave Macmillan, 2013, p. 193.

③ Manners, I., *Normative Power Europe Reconsidered*, CIDEL Workshop, 2004, p. 6.

一项外交政策的实施如何引起第三方的制度、政策或法律的变化及其程度，以此来判断规范力量是否发挥了作用。①

事实上，规范力量的效果难以衡量和计算，这增加了评估欧盟规范力量效果的难度。对此，国内外诸多学者也有相关的研究，这为本书提供了参考。国内学者曾向红教授认为，学界以往对欧盟外交政策实践效果的评估主要是从其宣称的政策目标是否实现等角度予以衡量的，但规范力量的效果要考虑“自我”和“他者”两个层面，应立足于力量施动者和力量受动者两个角度。基于此，曾向红教授构建了欧盟规范力量的效果分析框架（见表0-1），着重考察欧盟的内部规范构建、推广规范的外交能力以及对象国对欧盟规范力量的认知和共鸣。②

表0-1　欧盟规范力量的效果分析框架

维度	含义	考察内容
规范绩效（normative performance）	欧盟自身规范实践的真诚性和连贯性	规范实践是否符合伦理原则，以及在实践过程中欧盟的规范考虑与战略考虑之间的契合程度
规范竞争（normative contestation）	欧盟在特定区域传播规范面临的竞争	在特定区域传播规范时，其他外部行为体的角色和行为
规范共鸣（normative resonance）	规范扩散对象国产生的规范共鸣	在推行治理模式或价值观念框架时，规范对象国产生的支持和认可程度

资料来源：曾向红，“‘规范性力量’遭遇‘新大博弈’：欧盟在中亚推进民主的三重困境”，《欧洲研究》2020年第2期。

① Tocci, N., *Profiling Normative Foreign Policy: The European Union and Its Global Partners*, CEPS Working Document No. 279, 2007, pp. 10–13.

② 曾向红：“‘规范性力量’遭遇‘新大博弈’：欧盟在中亚推进民主的三重困境”，《欧洲研究》2020年第2期。

本书将规范力量应用于欧盟对非洲教育发展合作的研究，并非旨在简单描述或归纳欧盟对非洲教育发展合作的目标、手段以及效果等内容，而是立足于规范力量的理论视角，考察教育发展合作作为欧盟对非洲的外交政策，在多大程度上履行了欧盟规范力量的角色定位，并在多大程度上影响或改变了政策对象（非洲）的价值和规范。具体来说，本书旨在探究欧盟对非洲教育发展合作语境中何为规范，分析欧盟在对非洲教育发展合作过程中的目标是什么，以及主要是通过怎样的手段构建其规范角色，最终效果又如何。

关于规范力量理论在本书中的应用，根据上述规范力量的分析框架，该理论的诞生是有其特定时空背景的，故本书首先分析欧盟对非洲教育发展合作的背景。其次，本书通过对欧盟系列声明、宣言以及政策文本的梳理分析，总结归纳出欧盟对非洲教育发展合作的目标，剖析欧盟对非洲教育发展合作语境下规范的内涵。在规范性手段上，本书对曼纳斯提出的六种规范扩散的手段进行调整——由于在规范性目标的探讨中已涉及相关的政策文本、宣言和倡议等，而这个部分将会和信息性扩散有所重复；程序性扩散强调区域对话以及缔结的制度性关系，在其中对信息性扩散也会有所涉及，因此信息性扩散的手段在本书中将不再赘述。本书聚焦非洲区域，而公开性扩散强调欧盟在国际组织中的存在对其全球角色和影响力的作用，与本书中力量受动者（非洲）的相关性较低，因此也将不再着重分析这一手段。另外，本书对“传染性”扩散和程序性扩散做了一定的合并，保留了程序性扩散的表述，一方面是因为“传染性”扩散关注无意识的传播，更强调其他行为体主动、自愿地学习和仿效欧盟的模式和规则，而非强调欧盟的主动推广行为，“传染性”扩散也较为隐而不显；另一方面也如曼纳斯表示的，“传染性”扩散有时难以确定，而欧盟正积极通过外交主动地向南美洲、非洲和东南亚等区域推广区域一体化经验，在此过程中，传递性扩散的手段得到较为明显的体现。为此，本书将“传染性”扩散和传递性扩散两部分合并，并以传递性扩散为主。在“文化过滤”扩散方面，本书保留其表述，以探究欧盟通过人文交流和能力建设等方式强化非洲对欧盟规范的学习和同化。在探究欧盟对非洲教育发展合作的效果部分，本书聚焦规范性效果“自我”和“他者”两个视角，从绩效、竞争和共鸣三个维度探讨欧盟对非洲教育发展合作的实际成效和挑战。

二、方法和思路

本书采用以下几种研究方法。

第一，文献研究法。欧盟发展合作肇端于 20 世纪 50 年代，半个世纪以来，国内外就欧盟教育发展合作这一领域已经积累了不少文献，内容主要涵盖欧盟官方政策文本、项目报告、相关研究等。本书将通过文献研究法系统地梳理这一领域的相关文献资料，进行文献追踪、梳理与提炼分析。

第二，比较研究法。这是比较教育学最核心的研究方法，主要通过对事物的异同关系进行对照和比较，从而揭示事物本质的思维过程与方法，包括同类比较法和异类比较法、纵向比较法和横向比较法、宏观比较法和微观比较法等。[①] 本书主要通过异类比较和横向比较的方式，基于我国教育发展合作实施的现实情况，根据欧盟对非洲教育发展合作的具体情况以及可资借鉴的经验，为我国对外教育发展合

① 王承绪、顾明远：《比较教育（第三版）》，人民教育出版社 1999 年版，第 32—33 页。

作，特别是对非洲的教育发展合作提供借鉴。

第三，案例分析法。这是选取典型事件或行为进行细致分析的一种研究方法。本书将欧盟对非洲教育发展合作行为视为欧盟将其欧洲模式和规范进行扩散的具体化渠道和行为，在探究欧盟对非洲教育发展合作的实践时，为避免泛泛而谈，选取若干具有代表性的欧盟对非洲教育发展合作项目，如调整非洲项目、“非洲高等教育质量保障和认证协调”倡议、非洲大陆资历框架开发项目等进行案例分析，以便更直观更具体形象地呈现欧盟对非洲教育发展合作中规范扩散的推进过程，更具象化地分析在此过程中实现了哪些欧盟教育模式、要素和规范的传播和扩散，以及是通过何种手段和方式推进的。

本书重点关注欧盟对非洲教育发展合作过程中非物质、理念层面特别是规范的传播和扩散。2000 年首届欧非首脑峰会标志着欧盟开始将非洲作为一个整体加以对待，正式开启探索面向非洲的统一方法。为此，本书将以进入 21 世纪以来 20 年间欧盟对非洲教育发展合作的政策和实践为主要研究对象，着重分析 21 世纪以来欧盟对非洲教育发展合作的背景和目标、规范内容、手段机制以及效果。

基于规范力量的视角和分析框架，本书主要包括以下三个部分。第一部分即第一章，探讨欧盟对非洲教育发展合作的背景，系统地梳理欧盟对非教育发展合作的相关机构、法律框架以及融资工具，提炼、概括和解读欧盟对非洲教育发展合作的目标，并归纳出欧盟对非洲教育发展合作语境下“规范”的本质和内核，这也是欧盟对非洲教育发展合作的核心。第二部分包括第二章至第四章，在规范力量理论的指导下，意在探究欧盟对非洲教育发展合作的作用机制和手段，旨在回答欧盟对非洲教育发展合作采取了怎样的规范性手段，欧盟对非洲教育发展合作中是如何将“规范”扩散至非洲区域和国家。在此部分主要分析了欧盟对非洲教育发展涉及的三种手段——程序性扩散、传递性扩散和“文化过滤”扩散。第三部分即第五章，旨在分析欧盟对非洲教育发展合作政策取得的成效以及存在的问题，基于规范力量效果分析框架中的规范绩效、规范竞争和规范共鸣三个维度，批判性分析欧盟对非洲教育发展合作取得的成效以及存在的问题和挑战。

第一章 规范即力量：欧盟对非洲教育发展合作的背景与目标

欧盟对非洲开展教育发展合作有其特定的历史和现实背景。非洲区域在地缘政治、安全、能源等领域的重要性日益凸显，各国际主要行为体都试图扩大在非洲的影响力。教育发展合作是欧盟影响非洲事务的基石，是欧盟影响、塑造非洲区域和国家的重要领域与重要方式，也是欧盟实现对非洲规范输出和利益共享的主要抓手。

第一节 欧盟对非洲教育发展合作的背景

一、欧盟对非洲教育发展合作的内部背景

（一）欧洲一体化深化欧盟发展合作

欧盟共同体层面发展合作的开展是同欧洲的一体化进程并行的，且与一体化进程不可分割。[①]《里斯本条约》(Treaty of Lisbon)推动欧

① 张超："全球视野下的欧盟与美国发展援助政策论析"，《国际政治研究》2019 年第 4 期。

盟内外政策的调整和力量的整合，欧洲一体化不仅可以用来分析欧盟的对内政策，也可用以阐释其对外政策。[1]《欧洲联盟条约》勾画了由“三大支柱”构建起的欧盟整体框架，即欧洲共同体事务（第一支柱）、共同外交与安全政策（第二支柱）以及司法与民政事务合作（第三支柱）。第一支柱是欧盟成员国的共同事务，其框架下的对外政策涵盖人道主义援助、发展合作等内容，是欧盟及其成员国的“共享权限”（shared competence）。第一支柱超国家主义色彩浓厚，促进欧盟在国际舞台上用“一个声音”说话，增强其在国际上的身份认同以及影响力。[2] 发展合作政策则是欧盟第一支柱“欧洲共同体事务”的重要部分，是欧洲一体化的“黏合剂”。欧盟在成员国中发挥“联合作用”，协调欧盟以及各成员国的发展合作，确定欧盟及其成员国的共同立场，加强欧盟在全球发展合作领域的共同声音。

发展合作政策被视为欧洲一体化的“基石”，是欧盟开展对外关系的重要工具，也是欧洲一体化进程的产物，带有浓厚的欧洲一体化的色彩；相应的，欧洲一体化也通过发展进程等内外因素对欧盟发展合作施加重要影响。[3] 二战后，欧洲通过一体化加强区域内各国的交流与合作，协同应对欧洲内外困境。20世纪末，东欧剧变、苏联解体，国际格局发生重大变动，欧洲一体化理念也有了更深入的发展。欧共体及后来的欧盟成为更积极、更强大的国际行为体，致力于将欧洲的价值理念、社会发展模式等规范进行扩散，影响和塑造国际政治经济新秩序，从而在国际社会中强化成员国的身份角色和认同，在国

---

① Carbone, M., *The European Union and International Development: The Politics of Foreign Aid*, New York: Routledge, 2007, p. 2.

② 王新影：“欧盟对外援助与欧洲一体化”，中国社会科学院博士学位论文，2010年，第104页。

③ 王新影：“欧盟对外援助与欧洲一体化”，中国社会科学院博士学位论文，2010年，第1页。

际事务中发挥更大的影响力。在这个发展目标的指引下，欧盟将发展合作作为实现其国际行为体角色、影响世界发展进程的重要方式，加快实现发展合作政策从区域视野到全球视野的转变。[①] 21 世纪以来，欧盟的发展合作从地域上来看发生了重大的变化——开始规划全球战略，推行面向全球的外交政策，将发展合作的范畴从传统的非加太国家拓宽到整个非洲区域和国家，如将地中海北非国家都包括进来，通过“巴塞罗那进程”（Barcelona Process）加强同地中海、北非国家的交往，并签订《科托努协定》以巩固同非加太国家之间的传统联系。[②]

（二）欧非传统关系奠定坚实基础

非洲是欧盟及其成员国发展合作长期以来始终关注的重要对象，后者也是全球对非洲发展合作最大的资金提供者。事实上，欧盟及其成员国在对非洲发展合作方面有着其他民族国家以及国际组织无可比拟的历史优势和地域优势。

欧盟主要成员国与非洲各国有深厚且悠久的历史联系，诸多非洲国家曾是欧盟成员国的殖民地、附属国或海外领地。欧共体最初对非洲提供发展援助即出于保持与殖民地的历史联系、维持在非洲区域的影响力的目的。1957 年，德国、法国、意大利、荷兰、比利时和卢森堡六国签署了成立欧洲经济共同体（欧共体的前身）的条约——《建立欧洲经济共同体条约》（Treaty Establishing the European Economic Community），即《罗马条约》。该条约第四部分“海外国家和领地与共同体的联系”规定了欧洲经济共同体同海外国家和领地之间的关

---

① 刘丽云：“试析欧盟发展政策的新特点、新取向和新功能”，《欧洲研究》2009 年第 1 期。

② 季玲：“从区域主义到全球主义——欧盟发展合作政策研究”，外交学院硕士学位论文，2004 年，第 46—47 页。

系：“促进海外国家和领地的经济和社会发展，并建立海外国家和领地与整个共同体之间的紧密的经济关系……共同体与海外国家和领地建立联系应首先有利于海外国家和领地的居民的利益和繁荣，以便实现经济、社会和文化的发展。”[①] 在此，同欧洲经济共同体成员国葆有“特殊关系”的海外国家和领地被纳入了欧洲经济共同体的“联系范围”，以《罗马条约》为基础的“联系制度”得以建立。之后的《雅温得协定》和《洛美协定》在《罗马条约》的基础上进一步推动了欧洲同非洲国家的合作关系，其中仍能看到欧共体对非洲发展援助的殖民主义情结。这些协定皆根植于欧洲国家在该区域的殖民历史，将欧共体同非洲国家间的关系以法律形式固定下来。特别需要指出的是，《洛美协定》标志着欧共体对非洲的发展援助进入一个新阶段——取消“联系制度”，使欧共体和非加太受援国在一个较为平等的基础上开展合作，赋予非加太受援国更大的自主权，不侵蚀受援国独立自主发展的能力，发展援助也从经济领域拓展到了社会发展领域，开始关注人权、善治等议题和人的全面发展。[②] 由此，《洛美协定》也被视为南北合作的典范。

进入21世纪以来，随着国际局势、欧洲和非洲区域形势的变化，欧盟将对非洲发展合作进行了调整。从2000年首届欧非首脑峰会以及《科托努协定》的签署，到2005年欧盟首份对非战略，再到2007年的《欧非联合战略》(Joint Africa-EU Strategy)，欧盟提出同非洲国家缔结“平等的政治伙伴关系”(political partnership of equals)，超越援助—受援关系，建立欧非战略伙伴关系，更关注欧

---

① 欧共体官方出版局编：《欧共体基础法》，苏明忠译，国际文化出版公司1992年版，第179—180页。

② Lister, M., "Europe's New Development Policy", in M. Lister (ed.), *European Union Development Policy*, New York: St. Martin's Press, 1998, p. 17.

非关系的战略性、长期性以及互利性。[①] 如今，欧非伙伴关系涉及领域广泛，包括和平与安全、迁徙、气候、能源、贸易、可持续投资和就业、教育、青年、民主和人权等方面。[②] 这些变化是对非洲需求的响应，也是对不断变化的全球背景和欧盟自身的议程、利益和价值观的反映。[③]

整体来说，欧盟对非洲发展合作最初起源于殖民关系，经 60 余年的发展历程，试图超越传统意义上的“援助”，将发展援助政策上升到发展合作政策的高度。欧盟对非洲的发展合作也从单一的经济领域发展援助转向经济、政治和社会全方位并具有全球视野和战略导向的综合性发展合作。

（三）欧盟拓展全球辐射力和影响力

二战后，欧洲的对外关系受到“道德责任”和“历史责任”的影响，欧共体/欧盟认为自身有责任和义务为全球的发展和建设做出贡献。正如 2003 年的《欧洲安全战略》(European Security Strategy) 所摹画的：“欧洲应准备好分担全球安全和建设更美好世界的责任，建立一个更强大的国际社会、运作良好的国际机构和以规则为基础的国际秩序。”[④]

---

① Commission of the European Communities, *Communication from the Commission to the European Parliament and the Council: From Cairo to Lisbon-The EU-Africa Strategic Partnership*, 2007, p. 3.

② European Union, *The European Union's Global Strategy: Three Years on, Looking Forward*, 2019, p. 18.

③ 斯蒂芬·柯克莱勒、汤姆·德尔鲁：《欧盟外交政策》，刘宏松译，上海人民出版社 2017 年版，第 236 页。

④ Lucarelli, S., "Values, Principles, Identity and European Union Foreign Policy", in S. Lucarelli, I. Manners (eds.), *Values and Principles in European Union Foreign Policy*, New York: Routledge, 2006, p. 3.

《里斯本条约》、《欧盟外交与安全政策的全球战略》(A Global Strategy for the European Union's Foreign and Security Policy)等明确了欧盟力争成为全球强有力的参与者和领导者的宏大目标和愿景。《里斯本条约》强调了欧盟的诉求——加强欧盟作为整体力量在国际舞台上的作用，加强欧盟各领域政策的协调与一致，谋求用一个声音说话。《欧盟外交与安全政策的全球战略》为欧盟通过全球范围内的对外活动，拓宽在全球的辐射力和影响力描绘了蓝图，指明了欧盟的发展方向——使欧洲更加强大，在世界舞台上成为一个更加团结和有影响力的参与者，确保公民的安全，维护欧盟的利益和价值观。① 2020 年，欧盟委员会主席乌尔苏拉·冯德莱恩(Ursula von der Leyen)明确了欧盟未来五年(2019—2024 年)的发展方向和政策方针，提出的六大优先事项之一就是“世界上最强大的欧洲”——欧盟致力于在发展合作等对外行动中采取协调一致的方法，确保欧洲能在世界范围内发出更强有力、更统一的声音，加强欧盟负责任的全球领导地位。② 欧盟的政治意图从最初的促进发展向成为更强有力的全球行动者转变，基于这个目标，非洲被视为加强欧盟国际影响力、彰显欧盟存在的重要平台。③

欧盟因自身的历史以及力量的局限，更倾向于通过软性、合作、协调的方式在国际舞台上发挥影响力。欧共体自成立以来，在经济一体化方面成效卓著，但在其他方面的表现却不尽如人意。1991 年，时任比利时外交大臣的马克·埃斯肯斯(Mark Eyskens)将欧共体在国

① European Union, *Shared Vision, Common Action: A Stronger Europe. A Global Strategy for the European Union's Foreign and Security Policy*, 2016, pp. 3-4.

② Von der Leyen, U., *Political Guidelines of the Commission 2019-2024*, 2019, p. 18.

③ Olsen, G. R., "The European Union's Development Policy: Shifting Priorities in a Rapidly Changing World", in O. Stokke, P. Hoebink (eds.), *Perspectives on European Development Cooperation*. New York: Routledge, 2005, p. 576.

际舞台中的形象描绘为“经济上的巨人、政治上的矮子、军事上的侏儒”。[①] 这生动地呈现出欧盟缺乏硬实力维度上向其他行为体施加规范影响力的力量。在国际舞台上，欧盟无法像美国一样使用军事手段来发挥影响力，因而使用非军事力量成为欧盟的首选，欧盟更倾向于“用规范改变世界”而非用武力改变世界。尤其是通过发展合作，欧盟增强了与发展中国家的联系和向外辐射影响力，从而影响这些国家的发展道路，宣传欧洲的价值观念如人权、民主、善治等，引导其他国家和区域接受欧洲的行为方式和准则，将“欧洲利益”变成“共同利益”，把“零和博弈”变成“双赢”的局面。[②]

欧盟期望成为一个有影响力的全球行动者，发展合作无疑是实现该目标的理想工具。[③] 在发展合作中，欧盟注重发挥“软实力”，使发展合作政策成为欧盟南北合作、多边主义外交活动的政策工具。发展合作政策也成为反映欧盟的政治意图，是其发挥国际影响力、影响国际发展进程、塑造强有力的国际行为体角色的重要抓手。毋庸置疑，教育发展合作是欧盟以软性的介入方式影响全球政治议程的有效软实力，也是“软外交”的重要资源和手段。

---

① Bossuyt, F., *An Economic Giant, Political Dwarf and Military Worm?*, Pisa: 4th ECPR General Conference, 2007, p. 2.

② 张浚：“欧盟的‘软力量’：欧盟发挥国际影响的方式”，《欧洲研究》2007 年第 3 期。

③ Carbone, M., *The European Union and International Development: The Politics of Foreign Aid*, New York: Routledge, 2007, p. 58.

二、欧盟对非洲教育发展合作的外部背景

（一）全球教育发展议程的需要

联合国千年发展目标和可持续发展目标致力于实现全球的减贫和可持续发展，而教育和培训在减贫与可持续发展方面具有举足轻重的地位，国际社会的系列声明和宣言证明了这一点。如《仁川宣言和行动框架：实现可持续发展目标4》(Incheon Declaration and Framework for Action for the Implementation of Sustainable Development Goal 4)即明确指出：

> 教育在消除贫困方面起着关键的作用：它可以帮助人们获得体面的工作，提高他们的收入，为生产力带来的提升能够促进经济发展。教育是实现两性平等、使女童和妇女充分参与社会生活和政治生活，增强她们的经济权能的最强有力的方式。教育也是改善个人健康、确保将惠益传给后代的最有效力的方式之一。教育拯救成百上千万母亲和儿童的生命，有助于预防和控制疾病，也是努力减少营养不良的一个基本要素。此外，教育还促进包容残疾人。教育还能够从根本上保护其生活已被危机和冲突毁坏的儿童、青年和成人，为他们提供重建生活和社区的工具。①

欧盟关于发展中国家教育发展合作的系列文件——《发展中国家

① UNESCO, *Incheon Declaration and Framework for Action for the Implementation of Sustainable Development Goal 4*, 2015, p. 27.

减贫背景下的教育和培训》(Education and Training in the Context of Poverty Reduction in Developing Countries)、《发展中国家更多更好的教育》(More and Better Education in Developing Countries)、《欧洲议会关于欧盟在教育领域的发展援助的决议》(European Parliament Resolution of 13 November 2018 on EU Development Assistance in the Field of Education)也都明确指出，教育是减贫和发展合作的核心领域和议题，应成为欧盟发展合作的优先事项。

在国际社会的努力下，全球教育的发展已取得了一定的进展，但仍面临着不小的挑战。尤其是 2020 年突如其来的新冠疫情(COVID-19)加剧了全球教育发展的挑战。新冠疫情是 10 余年间继 2008 年金融危机以来，对全球发展的第二次重大破坏，对全球教育援助也造成重大威胁。联合国教科文组织总干事奥德蕾·阿祖莱(Audrey Azoulay)也对此表达了担忧：“正当教育援助看似已经恢复势头之时，新冠肺炎疫情又让我们面临倒退几年的困局……面对疫情造成的破坏，教育援助可以说比以往任何时候都更为重要。各国将需要更多的资金来应对此次疫情。无论是在对外援助还是国内拨款上，教育都必须作为优先事项，以避免全球教育目标(即可持续发展目标 4)的实施受挫。”① 从国家层面来说，国际货币基金组织(IMF)预测，新冠病毒大流行的后果将比 2008 年的金融危机更为严重，经济衰退不可避免，对公共收入和预算拨款也将产生不利影响，教育部门将面临更为艰巨的融资任务。新冠疫情背景下，国际教育援助的缺口也将会扩大：据联合国教科文组织统计，2021 年全球教育援助总额相较

① UNESCO, “COVID-19 Threatens to Set Aid to Education Back by Six Years, Warns UNESCO”, 17 March 2020, https://en.unesco.org/news/covid-19-threatens-set-aid-education-back-six-years-warns-unesco.

于2020年，下降了7个百分点。[①]

（二）非洲是全球教育发展的核心关切

非洲历来是国际教育援助的重点区域，非洲教育发展更是全球教育发展的核心关切。自提出千年发展目标以来，全球在减贫方面取得了一定的进展，但撒哈拉以南非洲仍有52%的儿童和成人受到极端贫困的影响。[②] 非洲在国际教育援助的支持下，在实施男女平等、扫盲、教师培训等方面已取得了积极的成效，但也面临着受援国参与不足、对外来援助依赖程度高等挑战。[③] 欧盟明确表示，“想要非洲实现千年发展目标等国际发展目标，首先需要在直接影响生活水平的领域（如卫生、教育和粮食安全）提供更多的支持”[④]。

非洲的教育发展仍举步维艰，尤其是撒哈拉以南非洲的诸多教育指标仍不理想。根据联合国教科文组织的数据，2018年，撒哈拉以南非洲是全球文盲率和失学率最高的区域，其青年和成人识字率分别为77%和66%，比世界平均水平分别低15和20个百分点[⑤]；失学人数高达3220万，占全球失学总人数的54.4%；小学、初中和高中适龄青少年失学率分别为18.8%、36.7%和57.5%，比全球平均水平分

---

① UNESCO, *Technology in Education: A Tool on Whose Terms?*, 2023, p. 327.

② UNESCO, *Global Education Monitoring Report 2020: Inclusion and Education-All Means All*, 2020, p. 6.

③ 张玉婷：“国际社会对非洲教育援助发展态势分析”，《比较教育研究》2016年第4期。

④ Commission of the European Communities, *Communication from the Commission to the European Parliament and the Council: From Cairo to Lisbon-The EU-Africa Strategic Partnership*, 2007, p. 4.

⑤ UIS, “SDG 4 Dashboard”, 14 January 2021, https://infogram.com/sdg-4-data-dashboard-1hnq41z1k09p63z?live.

别高 10.6 个、21.1 个、22.3 个百分点。[①] 撒哈拉以南非洲教育排斥率(education exclusion)也明显高于全球其他区域，900 万 9 岁至 11 岁的女童从未上过学，23%接受过初等教育的女童辍学，到青少年阶段，女童的教育排斥率高达 36%。[②] 此外，当地的高等教育入学率、受过培训的教师比例等也都明显低于全球其他区域。

撒哈拉以南非洲的失学儿童人数占全球失学儿童总数的一半以上，表明当地对基础教育援助的需求极大。近年来，国际教育援助的区域分布有所调整，该区域虽仍是基础教育援助的最大受援区域，但获得的基础教育援助份额却有所下降，从 2002 年的近 50%降至 2016 年的 24%。[③] 新冠疫情对非洲教育的冲击也格外明显，据估计，撒哈拉以南非洲将有 530 万学生辍学。[④] 2020 年，受新冠疫情的影响，撒哈拉以南非洲生均教育经费预计会下降 4 个至 5 个百分点，尼日利亚联邦政府甚至将基础教育委员会的预算削减 45%。[⑤] 非洲国家对国际教育援助有较强的依赖性，国内教育支出比重较小，国际社会对其国内教育发展的教育援助仍是重要的资金来源。欧盟及其成员国作为最大的对非洲发展合作资金提供者，在对非洲发展合作过程中也格外关注非洲对教育的迫切需求。

---

① UIS, *New Methodology Shows That 258 Million Children, Adolescents and Youth Are Out of School*, 2019, p. 4.

② UIS, "Education in Africa", 17 January 2021, http://uis.unesco.org/en/topic/education-africa.

③ UENSCO, *Aid to Education: A Return to Growth?*, 2018, p. 4.

④ UNESCO, *UNESCO COVID-19 Education Response: How Many Students Are at Risk of not Returning to School?*, 2020, p. 5.

⑤ World Bank, *The COVID-19 Pandemic: Shocks to Education and Policy Responses*, 2020, p. 15.

（三）新兴援助国的影响

非洲因其在地缘政治、能源储备等方面的重要性，日益受到国际社会的广泛关注，成为双边援助者、多边援助者等各类主要国际行为体的活动场。[①] 欧盟也感知到了新兴力量在非洲的崛起，比过往任何一个历史时期都更加重视对非洲的发展合作政策。

21世纪以来，中国、巴西、印度、阿拉伯国家等在世界范围内开始扮演越来越重要的角色。伴随着经济实力和综合国力的提升，这些新兴国家的对外援助规模有了实质性的提高，其援助理念和援助方式同传统的欧洲模式截然不同。尤其是被视为南南合作的重要参与者的中国，自2000年中非首次合作论坛之后，在非洲的影响力与日俱增。2006年第三届中非合作论坛上，中国政府承诺至2009年，将其对非发展援助总额增加一倍，同年发布的《中非合作论坛北京峰会宣言》和《中国的非洲政策》标志着中非建立新型战略伙伴关系。自2013年中国提出“一带一路”倡议以来，中国与非洲国家共建“一带一路”，构建中非命运共同体，关系更加深化。部分欧洲学者认为，中非关系对欧非关系以及现有发展范式构成“潜在的威胁”。[②] 时任欧盟驻韩国代表团成员乌韦·维森巴赫（Uwe Wissenbach）就表示，“中国已成为加速欧非重新定位其伙伴关系的一个因素，中国的无附加条件方法为非洲国家提供了冷战后发展模式的另一选项”[③]。欧盟担忧

---

① Carbone, M., “The European Union and China’s Rise in Africa: Competing Visions, External Coherence and Trilateral Cooperation”, *Journal of Contemporary African Studies*, Vol. 29, No. 2, 2011.

② Carbone, M., “The European Union and China’s Rise in Africa: Competing Visions, External Coherence and Trilateral Cooperation”, *Journal of Contemporary African Studies*, Vol. 29, No. 2, 2011.

③ Wissenbach, U., “The EU’s Response to China’s Africa Safari. Can Triangular Cooperation Match Needs?”, *European Journal of Development Research*, No. 21, 2009.

这些新兴援助者对非洲的援助会使欧非关系逐渐疏远，从而削弱其在非洲的主导权、影响力和既有利益。为维持自身在非洲的传统影响力、主导权和利益，欧盟在对非洲发展合作的范式和内容方面亦做出一定的调整，欧盟委员会也明确表示将重塑欧非关系，如果欧盟想“继续成为一个享有特权的伙伴，并充分利用其与非洲的关系，它就必须愿意从制度、政治和文化上加强并在某些领域重塑目前的关系”①。在此阶段，欧盟同非洲的关系开始从传统的“援助—受援”关系转向“平等伙伴”关系，强调非洲国家的自主权，“平等”“伙伴关系”“团结”等原本属于南南合作特有的核心词汇也频繁出现在欧盟的发展合作政策文本中。②

第二节　欧盟对非洲教育发展合作的基础

一、欧盟对非洲教育发展合作的法律框架

《欧洲联盟条约》《欧洲联盟运行条约》《里斯本条约》等条约文件明确了欧盟发展合作的权限、目标、相关机构等内容，为欧盟开展对非洲的教育发展合作奠定了法律基础。《欧洲联盟运行条约》第一编“欧盟的权限范畴与领域”第 4 条就明确规定了发展合作“共享权

---

① Commission of the European Communities, *Communication from the Commission to the European Parliament and the Council: From Cairo to Lisbon-The EU-Africa Strategic Partnership*, 2007, p. 3.

② 张海冰：《发展引导型援助：中国对非洲援助模式研究》，上海人民出版社 2013 年版，第 83—84 页。

限”（shared competence）的属性——“在发展合作和人道主义援助领域，欧盟拥有采取行动、实施共同政策的权限，但该权限的行使不妨碍成员国在该领域的权限”①。也就是说，欧盟及其成员国都有开展发展合作政策的权限，双方互为补充，正如第 210 条（原《欧洲共同体条约》第 180 条）所强调的，“为促进行动的互补性和效率，欧盟与成员国应协调各自的发展合作政策，并就援助项目进行磋商，包括在国际组织和国际会议等场合。双方可以采取联合行动。如有必要，成员国应帮助实施欧盟的发展合作项目”②。

在发展合作的目标方面，《欧洲联盟运行条约》第 208 条（原《欧洲共同体条约》第 177 条）明确指出，“欧盟在发展合作领域的政策应在欧盟对外行动的原则和目标框架内实施。欧盟和成员国的发展合作政策应互为补充、互相支持。欧盟发展合作政策的首要目标是减少贫困并最终消除贫困。欧盟在执行可能影响发展中国家的政策时，应考虑发展合作的目标”。此外，欧盟及其成员国应遵守在联合国和其他国际组织中的承诺，并考虑它们在国际组织中所认可的目标。欧盟发展合作政策应在欧盟对外行动的原则和目标框架内实施。《欧洲联盟条约》第 21 条详细阐述了欧盟对外行动的八个具体目标：（1）维护欧盟的价值观、根本利益、安全、独立和完整；（2）巩固并支持民主、法治、人权和国际法原则；（3）根据《联合国宪章》（United Nations Charter）的宗旨和原则、《赫尔辛基最后文件》（Helsinki Final Act）的原则以及《巴黎宪章》（Charter of Paris）的目标，包括有关外部边界的条款，维护和平、预防冲突及加强国际安全；（4）促进发展中国家经

---

① *Consolidated Version of the Treaty on the Functioning of the European Union*, 2012, p. 52.

② *Consolidated Version of the Treaty on the Functioning of the European Union*, 2012, p. 142.

济、社会和环境的可持续发展，首要目标是消除贫困；(5)通过逐步取消国际贸易限制等方式，鼓励所有国家融入世界经济；(6)协助制订国际措施，以维护和改善环境质量以及全球自然资源的可持续管理，确保可持续发展；(7)向遭受自然或人为灾害的国家、区域和民众提供援助；(8)推动基于更强有力的多边合作及全球善治的国际体系。[①]

在发展合作的机构方面，《欧洲联盟运行条约》第 209 条(原《欧洲共同体条约》第 179 条)指出，欧洲议会和理事会应根据普通立法程序，规定必要措施以实施发展合作政策，这些措施可同发展中国家之间的多年度合作规划或主题规划相关。《里斯本条约》还设立了共同外交与安全事务高级代表(High Representative of the Union for Foreign Affairs and Security Policy)以及欧洲对外行动服务总司(European External Action Service)。共同外交与安全事务高级代表兼任欧盟委员会副主席，以确保欧盟对外行动的一致性，他将承担在对外关系方面的责任，协调欧盟对外行动的其他方面，并在执行任务时得到欧洲对外行动服务总司的协助。[②]

欧盟对非洲国家的发展合作受到多重政策框架的指导，长期以来分散在欧洲睦邻政策、《科托努协定》和《欧盟—南非贸易发展合作协定》三个不同的发展合作政策中，由不同的金融工具提供资金支持：北非五国受到欧洲睦邻政策的管辖，欧盟同撒哈拉以南非洲国家的合作受与非加太国家集团签订的《科托努协定》的管辖，欧盟和南非则专门签订了《欧盟—南非贸易发展合作协定》(见表 1-1)。[③] 其中，于

---

① *Consolidated Version of the Treaty on European Union*, 2012, pp. 28-29.

② *Treaty of Lisbon Amending the Treaty on European Union and the Treaty Establishing the European Community*, 2007, pp. 21-27.

③ ECDPM, *EU Development Cooperation with Sub-Saharan Africa 2013-2018: Policies, Funding and Results*, 2020, p. 11.

2000年6月签署的《科托努协定》是欧盟对绝大多数非洲国家提供发展合作的基本法律文件，于2005年和2010年两度进行修改。《科托努协定》第1条就对发展合作的目标做出了明确陈述，指出欧盟对非加太的发展合作并非强调单纯的经济增长，而是关注经济、社会和政治等方面的综合发展——“推动和加快非加太国家的经济、文化和社会发展，同时关注对和平和安全做出贡献，促进稳定的民主的政治环境。伙伴关系应以减少和最终消除贫困为核心，这符合可持续发展和帮助非加太国家逐步融入世界经济的目标”①。欧盟还就发展合作的基本原则、组织机构、合作战略、融资等相关内容同非加太国家达成一致。与之相类，欧洲睦邻政策和《欧盟—南非贸易发展合作协定》也对欧盟同北非等邻国以及南非发展合作的目标、原则等做出了规定。

表1-1 欧盟对非洲发展合作的政策机制

政策框架	涵盖的非洲国家	负责的机构	金融工具
《科托努协定》	79个非加太国家(包括48个撒哈拉以南非洲的非洲国家)	国际合作与发展总司	欧洲发展基金 发展合作工具 欧洲投资银行
欧洲睦邻政策	南地中海国家(包括阿尔及利亚、埃及、利比亚、摩洛哥、突尼斯5个北非国家)	睦邻政策和扩盟谈判总司	欧洲睦邻工具 发展合作工具 欧洲投资银行
《欧盟—南非贸易发展合作协定》	南非	国际合作与发展总司	发展合作工具 欧洲投资银行

资料来源：研究者根据相关材料整理而成。

① European Commission, *The Cotonou Agreement*, 2010, p. 16.

21世纪以来，欧盟将非洲视为一个整体，正式开启欧非首脑峰会机制，并出台《欧非联合战略》。《欧非联合战略》并非是欧洲睦邻政策、《科托努协定》等合作框架的替代者，而是对原有合作框架的“补充”和“完善”，明确了欧非合作机制(见图1-1)。2020年《科

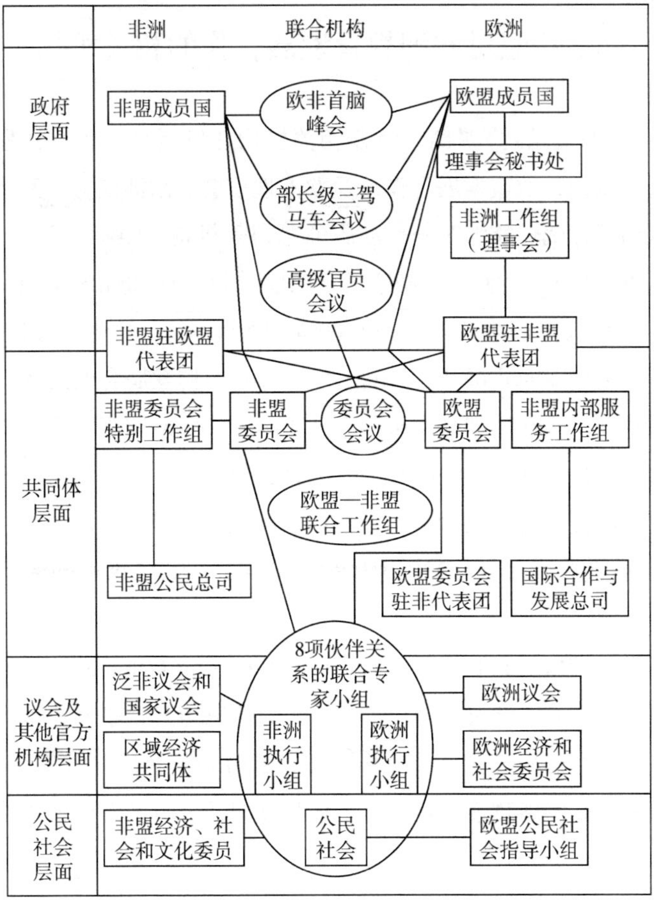

图1-1 欧盟—非洲战略伙伴关系的制度结构图

资料来源：王涛、鲍家政，“‘多边—多边’机制视域下的欧非峰会探析”，《西亚非洲》2018年第4期。

托努协定》到期后，欧盟与非加太国家集团又签署了新的协定，即《欧洲联盟及其成员国与非洲、加勒比和太平洋国家组织成员国之间的伙伴关系协定》。该协定成为今后 20 年指导欧盟与非加太国家关系发展的新法律框架。

二、欧盟对非洲教育发展合作的相关机构

《欧洲联盟条约》明确了欧盟相关机构在发展合作领域的职权范围。整体来说，欧盟发展合作涉及欧洲理事会、欧洲议会、欧盟委员会、欧洲审计院、欧洲对外行动服务总司等机构（见图 1-2）。其中，欧洲理事会（European Council）确定欧盟总体方向和优先事项，但不行使立法的权力；欧洲议会（European Parliament）主管立法和预算；欧盟理事会（Council of the European Union）把握发展合作总体政策方向，同欧洲议会在例如采用某些金融工具、决定欧盟多年度和年度预算拨款方面具有共同立法的权力，并得在年度预算执行程序范围内对这些资金的使用进行政治监督，但以欧洲议会的最终决定为准；所有外部行动（包括发展合作）由欧洲审计院（European Court of Auditors）进行审查。①

作为常设执行机构的欧盟委员会（European Commission）负责实施欧盟理事会和欧洲议会做出的决定，处理欧盟日常事务，是欧盟发展合作的核心机构。在发展合作领域，欧盟委员会扮演着双重角色，既是欧盟层面发展政策的执行者，也是欧盟及成员国发展合作政策的

---

① OECD, *OECD Development Cooperation Peer Reviews: European Union 2018*, 2018, p. 70.

协调者。[①] 欧盟委员会是欧盟的执行机构，对所有与发展合作有关的政策都拥有主动权，除了负责政策和拟议的立法之外，委员会还负责欧盟的日常运作、执行政策和预算。欧盟委员会下设的国际合作与发展总司(Directorate-General for International Cooperation and Development，简称为DG DEVCO，之前也简称为EuropeAid)负责制定欧盟整体的发展合作政策，管理着欧盟半数以上的发展合作资金，以及发展合作工具(Development Cooperation Instrument)和欧洲发展基金(European Development Fund)等金融工具[②]，同欧洲对外行动服务总司共同确定欧非间的总体政策和战略方向。[③] 2021年1月，国际合作与发展总司正式更名为国际伙伴总司(Directorate-General for International Partnerships)，意在呈现出欧盟对伙伴国家发展合作过程中将采取更加平衡和可持续方法的雄心，也意在反映“国际伙伴关系在使欧盟在全球范围内发挥更强大的作用，消除贫困、推动实现可持续发展目标、促进民主、人权和法治等方面的重要作用”，确保欧洲的发展合作模式与全球发展趋势保持一致，与全球合作伙伴共同促进全球发展并建立具有变革性影响的关系。[④]

另外，欧盟委员会还下设睦邻政策和扩盟谈判总司(Directorate-

---

① Orbie, J., “The European Union’s International Development Policy: Leading and Benevolent?”, in J. Orbie (ed.), *Europe’s Global Role: External Policies of the European Union*, Famham: Ashgate Publishing Limited, 2008, p. 68.

② Donor Tracker, “EU Donor Profile”, 20 December 2019, https://donortracker. org/country/eu.

③ African Union Commission & European Commission, “How It Works | The Africa-EU Partnership”, 02 January 2021, https://africa-eu-partnership. org/en/about-us/how-it-works.

④ European Commission, “DG International Cooperation and Development Becomes DG International Partnerships”, 15 January 2021, https://ec. europa. eu/international-partnerships/news/dg-international-cooperation-and-development-becomes-dg-international-partnerships_en.

General for Neighbourhood and Enlargement Negotiations，简称为DG NEAR）、人道主义援助与民事保护总司（Directorate-General for Humanitarian Aid and Civil Protection，简称为DG ECHO）等机构，这些机构也参与发展合作资金的管理、分配和执行。其中，睦邻政策和扩盟谈判总司负责制定和实施欧洲睦邻政策，对南地中海国家（包括北非国家）推行发展合作；人道主义援助与民事保护总司负责进行人道主义援助。

除了上述三个总司（Directorate General）外，欧盟委员会在推行教育发展合作项目时，还力求加强委员会内多部门的合作，例如与教育相关的机构——教育、视听与文化执行署（Education，Audiovisual and Culture Executive Agency）、教育、青年、体育和文化总司（Directorate-General for Education，Youth，Sport and Culture），以及与欧盟统计局（Eurostat）、研究与创新总司（Directorate-General for Research and Innovation）等机构，寻求共同推动和执行项目。

自《里斯本条约》生效以来，欧盟委员会副主席兼任共同外交与安全事务高级代表，在包括联合国在内的国际论坛上代表欧盟行使权力。共同外交与安全事务高级代表是欧盟发展合作政策的核心人物，其职责是确保所有欧盟政策的一致性，其中即包括确保欧盟的发展合作与欧盟外部行动的原则、价值观和目标保持一致。共同外交与安全事务高级代表得到了欧洲对外行动服务总司的支持，该机构于2010年成立，帮助高级代表进一步制定和实施欧盟的外交与安全政策，并向欧盟委员会提供发展合作和人道主义援助方面的支持，确保欧盟发展合作的一致性。根据《里斯本条约》，欧洲对外行动服务总司负责欧盟代表团和各办事处在世界各地的运作，确保发展合作政策与欧盟的外部行动保持协调一致。欧盟国家办事处（EU Country Offices）也称代表团(Delegations)，是欧洲对外行动服务总司的一部分，负责与欧盟委员会一道制定发展合作项目。例如，欧盟代表团与伙伴国家或区域制定的发展合作工具和欧洲发展基金资金分配的七年期战略，其中发展合作工具中的“多年指示性计划”（Multi-Annual Indicative Programs）和欧洲发展基金中的“国家/区域指示性计划”（National/Regional Indicative Programs）便是根据伙伴国国家发展策略以及国际合作与发展总司和欧洲对外行动服务总司的指示开发的，它们界定了欧盟与伙伴国之间双边合作的优先部门，以及分配给每个部门的预算。国际合作与发展总司和欧盟代表团每年共同制订“年度行动计划”（Annual Action Program），为每个国家以及发展合作工具的主题项目(thematic program)设定预算。为了实施欧洲发展基金，每个非

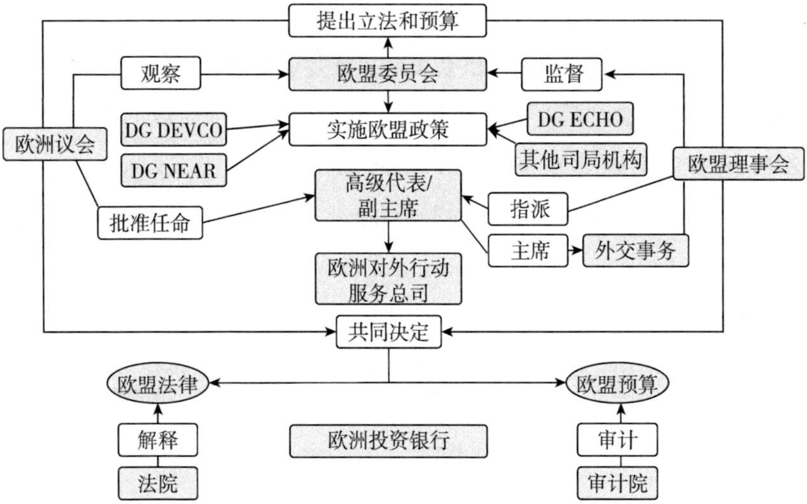

图 1-2　欧盟发展合作的相关机构

资料来源：OECD, *OECD Development Cooperation Peer Reviews: European Union 2018*, 2018, p. 70.

洲、加勒比和太平洋国家都任命了一名国家官员，该官员与欧盟代表团一起负责所有与欧洲发展基金相关的事务。①

三、欧盟对非洲教育发展合作的金融工具

欧盟(不包括欧盟成员国)是对非洲发展援助的两个最大提供者之一，2019年欧盟超国家层面的发展合作主要面向非洲、欧洲和亚洲，其中非洲约占欧盟发展合作总预算的42%。② 在发展合作的预算方面，欧盟向经合组织发展援助委员会报告的官方发展援助包括三个部分：欧盟的共同预算、欧洲发展基金以及欧洲投资银行(European Investment Bank)的部分业务。③ 欧盟对非洲教育发展合作主要也嵌含在这三个部分的发展合作预算和工具中。

欧盟共同预算由欧洲理事会决定，欧盟委员会负责执行，为发展合作和所有其他欧盟业务提供资金。在欧盟已执行完成的“2014—2020年多年度财务框架”(Multiannual Financial Framework 2014－2020)中，第四部分“全球欧洲”(Global Europe)包括了各种发展合作的地理和主题工具(geographical and thematic instrument)。“全球欧洲”约占2014—2020年多年度财务框架总额的6%，其中90%以上的预算面向经合组织发展援助委员会界定的官方发展援助受援国。“全

① Donor Tracker, “EU Donor Profile”, 20 December 2019, https://donortracker.org/country/eu.

② OECD, “Development Cooperation Profiles-European Union Institutions”, 17 August 2021, https://www.oecd-ilibrary.org/sites/c0ad1f0d-en/index.html?itemId=/content/component/5e331623-en&_csp_=b14d4f60505d057b456dd1730d8fcea3&itemIGO=oecd&itemContentType=chapter&_ga=2.129018124.1869246607.1628666699-889053882.1628666699.

③ OECD, *OECD Development Cooperation Peer Reviews: European Union 2018*, 2018, p. 56.

球欧洲”包括了十余个外部融资工具，主要分为两类。第一类是与特定主题相关的工具，例如稳定与和平的工具（Instrument Contributing to Stability and Peace）和欧洲民主与人权工具（European Instrument for Democracy & Human Rights）。第二类是地理工具，包括了发展合作工具（Development Cooperation Instrument）、入盟前援助工具（Instrument for Pre-accession Assistance）、欧洲睦邻工具（European Neighbourhood Instrument）。其中，欧洲睦邻工具为欧洲睦邻政策覆盖的地中海南部以及东部的 16 个国家提供发展合作的资金，这包括阿尔及利亚、埃及、利比亚、摩洛哥和突尼斯在内的 5 个北非国家。发展合作工具则覆盖了东南亚、中亚、中东、拉丁美洲和南部非洲的发展中国家，其中即包括了为支持欧盟与非洲战略伙伴关系的泛非计划（Pan-African Programme），该项目对在非洲使用的其他融资工具（特别是欧洲睦邻工具和欧洲发展基金）进行补充。[①] 2018—2020 年期间，泛非计划总预算为 4 亿欧元，包括三个优先事项，其中之一便是“教育、科学、技术和技能”，该事项的预算为 1.35 亿欧元，其中 6300 万欧元用于支持高等教育，其余用于支持“青年技能”（2700 万欧元）以及“科学、技术和创新”（4500 万欧元）。[②] 此外，发展合作工具下还包括“全球公共产品和挑战”（Global Public Goods and Challenges）和“民间社会组织和地方当局”（Civil Society Organisations and Local Authorities）等主题项目。这些项目高度重视教育发展合作，例如全球公共产品和挑战项目要求将 25%的预算用于社会包容和人类发展，社

---

① European Commission, “The Multiannual Financial Framework: The External Action Financing Instruments”, 11 December 2013, https://ec.europa.eu/commission/presscorner/detail/en/MEMO_13_1134.

② European Parliament Research Service, “EU-Africa Academic Cooperation”, 12 December 2019, https://www.europarl.europa.eu/thinktank/en/document.html?reference=EPRS_BRI(2019)642810.

会包容和人类发展预算中 40%是与教育相关的。①

欧洲发展基金是欧盟在非加太国家以及海外国家和领地(overseas countries and territories)开展发展合作活动的主要金融工具，也是欧盟历史最悠久、规模最大的发展援助工具，发端于 1957 年《罗马条约》中的“海外国家和领地发展基金”(Overseas Countries and Territories Development Fund)。它的资金来源同上述的多年度财务框架不同，并非共同预算的一部分，而是欧盟各成员国的直接捐款。成员国在欧盟理事会上决定欧洲发展基金的预算，交由各成员国的议会批准。② 所有非加太国家都是发展中国家，因此大部分资金都符合官方发展援助的要求，据统计，2014—2017 年间，91%的欧洲发展基金支出被认定为官方发展援助。③ 根据欧盟 2007—2013 年度财政预算案，第十期欧洲发展基金的预算达到 227 亿欧元。每期欧洲发展基金为期 5 年，并以财政议定书的形式明文确定。2014—2020 年间的第十一期欧洲发展基金总额为 305 亿欧元④，其中 20%分配给基础社会服务，教育和健康是基础社会服务的核心领域。⑤

欧洲投资银行为欧盟发展合作提供资金支持，开设了一些特定的机制，如欧洲地中海投资与合作基金(Facility for Euro-Mediterranean Investment and Partnership)、欧盟—非洲基础设施信托基金(EU-Afri-

---

① European Parliament & Council of the European Union, *Regulation (EU) No 233/2014 of the European Parliament and of the Council of 11 March 2014 Establishing a Financing Instrument for Development Cooperation for the Period 2014-2020*, 2014, p. 68.

② 王新影：“欧盟对外援助与欧洲一体化”，中国社会科学院博士学位论文，2010 年，第 31 页。

③ OECD, *OECD Development Cooperation Peer Reviews: European Union 2018*, 2018, p. 57.

④ EUR-Lex, “European Development Fund”, 29 April 2014, https://eur-lex.europa.eu/legal-content/EN/TXT/?uri=LEGISSUM%3Ar12102.

⑤ CONCORD, *Guide to EuropeAid funding instruments 2014-2020*, 2016, p. 25.

ca Infrastructure Trust Fund）等。其在 2018 年通过其自身资源为所有国家和区域提供的年度资金计划约为 600 亿欧元，约 10%用于官方发展援助。[①]

根据《欧非联合战略》，欧盟对非洲发展合作的资金主要通过欧洲发展基金、发展合作工具、欧洲睦邻工具、稳定与和平工具、主题项目以及欧盟金融机构（欧洲投资银行）等提供。[②] 其中，欧洲发展基金、发展合作工具和欧洲睦邻工具是欧盟向非洲提供发展合作的关键工具。2014—2020 年期间，欧盟约向非洲提供 280 亿欧元的发展合作资金。[③] 这是欧盟对欧盟成员国双边援助的补充。欧盟对非洲的教育发展合作即包含在这些工具中：作为非洲在教育领域的长期合作伙伴，资助从幼儿保育、基础教育到高等教育、职业教育等所有学段，据统计，2014—2020 年间，欧盟对非洲的教育发展合作的资金约为 13.4 亿欧元。[④]

在已进入执行阶段的“2021—2027 年多年度财务框架”中，欧盟正着手合并上述部分金融工具，统一为“睦邻、发展与国际合作工具”（Neighbourhood, Development and International Cooperation Instrument）。[⑤] 欧盟委员会力求提升非洲在欧盟发展合作中的地位，提议将“睦邻、发展与国际合作工具”中六成以上的资金分配给撒哈

---

① OECD, *OECD Development Cooperation Peer Reviews: European Union 2018*, 2018, p. 57.

② Council of the European Union, *The Africa-EU Strategic Partnership: A Joint Africa-EU Strategy*, 2007, p. 27.

③ European Union, *Forth EU-Africa Summit Declaration*, 2014, p. 10.

④ European Commission, *Communication from the Commission to the European Parliament, the European Council and the Council: Communication on a New Africa-Europe Alliance for Sustainable Investment and Jobs: Taking Our Partnership for Investment and Jobs to the Next Level*, 2018, p. 6.

⑤ OECD, *OECD Development Cooperation Peer Reviews: European Union 2018*, 2018, p. 57.

拉以南非洲以及北非等邻国。[①] 2021—2027 年，“睦邻、发展与国际合作工具”的预算为 795 亿欧元，涵盖了欧盟同所有第三国的合作，主要的预算包括以下三个方面。第一，总额为 603.8 亿欧元的地理项目，其中北非等邻国的预算为 193.2 亿欧元，撒哈拉以南非洲的预算为 291.8 亿欧元，亚太区域为 84.8 亿欧元，美洲和加勒比区域为 33.9 亿欧元。第二，主题项目的预算为 63.6 亿欧元。第三，快速响应行动的预算为 31.8 亿欧元。另外，欧盟委员会还专门设置了 95.3 亿欧元未分配资金作为“缓冲”（cushion）机制，可补充上述的项目和快速反应行动，以应对不可预见的突发情况、新的需要或新出现的挑战，或促进新的优先事项。[②]

第三节　欧盟对非洲教育发展合作的目标和规范

一、欧盟对非洲教育发展合作的目标

欧盟对非洲的教育发展合作旨在促进非洲在教育、经济、政治等

---

① European Commission, *Joint Communication to the European Parliament and the Council Towards a Comprehensive Strategy with Africa*, 2020, p. 17.

② European Commission, "European Commission Welcomes Political Agreement on Future € 79.5 Billion for a New Instrument to Finance the EU External Action and Lead Global Recovery through International Partnerships", 18 December 2020, https://ec.europa.eu/international-partnerships/news/european-commission-welcomes-political-agreement-future-eu795-billion-new-instrument-finance-eu_en.

领域的可持续发展，并服务于欧盟的整体利益和政治意图。

（一）非洲层面的目标

非洲在经济、政治、社会、环境等方面正在面临新的机遇和挑战，欧盟则承诺将同非洲一起解决这些挑战，促进欧非的共同利益和未来。在第三届欧非首脑峰会上，欧盟明确表示，欧盟对非洲发展合作建立在欧非关于价值观、共同利益和共同战略目标共识的基础上，努力弥合欧非间的发展鸿沟，推进两大洲的可持续发展，在和平、安全、繁荣、团结和人类尊严中毗邻共存。更具体地说，欧盟对非洲的发展合作旨在实现以下四个目标：第一，加强和提升欧非政治伙伴关系，解决共同关心的问题；第二，加强非洲的和平、安全、人权、自由、两性平等、工业化在内的可持续经济发展以及区域和大陆一体化，确保所有非洲国家实现所有千年发展目标；第三，共同促进和维持一个有效的多边主义体系，建立强有力的、具有代表性的和合法的机构，改革联合国系统和其他主要国际机构，应对全球挑战和共同关切，例如儿童权利、性别平等、教育、信息和通信技术、科学、技术和创新等知识型社会问题；第四，促进以人民为中心的伙伴关系。[①] 教育发展合作对健康、社会和政治参与、机会平等、经济增长、收入和生产均有积极的影响。[②] 对此，欧盟委员会专员尤塔·乌皮莱宁（Jutta Urpilainen）明确表示，教育是欧盟对非洲发展合作的核

---

① European Union, *Africa-EU Dialogue: 3rd Africa-EU Summit*, 2010, p. 3.

② Commission of the European Communities, *Communication from the Commission to the Council and the European Parliament on Education and Training in the Context of Poverty Reduction in Developing Countries*, 2002, p. 9.

心。[①] 欧盟对非洲的教育发展合作旨在实现非洲政治、经济、人类发展等诸多方面的目标。

欧盟对非洲的教育发展合作促进教育事业的发展，也促进非洲人民的发展。欧盟紧紧跟随国际教育援助的战略步伐，同国际教育援助的目标例如联合国千年发展目标、可持续发展目标以及联合国教科文组织的全民教育目标等保持一致，承诺通过全球倡议和伙伴关系支持实现国际商定的教育目标。在对非洲的教育发展合作中，欧盟促进优质教育和培训的普及，支持全民接受全纳的终身教育以及平等的优质教育，包括幼儿教育、初等教育、中等教育、高等教育、职业技术教育与培训以及为满足成人工作需要而进行的学习。欧盟意识到，对于非洲国家而言，贫穷、技能开发不足和不平等仍然是巨大的挑战，非洲人口的强劲增长更是加剧了这一挑战，故欧盟对非洲的教育发展合作也主要在于应对非洲区域和非洲国家的此类挑战。2007 年和 2017 年的《欧非联合战略》都明确提出要加强非洲整个教育体系的建设，承诺将同非洲共同努力，确保提供长期可预期的资金，并通过支持“全民教育快车道倡议”（Education for All Fast Track Initiative）和《非洲第二个教育十年行动计划（2006—2015）》（Second Decade of Education for Africa [2006-2015]），向非洲提供免费、公平和优质教育的机会，普及初等教育（包括残障儿童的初等教育），提高入学率和毕业率，实现教育中的性别平等，提高基础设施和管理系统的质量。[②] 此外，还要增强教育和培训对经济部门需求的响应能力，在经

① ETF, “Education Central to the European Union’s Partnership to Africa”, 14 May 2021, https://www.etf.europa.eu/en/news-and-events/news/education-central-european-unions-partnership-africa.

② Council of the European Union, *The Africa-EU Strategic Partnership: A Joint Africa-EU Strategy*, 2007, p. 56.

济部门的参与下，促进技术和职业教育与培训以及技能开发，解决劳动力市场的技能差距和不匹配的问题。[①] 针对非洲国家人才外流的现实境遇，欧盟承诺将支持非洲各国政府努力高度重视科学技术领域的国家和区域能力建设，制定健全有效的国家科学技术促进发展教育和培训政策，以及区域和国家机构同卓越中心的联网。在此基础上，欧盟呼吁非洲各国政府将其国内生产总值的至少1%用于科技的发展，支持各国为人才留在非洲工作创造适当环境，扭转人才外流的现状。[②]

从政治层面来看，欧盟对非洲的发展合作旨在推进非洲的民主、人权、法治、和平建设和预防冲突。欧非伙伴关系需建立在以下共同坚定承诺的基础上，即“促进和尊重所有人的民主、法治、普遍人权和基本自由；尊重人的尊严以及平等和团结的原则以及善治”[③]。欧盟对非洲教育合作着力实现上述这些政治目标以及推动上述价值观的传播。例如，教育和知识是赋权非洲公民和促进非洲可持续发展的关键因素。[④] 教育发展合作带有浓厚的人道主义色彩，受教育权作为一项基本人权，是人类最基本的需求之一。教育发展合作从满足发展中国家人民的基本需求出发，从这个角度来看，教育发展合作不同于经济援助和军事援助，超越了一般国际行为体的政治和经济利益诉求。[⑤] 欧盟对非洲教育发展合作是确保人权、人的发展和尊严的重要

① Council of the European Union, *The Africa-EU Strategic Partnership: A Joint Africa-EU Strategy*, 2007, p. 14.

② European Union, *Cairo Declaration and Cairo Plan of Action*, 2000, p. 29.

③ European Commission, *Joint Communication to the European Parliament and the Council: A Renewed Partnership with the Countries of Africa, the Caribbean and the Pacific*, 2016, p. 8.

④ European Parliament, *The Joint Africa-EU Strategy*, 2017, p. 9.

⑤ 陈莹：“中国对东南亚教育援助论析”，《东南亚研究》2019年第3期。

方式，其对非洲教育发展合作特别关注赋权于妇女、青年和弱势群体，促进其平等获得优质教育和职业培训、社会保护、保健以及在政治和经济决策过程中的代表权，并为其发挥潜力创造有利环境。[①] 欧盟对非洲教育发展合作尤为关注青年群体，如第五届欧非首脑峰会的主题即为“投资青年，为了可持续发展的未来”——欧盟意识到青年是发展社区未来社会、经济和环境福祉的引擎。青年对于加强民主体制和价值观至关重要，教育发展合作则能增强公民意识、民主价值观以及和平意识，减少暴力激进主义，实现社会的稳定与和平。[②] 教育发展合作项目能影响非洲青年乃至未来领导人的思想，是协助非洲民主化进程的重要工具。尤其在 21 世纪第二个 10 年以来欧盟邻国社会动荡的背景下，欧盟将教育视为未来邻国社会稳定和凝聚的重要手段，青年的参与能够确保未来区域和国家层面的社会凝聚力和稳定。[③]

从经济层面来看，欧盟对非洲的发展合作旨在促进非洲经济包容和可持续增长、加强非洲区域经济一体化、规范欧非人口迁徙和流动以及帮助非洲顺利地逐步融入世界经济体系。欧盟对非洲的教育发展合作有经济方面的溢出效应，与促进非洲减贫事业以及经济增长密切相关。尤其是在就业、人口流动和人才流动治理方面，欧非通过加强人口迁徙、流动、就业、科技同教育政策和减贫战略之间的一致性，

① European Commission, *Joint Communication to the European Parliament and the Council: A Renewed Partnership with the Countries of Africa, the Caribbean and the Pacific*, 2016, p. 12.

② European Commission, *Joint Communication to the European Parliament and the Council: A Renewed Partnership with the Countries of Africa, the Caribbean and the Pacific*, 2016, p. 12.

③ Botonero, E. M. R., *EU Higher Education as Soft Power in Neighbouring Countries: A Projection of Influence by Compelling Means*, Bordeaux: ECPR General Conference Sciences, 2013, pp. 1-28.

实现协同增效。[①] 欧盟意识到“没有受过良好教育和健康的人口，经济增长和减贫将遥遥无期”[②]。2020 年 3 月，欧盟委员会发布的《对非全面战略》(Towards a Comprehensive Strategy with Africa)承诺为非洲青年提供教育，使其能为未来劳动力市场的新机遇做好准备，保证技能和学习成果与劳动力市场需求和新兴部门保持一致，给予所有人获得包容和公平的优质教育的机会，尤其关注妇女和儿童的需求。[③] 欧盟意识到科学、技术和创新的发展，以及数字时代向社会各阶层的传播，是社会经济增长和可持续发展的关键动力，为此将科技和创新的发展视为非洲社会经济增长和可持续发展的重要引擎，着力加强同非洲在科技和创新方面的合作，弥合非洲区域和国家的数字鸿沟，发展知识型社会，建设以知识为基础的社会和经济，充分释放教育、研究、创新以及数字经济带来的潜力。[④]

（二）欧盟层面的目标

在不断变化的全球背景下，深化和调整同非洲的长期伙伴关系显然是符合欧盟战略利益的，并以教育为载体谋求行为体自身的利益。综合而言，欧盟对非洲的教育发展合作带有政治、经济、地缘战略、安全以及国际角色塑造等方面的利益考量。

从政治、地缘战略以及安全方面来看，欧盟逐渐从自身安全和地缘政治视角认识到了非洲的重要性。冯德莱恩任内新成立的“地缘

---

① European Union, *Joint Africa EU Strategy Action Plan 2011-2013*, 2011, p. 62.

② European Union, *Joint Africa EU Strategy Action Plan 2011-2013*, 2011, p. 1.

③ European Commission, *Joint Communication to the European Parliament and the Council Towards a Comprehensive Strategy with Africa*, 2020, p. 9.

④ Council of the European Union, *The Africa-EU Strategic Partnership: A Joint Africa-EU Strategy*, 2007, p. 19.

政治委员会”即将非洲大陆作为其优先事项之一，教育发展合作也成为委员会这一优先事项的基石。21 世纪第二个 10 年以来地中海沿岸国家的一系列动荡及其影响使欧盟深刻认识到，欧洲安全和繁荣与非洲息息相关，确保非洲持久的和平与安全符合欧非共同利益，和平与安全是欧非可持续发展的关键。欧盟在题为《对邻国变局的新回应：欧洲睦邻政策回顾》(A New Response to A Changing Neighbourhood：A Review of European Neighbourhood Policy)的报告中指出，教育、知识和创新是促进该区域稳定与凝聚力的重要因素，可被视为协助非洲睦邻国家民主化进程的工具。[①] 欧盟通过对非洲的教育发展合作，使非洲青年具备科学素质以及欧洲意识，既能不断向非洲输出欧洲的价值观和意识形态，促使非洲青年认同欧洲发展模式，培养亲欧、近欧人才，也能为深化欧非关系、扩大在非洲的地缘政治影响力奠定坚实的人才基础。[②]

经济层面，教育是促进非洲和欧盟之间可持续经济、社会和环境交流的强大手段。例如，欧非在人口迁徙和流动领域的合作旨在促进人口迁徙、流动与发展之间的协同增效，通过降低汇款成本和加强侨民的参与，改善劳动力的流动以及加强合作以解决人口贩运问题。[③] 欧盟鼓励采取更加协调、系统和结构化的方法，最大限度地提高正常人口迁徙和流动的红利及其作为发展动力的潜力，提高非洲侨

① European Commission, “Joint Communication on the European Parliament, the Council, the European Economic and Social Committee and the Committee of the Regions: A New Response to A Changing Neighbourhood”, 25 May 2011, https://eur-lex.europa.eu/legal-content/EN/TXT/?uri=celex%3A52011DC0303#document1.

② 张军广、楼世洲：“赢得青年就赢得未来：欧盟对非教育援助新理念——基于2017 年‘非—欧峰会’主题的分析”，《比较教育研究》2018 年第 12 期。

③ Tuning Africa, “The Africa-EU Partnership”, 17 April 2020, https://tuningafrica.org/en/the-africa-eu-partnership.

民作为发展行动者的知识、业务和能力，构建并加强技能和资历的可迁移性与认可机制，进一步提高学生和研究人员的流动性。[①] 欧盟加强欧非学者和学生的流动，实际上也能满足自身经济发展对高质量人才的需求。对欧盟而言，加强同非洲在人口迁徙和流动方面的合作可以吸引非洲高质量的人才，从而在一定程度上弥补劳动力短缺的问题——非洲国家拥有的受过良好教育的青年人才有望填补欧洲人口老龄化造成的劳动力短缺问题。

欧盟的发展合作政策并非仅仅出于共同体的政治、经济等方面的目的，还出于加强欧盟国际影响力和国际角色塑造的考虑。欧盟在第三届欧非首脑峰会中表示要“促进欧非对彼此有更准确的印象，而不是被那些历史继承下来的消极陈规定型观念所支配”[②]。冯德莱恩也表示，欧盟的发展合作促进实现欧盟的价值观和战略目标。[③] 欧盟的发展合作旨在维护欧盟在全球范围的利益，在世界范围内加强国际社会对欧盟身份的认同，输出并推广其价值理念和社会发展模式，影响和塑造国际政治经济秩序，提高欧盟在国际社会的影响和地位。[④] 欧盟向非洲扩散和传播社会发展领域的“欧洲模式”与标准，是对非洲发展合作政策的目标之一。[⑤] 在教育领域，通过教育发展合作，欧盟将自身塑造为国际教育领域的规范制订者和标杆，支持发展

① European Commission, *Joint Communication to the European Parliament and the Council for a Renewed Impetus of the African Union*, 2017 p. 14.

② European Union, *Africa-EU Dialogue: 3rd Africa-EU Summit*, 2010, p. 3.

③ Von der Leyen, U., *Mission Letter: Jutta Urpilainen-Commissioner for International Partnerships*, 2019, p. 5.

④ 王新影：“欧盟对外援助与欧洲一体化”，中国社会科学院博士学位论文，2010年，第1页。

⑤ 金玲：“欧盟的非洲政策调整：话语、行为与身份重塑”，《西亚非洲》2019年第2期。

中国家在进行教育改革时借鉴欧盟的模式和经验。[①] 特别是欧盟委员会向亚洲、非洲、拉丁美洲等区域提供财政和技术支持，促进博洛尼亚进程(Bologna Process)在这些区域的发展，也使得欧洲高等教育对其他区域更具吸引力。[②] 坦普斯计划和“伊拉斯谟+”计划等教育发展合作项目也使欧盟在全球教育领域树立了“欧洲品牌”，促使伙伴国自愿地将本国高等教育同欧盟高等教育进行融合。[③]

整体来说，欧盟的教育发展合作有双重动机——既包含了利他主义动机，也包括了利己主义的动机，也即结合了自身和他者的发展诉求。欧盟对非洲的教育发展合作政策毋庸置疑包含了利他主义的因素，响应了国际教育援助的目标，通过教育发展合作帮助非洲区域和国家实现教育、政治、经济和社会多领域的可持续发展。与此同时，欧盟的发展合作政策也有明显的利己主义色彩，反映了欧盟整体的利益以及政治意图。欧盟通过对非洲教育发展合作，向非洲国家推广欧盟主流价值观，力争将欧盟的社会模式向外推广，加强国际社会对欧盟身份的认同，保持和增强欧盟在非洲的影响力，也增强欧盟在国际舞台上的影响力。欧盟对非洲的教育发展合作结合了双方的合作需求和诉求，为欧非战略合作提供了强有力的支撑。

---

① European Commission, *TVET and Skills Development in EU Development Cooperation*, 2013, p. 1.

② Woldegiorgis, E. T., “The Influence of the Bologna Process”, in J. Knight, E. T. Woldegiorgis (eds.), *Regionalization of African Higher Education: Progress and Prospects*, Rotterdam: Sense Publishers, 2017, p. 203.

③ Botonero, E. M. R., *EU Higher Education as Soft Power in Neighbouring Countries: A Projection of Influence by Compelling Means*, Bordeaux: ECPR General Conference Sciences, 2013, pp. 1–28.

二、欧盟对非洲教育发展合作的规范

通过上述对欧盟对非教育发展合作目标的梳理，不难厘清欧盟对非洲教育发展合作语境下规范的具体内涵，而对规范概念的理解有助于加深对规范力量的诠释和认知。建构主义国际关系学者认为，“规范”（norm）是个主体间性概念，是“关于国家和其他行为体在既定背景或身份下的适当行为的主体间理解和集体期望”。[①] 更具体地说，在现代世界体系中，集体规范建构了行为体的社会认同，并界定了行为体在互动中的“游戏规则”。[②] “规范”包括两种类型：第一种是“构成性规范”（constitutive norm），明确了行为体身份的标准，被视为是某一群体身份认同的符号，是该群体区别于其他群体的基础，反映了该群体的价值观、道德准则等具体内容。[③] 第二种是约束性规范（regulative norm），其运作方式类似于标准，规定了既定身份行为体的权利和义务，对既定身份行为体的行为准则进行重塑，限定其行为。[④]

发展合作并非是简单的经济方面的转移支付，不仅包括物质方面的援助，还包括非物质的、理念规范方面的转移和传播。教育发展合作在这个方面尤为典型，并在显性上表现为援助者对受援者在教育领

---

① Björkdahl, A., “Norms in International Relations: Some Conceptual and Methodological Reflections”, *Cambridge Review of International Affairs*, Vol. 15, No. 1, 2002.

② Risse, T., “Let’s Argue! Communicative Action in World Politics”, *International Organization*, Vol. 54, No. 1, 2000.

③ 严骁骁：“反思‘规范性力量欧洲’：理论与实践”，南京大学博士学位论文，2016年，第61页。

④ Björkdahl, A., “Norms in International Relations: Some Conceptual and Methodological Reflections”, *Cambridge Review of International Affairs*, Vol. 15, No. 1, 2002.

域资金、人力和技术方面的转移，隐性上带动欧盟内部的各种要素向非洲区域和国家进行多层次多维度的扩散和渗透，对于受援国教育事业发展起着“催化”和“示范”的作用。[①] 结合上述对“规范”的界定和区分，可从构成性规范和约束性规范两个方面剖析欧盟对非洲教育发展合作的本质和内涵。

首先，欧盟对非洲的教育发展合作传播了和平、自由、民主、法治与人权、社会团结、反歧视、可持续发展和善治等构成性规范。这些规范是在欧盟系列法律条文等基础上产生的，是欧盟自我认同的基础，也是欧盟对外政策的基础。两份《欧洲发展共识》、《欧洲联盟条约》、《欧洲联盟运行条约》等都明确指出，欧盟与第三国的伙伴关系和对话将促进以下共同价值观——尊重人权、基本自由、和平、民主、善治、性别平等、法治、团结和正义、尊重《联合国宪章》和国际法基本原则，这些价值观也是指导欧盟发展合作的原则。[②] 欧盟通过扩盟、欧洲睦邻政策以及非加太发展合作政策等外部手段，将欧盟价值观投射到外部。《欧非联合战略》也表示，欧盟同非洲的合作伙伴关系需要建立在和平、自由、民主、法治、人权等共同坚定承诺的基础之上。

其次，欧盟对非洲的教育发展合作传播了约束性规范。约束性规范的运作方式类似于“游戏规则”，对既定身份行为体的行为准则进行重塑，从而限定其行为。在欧盟发展合作中，欧盟以自身“欧洲模式”为基础，向非洲等区域和国家输出其自身的发展模式，对发展合作伙伴的行为准则进行重塑。欧盟的经济和社会模式（例如欧洲

---

① 胡鞍钢、胡光宇等：《援助与发展：国际金融组织对中国贷款绩效评价（1981—2002）》，清华大学出版社2005年版，第77—80页。

② European Commission, *The European Consensus on Development*, 2006, p. 14.

的体面工作战略和哥本哈根进程等）被视为欧盟对伙伴国家采取行动的指导来源。[①] 欧盟在对非政策中嵌入规范，提供了用一体化解决问题的模式，推广一体化模式是欧盟对非洲发展合作政策的显著特征和重要内容，这也是其他行为体所不具备的。[②] 从这个意义上来说，欧盟的发展合作是欧盟社会发展模式以及相关规则和标准的对外扩散和延伸。

更具体地说，在教育领域，欧盟试图将教育区域一体化模式、教育相关的标准、专业知识和工具、实践经验等约束性规范向非洲进行扩散和传播。"在支持伙伴国进行教育改革时，鼓励其直接地借鉴欧盟的模式和经验。"[③] 如在职业教育领域，《关于欧洲职业教育与培训合作的新动力以支持欧洲 2020 战略的通报》（Communication on A New Impetus for European Vocational Education and Training Cooperation to Support the Europe 2020 Strategy）指出，"欧盟职业政策应成为与国际社会，包括第三国和相关国际组织进一步政策对话和相互学习的主题"[④]。欧盟委员会国际合作与发展总司提供支持和专业知识，就教育计划提供咨询建议。欧盟还开发了一个用于发展合作的知识共享平台（Capacity4dev），与其他专业人士、利益相关者和援助者分享发展经验、最佳实践以及相关领域的专业工具。[⑤] 欧盟委员会也通过

---

① European Commission, *Communication on the Social Dimension of Globalization—The EU's Policy Contribution on Extending the Benefits to All*, 2004, p. 25.

② 陈水胜："冷战后欧盟对非洲政策调整析论"，外交学院博士学位论文，2015 年，第 6—7 页。

③ European Commission, *TVET and Skills Development in EU Development Cooperation*, 2013, p. 6.

④ European Commission, *The Communication on A New Impetus for European Vocational Education and Training Cooperation to Support the Europe 2020 Strategy*, 2010, p. 10.

⑤ European Commission, *Concept Note: Vocational Education and Training in European Development Cooperation*, 2014, p. 15.

系列教育发展合作项目实现专业知识和工具、专业技能和实践经验等方面的分享和传递。[①] 最为显著的是，欧盟致力于将哥本哈根进程（Copenhagen Process）和博洛尼亚进程等欧盟在职业教育和高等教育领域的一体化模式、专业知识、实践经验、标准以及相应的技术性运行机制和工具（包括资历框架、资历认可、质量保障、信息交流、文凭补充等）向外进行推广。目前，欧盟将博洛尼亚进程作为伙伴国家资历认可和高等教育协调统一的范本，将哥本哈根进程作为伙伴国家职业教育制度现代化的重要参照，其部分政策和工具已应用于欧盟教育发展合作项目。[②]

---

① European Commission, *A Retrospective of the TEMPUS Programme over the Past Twenty Years (1990-2010)*, 2011, p. 23.

② European Commission, *TVET and Skills Development in EU Development Cooperation*, 2013, pp. 28-29.

第二章　程序性扩散：构建欧非教育对话机制

“规范力量欧洲”的提出者伊恩·曼纳斯认为，欧盟的规范力量在于输出规范体系，并概括了欧盟规范在其他区域和国家乃至全球进行推广和传播的手段。“程序性扩散”（Procedural Diffusion）是欧盟规范扩散的手段之一，其主要的外显形式包括签署区域间合作协议以及进行制度化区域间对话。[①] 规范的转移和扩散不一定是一方强加给另一方的，也可以通过温和的对话和论坛的形式进行思想、价值观、制度和实践的交流。程序性扩散无疑是欧盟规范扩散和规范性外交的重要手段，“这种基于对话、合作和参与的方法是规范性的，降低了通过纯粹的权力且违反第三方当地居民的需求和愿望强加所谓的‘普遍’规范的风险”，通过非强制性的手段使得“零和博弈”变成“非零和共赢”。[②]

目前欧盟对非洲的发展合作建立在2000年签订的《科托努协定》和2007年出台的《欧非联合战略》基础之上。欧盟没有专门的教育发展合作抑或是针对非洲教育发展合作的战略文件，教育发展合作嵌含在发展合作的战略文件和区域间合作协议中。其中，《欧非联合战略》为欧非关系提供一个总体的长期框架，欧非双方承诺将通过连续

---

① Manners, I., “Normative Power Europe: A Contradiction in Terms?”, *Journal of Common Market Studies*, Vol. 40, No. 2, 2002.

② Tocci, N., *Who is a Normative Foreign Policy Actor? The European Union and Its Global Partners*, Brussels: Centre for European Policy Studies, 2008, p. 9.

的短期行动计划和加强各级政治对话来执行联合战略，通过经济、政治、社会和发展问题的建设性和制度性的正式对话，强化现有联系。为保证欧非伙伴关系能发挥作用，欧非双方将建立适当的体制架构和实施方式，在欧非间建立更频繁的联系，允许并促进就双方共同关心的问题进行交流和对话，这将涉及非洲和欧洲大陆、区域、国家和地方各级机构或非机构行动者，也依赖于欧非在各个层面上与各利益相关者的对话(见表2-1)。欧盟积极构建同非洲伙伴的对话平台和机制，将教育纳入欧非首脑峰会(Africa-EU Summit)、欧盟委员会和非盟委员会会议、欧非科技创新政策高层对话、欧非青年峰会等对话中，实现了欧非双方在教育领域对话的组织化和制度化，以软性的方式促进欧盟规范的扩散。

表2-1　非洲—欧盟伙伴关系的对话机制

对话类型	具体的对话
机构层面的会议	欧非首脑峰会 非盟和平与安全委员会—欧盟政治与安全委员会年度联合会议 欧盟委员会—非盟委员会会议 非盟—欧盟部长级会议 欧洲议会—泛非议会峰会
利益相关者对话	非洲—欧盟民间社会论坛 非洲—欧洲青年峰会 非洲—欧盟经济和社会利益相关者会议 欧盟—非洲商业论坛 非洲—欧洲区域和地方政府论坛
具体议题对话或专家会议	非盟—欧盟人权对话 科学、技术和创新高级别政策对话 非洲—欧盟能源伙伴关系 非洲—欧盟基础设施参考小组

资料来源：African Union Commission & European Commission，“How It Works | The Africa-EU Partnership”，02 January 2021，https：//africa-eu-partnership.org/en/about-us/how-it-works。

第一节　欧非首脑峰会

一、欧非首脑峰会的目标与功能

在当下的国际舞台上，“X+非洲峰会”已成为国际行为体对非洲外交的重要平台和方式，不论是日本、中国、美国等国，还是欧盟、阿盟等政府间组织都设立了各自的对非峰会。[①] 21 世纪以来，欧非关系进入新阶段，欧非双方急需建立新的战略伙伴关系，规划两大洲在现有和新的领域进行合作的政治愿景和路线图，欧非首脑峰会的诞生可谓正当其时。自 2000 年在开罗举行历史性的首届欧非首脑峰会以来，欧盟对非洲的发展合作日益制度化，欧非关系也通过制度化的对话得到加强。[②] 欧非首脑峰会汇集了欧盟和非盟成员国的国家元首和政府首脑、欧洲理事会主席、欧盟委员会主席、非盟主席和非盟委员会主席等成员，探讨欧非在政治、经济和社会等领域的合作问题，构筑欧非在政治、经济、社会、环境、教育、文化等方面的战略伙伴关系。[③] 欧非首脑峰会是欧非区域间最高级别的对话制度，负责欧非合作方向、内容和目标等总体工作的规划和设计，可谓欧盟对非洲教育

---

① 王涛、鲍家政：“‘多边—多边’机制视域下的欧非峰会探析”，《西亚非洲》2018 年第 4 期。

② Rein, C., “The Prospects for the Future of European Union-African Union Relations in Uncertain Times”, *European Review*, Vol. 25, No. 4, 2017.

③ European Union, *Cairo Declaration and Cairo Plan of Action*, 2000, pp. 32–33.

发展合作的“设计者”，起到了统领全局的作用。欧非首脑峰会不仅有效解决了欧非关系的历史合法性问题[①]，而且也是观察欧盟对非洲发展合作具体机制、优先行动事项的重要窗口。[②]

从 2007 年的第二届首脑峰会(即里斯本欧非首脑峰会)开始，欧非首脑峰会每三年轮流在非洲和欧洲定期举行。部长级会议、欧洲议会和泛非议会代表团之间的接触和对话等将在两次首脑会议间不定期举行，以共同审查《欧非联合战略》及其行动计划的执行情况，并在必要时提供政治指导。[③] 至 2023 年，欧非双方共在开罗(2000 年)、里斯本(2007 年)、的黎波里(2010 年)、布鲁塞尔(2014 年)、阿比让(2017 年)和布鲁塞尔(2022 年)举办了六届欧非首脑峰会。欧非双方通过欧非首脑峰会，构建起对话和沟通的机制，并在双方的共同努力下出台了多项宣言、行动计划等指导性文件，教育无疑也是欧非首脑峰会中的重要议题。

二、欧非首脑峰会的教育议题

欧非首脑峰会为欧盟对非洲教育发展合作构建起了常规化的对话机制。在欧非首脑峰会对话机制下，教育发展合作是重要议题，但欧盟层面并没有专门针对非洲教育发展合作的政策、机构和制度。从首届欧非首脑峰会到第五届峰会，欧盟对非洲教育发展合作经历了从早

① 金玲：“欧非关系转型——从‘依附’到‘平等’”，《国际问题研究》2008 年第 3 期。

② 张军广、楼世洲：“赢得青年就赢得未来：欧盟对非教育援助新理念——基于 2017 年‘非—欧峰会’主题的分析”，《比较教育研究》2018 年第 12 期。

③ Council of the European Union, *The Africa-EU Strategic Partnership: A Joint Africa-EU Strategy*, 2007, p. 21.

期教育发展合作的碎片化到实现教育发展合作的组织化和制度化的发展历程。[①] 前四届欧非首脑峰会中，教育并未成为专门的优先事项，教育以及与教育密切相关的科技创新、研究、信息技术等内容嵌含在相关优先事项以及优先发展领域中，直至第五届欧非首脑峰会，教育首次被列为优先领域和事项之一。以下将对五届欧非首脑峰会的教育及相关议题进行梳理。

（一）首届欧非首脑峰会

2000 年，首届欧非首脑峰会在埃及开罗举行。此次峰会启动了欧非大陆间的对话机制，也标志着欧非间最高级别政治对话“开罗进程”（Cairo process）的正式开启。[②] 首届欧非首脑峰会共提出了五个优先事项——区域经济合作和一体化，协助非洲融入世界经济，人权、民主、善治和法治，和平建设和冲突预防，以及发展问题。其中，区域经济合作和一体化、协助非洲融入世界经济和发展问题等优先领域中都包含了与教育相关的议题。

在区域经济合作和一体化优先行动领域中，欧非认为有必要促进欧盟与非洲区域一体化机构，特别是非洲经济共同体（African Economic Community）之间的密切合作，促进经验交流。这不仅包括经济领域一体化经验的交流和共享，也包括教育等社会领域一体化经验的交流与共享。欧盟承诺在以下五个方面加强欧非合作：第一，加强对非洲一体化进程的支持，创造必要的环境，制定有效的框架，促进有

① 张军广、楼世洲：“赢得青年就赢得未来：欧盟对非教育援助新理念——基于 2017 年‘非—欧峰会’主题的分析”，《比较教育研究》2018 年第 12 期。

② Mangala, J., “Africa-EU Strategic Partnership: Historical Background, Institutional Architecture, and Theoretical Frameworks”, in J. Mangala (ed.), *Africa and the European Union: A Strategic Partnership*, New York: Palgrave Macmillan, 2013, p. 17.

关政治、经济、社会和发展问题的建设性对话；第二，支持非洲区域一体化项目；第三，加快非洲区域和国家机构在经济合作和一体化领域的能力建设项目；第四，加强非洲区域一体化机构，特别是非洲经济共同体的能力；第五，推广在项目制定和执行、区域部门项目以及宏观经济和部门政策的协调方面的最佳做法，这有助于非洲经济合作和一体化的推进以及非盟的迅速建立。[①]

在协助非洲融入世界经济的行动领域中，欧非双方高度重视基础设施以及研究和技术的重要性，认识到知识、研究和技术是社会发展的基础，不论是非洲融入世界经济、与贫困作斗争还是保护环境应对气候变化，都需要知识和技术作为坚实的基础。要使非洲应对全球化的挑战并实现可持续发展，要尤为重视基础设施、信息技术和教育等领域。在全球化和信息社会进步的背景下，欧非将促进新形式的对话、科学技术合作以及服务贸易，促进技术转让。[②]

另外，在发展优先领域中，加速经济增长和可持续发展是非洲消除贫困的基本前提，可持续的人类发展是非洲发展的最终目标。消除贫困并非单一的经济部门的问题，而是一个多部门的问题，需改善教育、卫生、粮食安全等社会部门的发展。教育是实现消除贫困和可持续发展目标的重要抓手，为此欧非双方格外关注人力资本的投资，致力于支持一种针对消除贫困的教育方法，并特别关注科学技术和普及初等教育两个方面。科学技术方面，欧盟高度重视区域和国家层面在科学技术上的能力建设，支持非洲国家制定有效的科学技术促进教育和培训发展的国家政策，促进技术流通；针对非洲区域显著的人才流失现象，欧非承诺支持创造一个合适的环境，支持非洲大陆留住人

① European Union, *Cairo Declaration and Cairo Plan of Action*, 2000, p. 18.

② European Union, *Cairo Declaration and Cairo Plan of Action*, 2000, p. 5.

才，呼吁每个非洲国家都将其至少1%的GDP用于科学技术的发展。在普及初等教育方面，欧非双方将重视全行业的教育方法，支持执行非洲教育十年行动计划，加强援助者之间的协调。[①]

（二）第二、三届欧非首脑峰会

2007年12月，第二届欧非首脑峰会在葡萄牙里斯本开幕，欧非双方正式通过了《欧非联合战略》以及实施该战略的《实施欧非战略伙伴关系的第一个行动计划（2008—2010）》（First Action Plan [2008-2010] for Implementation of the Africa-EU Strategic Partnership）。《欧非联合战略》为欧非关系提供总体的长期框架，双方将通过连续的短期行动计划和各级政治对话来执行《欧非联合战略》，以期在伙伴关系的所有领域取得具体和可衡量的成果。[②] 该战略明确了和平与安全、治理与人权、贸易与区域一体化以及关键的发展问题（即加快实现千年发展目标）四个战略重点，其中关键的发展问题领域中包含了诸多个教育相关的议题，如就业、教育普及、性别平等以及科技和创新。

受金融危机和欧债危机的影响，2010年11月在利比亚的黎波里召开的第三届欧非首脑峰会以“投资、经济增长和创造就业机会”为主题，着重探讨欧非如何通过有效合作实现经济复苏。双方就教育作为非洲经济增长和减贫的重要抓手达成共识——“没有健康的、受过教育的人口，经济增长和减贫将遥遥无期”[③]。以此认知为基础，欧盟对非洲进行全方位的教育发展合作，教育议题愈发突出，覆盖面

---

① European Union, *Cairo Declaration and Cairo Plan of Action*, 2000, p. 12.

② Council of the European Union, *The Africa-EU Strategic Partnership: A Joint Africa-EU Strategy*, 2007, p. 2

③ European Union, *Joint Africa EU Strategy Action Plan 2011-2013*, 2011, p. 1.

愈发广泛，涵盖了扫盲、性别平等、基础教育、中等教育、高等教育等多个领域。[①] 在《欧非联合战略》框架下，第二、三届欧非首脑峰会中提出了八个优先和重点领域（即和平和安全，民主、治理和人权，贸易和区域一体化，千年发展目标，能源，气候，人口迁徙、流动和就业，以及科学、信息社会和空间）。其中，贸易和区域一体化，千年发展目标，人口迁徙、流动和就业，以及科学、信息社会和空间四个伙伴关系中均包括了与教育相关的议题。

贸易和区域一体化是实现发展、经济增长和就业以及最终消除贫困目标的手段之一，欧非承诺加强非洲的一体化议程，增强非洲满足区域和国际市场规则和标准要求的能力。社会经济和政治一体化是非洲关键的发展战略之一，欧盟已经塑造了成功的一体化进程，可以同非洲分享其在一体化方面的经验。

千年发展目标方面，欧盟承诺将协助非洲加快实现千年发展目标作为《欧非联合战略》的一部分。在教育领域，欧盟致力于协助非洲实现千年发展目标2，即普及初等教育，确保不论男童、女童都能完成全部初等教育课程。

在人口迁徙、流动和就业伙伴关系方面，欧非聚焦创造就业机会、包容性增长、体面劳动、社会保护、非正式和社会经济、学生和学者的流动性、高等教育协调进程等具体的议题，支持将有关人口迁徙、流动和就业等相关问题纳入减贫战略和国家战略文件。[②] 就业方面，欧非根据联合国“体面工作”（Decent Work）议程，力求将充分的生产性就业和体面工作纳入国家发展战略、减贫战略和国家战略文

① 张军广、楼世洲：“赢得青年就赢得未来：欧盟对非教育援助新理念——基于2017年‘非—欧峰会’主题的分析”，《比较教育研究》2018年第12期。

② European Commission, “3rd Africa EU-Summit 29/30 November, Tripoli”, 24 November 2010, https://ec.europa.eu/commission/presscorner/detail/fr/MEMO_10_604.

件中，加强就业机构和其他劳动力市场行为者和机构的能力，提高当地高等教育和培训的质量，在非洲创造更多、更具生产力和更好的就业机会，特别是为青年和妇女创造就业机会以及解决教育同劳动力市场的技能差距与不匹配的问题。在人口迁徙和流动方面，欧非倡导进一步减少人员自由流动的障碍，促进欧非之间的循环移民，协助非洲各国政府建立移民信息和管理中心，更好地满足管理人口迁徙流动的诉求。①

在科学、信息社会和空间伙伴关系方面，欧非意识到非洲是科学和数字鸿沟最大的大陆，提出在2007年《关于科学技术和科学研究促进发展的亚的斯亚贝巴宣言》(2007 Addis Ababa Declaration on Science Technology and Scientific Research for Development)的基础上，继续加强双方在科学、信息社会和空间方面的合作，推进非洲获得信息和通信技术基础设施、获得高质量教育以及发展科学技术和创新系统，弥合非洲的数字和科学鸿沟，促进空间应用和技术方面的合作，提高非洲的研究能力，促进发展包容性知识经济。

（三）第四届欧非首脑峰会

第三届欧非首脑峰会后，欧洲经济陷入衰退，与此同时，北非各国陷入持续动荡和冲突中，大批难民涌入欧洲，引发了严峻的社会安全问题。如何促进经济增长、妥善处理难民问题成为欧非双方共同关注的议题。在此背景下，2014年4月的布鲁塞尔第四届欧非首脑峰会以“投资于人民、繁荣与和平”为主题，聚焦“和平与安全”“繁荣”和“人民”三个核心议题。本届峰会通过了《布鲁塞尔宣言》

① European Union, *First Action Plan (2008–2010) for Implementation of the Africa-EU Strategic Partnership*, 2007, pp. 38–46.

(Brussels Declaration)、《欧非关于人口迁徙和流动的宣言》(EU-Africa Declaration on Migration and Mobility)以及《第四届欧非首脑峰会路线图(2014—2017)》(Fourth EU-Africa Summit Roadmap [2014 - 2017]),凝聚欧非力量共同应对挑战。本届峰会对教育的探讨聚焦到科技、创新、职业教育、高等教育、就业等有明显经济溢出效应的议题上,以及与难民相关的流动和迁徙的议题上。

在繁荣和人民这两个议题中都有提到教育的相关问题。在繁荣议题中,欧非认识到,研究、科学技术和创新的投资对实现繁荣目标以及整个社会的可持续发展至关重要,鉴于此,双方将大力推进科学、技术和创新问题高级别政策对话。技术方面,欧非也认识到信息和通信技术(ICT),特别是互联网所带来的“虚拟”基础设施的重要战略作用,同意进一步促进信息和通信技术的应用,建立包容、开放和安全的信息社会。[①]

在人民议题中,欧非承诺定期就公民、政治、经济、社会和文化权利举行磋商,特别关注包括残疾人、老年人、妇女、青年和儿童、难民在内的弱势群体的权利。教育是公民的一项基本权利,《布鲁塞尔宣言》呼吁尽可能为公民提供所需的知识、技能和服务,赋权于青年和女性,发展人力资本,提供普遍和公平优质的教育,着重关注职业教育以及高等教育在这个方面发挥的作用,力求通过职业技术教育和培训促进包容性就业,通过高等教育增强公民意识和民主价值观。[②]《布鲁塞尔宣言》关注就业的权利,认为所有人都应该能够享受工作的尊严,发挥工作在促进更稳定的增长、加强社会包容和减少贫困方面的作用。

---

① European Union, *Brussels Declaration*, 2014, p. 7.

② European Union, *Brussels Declaration*, 2014, p. 9.

在难民问题险峻的背景下，欧盟强调应全面有效地处理非正常人口迁徙的问题。《欧非关于人口迁徙和流动的宣言》表示要“促进迁徙者作为创新和发展推动者的作用”，将迁徙和流动作为包容性增长和可持续发展的驱动力，最大限度地挖掘其对欧非的发展影响，“更好地组织合法迁徙，促进管理良好的流动，并鼓励制定促进劳工迁徙的政策”，在欧非伙伴关系的框架内保持人口迁徙和流动政策与其他政策领域，特别是就业和高等教育领域之间的联系。①

（四）第五届欧非首脑峰会

2017 年 11 月，在科特迪瓦首都阿比让举行第五届欧非首脑峰会之际，难民问题仍是欧非面临的棘手问题。第五届峰会发布《关于利比亚移民局势的联合声明》（Joint Statement on the Migrant Situation in Libya），试图通过发展青年技能培训和在非洲创造更多的就业机会，从根本上解决难民问题。第五届欧非首脑峰会以“投资青年，为了可持续发展的未来”为主题，重点关注青年群体，欧盟对非洲教育发展合作开始向青年群体倾斜，期望通过投资青年促进包容性增长和可持续发展。第五届欧非首脑峰会将投资青年拔高到了战略高度，认为投资青年是建立可持续未来的先决条件，要赋予青年平等地参与政治、经济和社会生活的权利，提供他们需要的技能和机会。② 第五届欧非首脑峰会《投资于青年，以促进包容性增长和可持续发展》（Investing in Youth for Accelerated Inclusive Growth and Sustainable Development）的宣言指明了未来欧非合作的四个优先领域：（1）教育、科

---

① African Union & European Union, *EU-Africa Declaration on Migration and Mobility*, 2014, pp. 1–2.

② European Union, *5th AU-EU Summit Joint Declaration: Investing in Youth for Accelerated Inclusive Growth and Sustainable Development*, 2017, p. 1.

学、技术和技能开发；(2)加强复原力、和平、安全与治理；(3)迁徙和流动；(4)动员投资，促进非洲的结构性和可持续性投资。这是首届欧非首脑峰会以来，教育首次被列为发展合作的优先领域。

“教育、科学、技术和技能开发”优先领域包括了以下五个重点议题。一是普及教育机会。欧非力争确保所有儿童和青年，特别是女童，都能包容且公平地接受从学前教育到高等教育各个阶段的优质教育，促进青年的福祉，最大限度地开发青年的潜力。① 二是支持职业技术教育和技能开发，呼吁促进投资，创造可持续的就业机会，使学习者具备与劳动力市场当前和未来的需求相匹配的技能和能力。② 三是增强青年学生、工作人员和研究人员的流动，促进欧非间的资历认可，强化机构之间的伙伴关系，发展和转让知识和技术。四是加大在可持续发展研究和创新方面的努力，加强双方在研究和创新方面的伙伴关系。五是促进跨文化对话以及创新艺术与文化生产。③

整体看来，前四届欧非首脑峰会主要围绕和平与安全、人权与善治、区域经济一体化等核心议题展开，教育并未成为优先领域或核心议题。欧非首脑峰会并未形成具体专门针对教育发展合作的优先事项，教育发展合作呈现碎片化、零散的情况，主要是分散在各个优先事项中。第五届欧非首脑峰会首次将教育列为发展合作的优先事项之一，对普及教育机会、职业技术教育和技能开发、资历认可和流动、研究和创新的伙伴关系等相关的议题都进行了富有成效的讨论，也将

---

① European Union, *5th AU-EU Summit Joint Declaration: Investing in Youth for Accelerated Inclusive Growth and Sustainable Development*, 2017, p. 1.

② European Parliament Think Tank, “Empowering Africa's Youth: The New Focus of EU-Africa Cooperation”, 14 November 2017, https://www.europarl.europa.eu/thinktank/en/document.html?reference=EPRS_BRI(2017)608806.

③ European Union, *5th AU-EU Summit Joint Declaration: Investing in Youth for Accelerated Inclusive Growth and Sustainable Development*, 2017, p. 6.

关注点集中到青年群体上。

三、欧非首脑峰会的教育行动

欧非前五届首脑峰会先后公布《开罗行动计划》(Cairo Plan of Action)、《实施欧非战略伙伴关系的第一个行动计划(2008—2010年)》、《欧非战略行动计划(2011—2013年)》(Joint Africa EU Strategy Action Plan [2011-2013])、《第四届欧非首脑峰会路线图(2014—2017年)》等系列行动计划和路线图，以及为支持《欧非联合战略》而成立的、涵盖整个非洲的泛非计划多年度指示性计划(Multiannual Indicative Programme)和各年度行动计划。整体来说，欧非首脑峰会围绕以下几个议题展开教育发展合作活动。

在一体化方面，《实施欧非战略伙伴关系的第一个行动计划(2008—2010年)》宣布建立欧非贸易和区域一体化伙伴关系，启动支持非洲一体化议程，加强非洲在规则、标准和质量控制领域的能力，增强非盟委员会、区域经济共同体和非洲国家有效协调和实施一体化议程的能力。[①] 例如，欧盟委员会、非盟委员会联合非盟委员会统计司(AUSTAT)、欧盟统计局(Eurostat)等单位推出加强非洲高质量统计的项目，推进实施《非洲统计宪章》(African Charter on Statistics)和《非洲统一统计战略》(Strategy on the Harmonization of Statistics in Africa)，加强欧非在信息统计方面的交流，支持非洲提供高质量的统计服务的能力。[②] 泛非计划还专门推出“泛非统计”(Pan Africa Sta-

---

① European Union, *First Action Plan (2008-2010) for Implementation of the Africa-EU Strategic Partnership*, 2007, p. 18.

② European Union, *Joint Africa EU Strategy Action Plan 2011-2013*, 2011, p. 30.

tistics）和“数字非洲的政策和法规倡议”（Policy and Regulation Initiative for Digital Africa）项目，促进对非洲社会进步和一体化进程的监测，支持建立非盟统计研究所（AU Institute for Statistics）。

教育普及方面，欧盟紧紧跟随国际教育援助的战略步伐，同国际教育援助的发展目标保持一致，承诺通过全球倡议和伙伴关系支持实现国际商定的千年发展目标、可持续发展目标和全民教育目标。欧盟及其成员国向“全球教育伙伴关系”（Global Partnership for Education）以及“教育不能等待”（Education Cannot Wait）全球倡议提供资金，其中，向全球教育伙伴关系提供的资金占其总资金的51%，并且仅欧盟（不包括其成员国）就贡献了 4.75 亿欧元，约占全球教育伙伴关系资金总额的 16%。① 欧盟及其成员国还向“教育不能等待”基金提供了约四成的资金，其中仅欧盟便捐款 2750 万欧元，欧盟也是其高级指导小组的成员。②

科技和创新方面，首届欧非首脑峰会《开罗行动计划》计划在非洲建立欧非管理中心，为欧洲技术转让等服务畅通渠道。③《实施欧非战略伙伴关系的第一个行动计划（2008—2010 年）》和《欧非战略行动计划（2011—2013 年）》深化欧非在科学、信息社会和空间方面的伙伴关系，推动实施非盟在信息和通信技术发展方面的框架，包括《非洲知识经济区域行动计划》（African Regional Action Plan for the Knowledge Economy）、《信息和通信技术政策协调参考框架》（Reference Framework for ICT Policy Harmonization）和 2010 年《亚的斯亚贝

① European Commission, “International Partnerships-Education”, 10 May 2021, https://ec.europa.eu/international-partnerships/topics/education_en#header-6527.

② European Commission, “International Partnerships-Education”, 10 May 2021, https://ec.europa.eu/international-partnerships/topics/education_en#header-6527.

③ European Union, *Cairo Declaration and Cairo Plan of Action*, 2000, p. 20.

巴非盟首脑会议信息和通信技术促进非洲发展宣言》(2010 Addis Ababa AU Summit Declaration on ICT for Africa's Development)。[①] 欧盟也承诺在2014—2017年期间为泛非计划中的教育、研究和创新投入1亿欧元。[②]

人口就业、迁徙和流动方面,《实施欧非战略伙伴关系的第一个行动计划(2008—2010年)》《瓦加杜古非洲就业和减贫宣言和行动计划》(Ouagadougou Declaration and Action Plan on Employment and Poverty Alleviation in Africa)等行动计划，将人口迁徙、流动和就业纳入减贫文件和国家战略文件，支持改善和更新非洲区域和国家的人口迁徙状况，设立迁徙流动观察站网络，以便收集、分析和传播有关人口迁徙和流动的数据。[③]《欧非战略行动计划(2011—2013年)》将人口流动和人才外流方面的对话扩大到高等教育领域，启动了打击人口贩运倡议、侨民外联倡议、体面工作倡议、尼雷尔流动计划、泛非大学项目等十余项具体的行动。[④]《第四届欧非首脑峰会路线图(2014—2017年)》将关注点从传统的能力建设和流动项目转向资历认可，加快使用透明度和认可工具，畅通流动渠道。[⑤]

---

① European Union, *Joint Africa EU Strategy Action Plan 2011-2013*, 2011, pp. 70-74.

② African Union Commission & European Commission, "What is the Pan-African Programme?", 12 May 2021, https://africa-eu-partnership.org/en/financial-support-partnership-programme/pan-african-programme.

③ European Union, *First Action Plan (2008-2010) for Implementation of the Africa-EU Strategic Partnership*, 2007, pp. 39-40.

④ European Union, *Joint Africa EU Strategy Action Plan 2011-2013*, 2011, pp. 63-66.

⑤ European Union, *Forth EU-Africa Summit: Roadmap 2014-2017*, 2014, p. 6.

第二节 欧非委员会会议

一、欧非委员会会议的目标与功能

非盟和欧盟，尤其是非盟委员会和欧盟委员会在欧非发展合作对话中发挥核心作用，两者可谓是欧盟对非洲教育发展合作的重要参与者和推动者。[①] 正如欧盟委员会前主席何塞·曼努埃尔·巴罗佐（José Manuel Barroso）所言，“欧盟委员会和非盟委员会是雄心勃勃的欧非伙伴关系的引擎”[②]。双方每两年在委员会层面举行会议，对欧非伙伴在大陆、区域以及国家层面上的其他会议进行补充，进一步加强双方之间的对话和沟通协调机制以及政治和技术合作。[③]

非盟（African Union）于 2002 年成立，替代了非洲统一组织（Organisation of African Unity），此后非盟成为欧盟在泛非问题上的主要对话者。非盟委员会作为非盟日常事务管理中的主要执行机构，无疑

---

① African Union Commission & European Commission, “Meeting between the European Commission and the African Union Commission in Addis Ababa”, 04 June 2010, https://reliefweb.int/report/mauritania/meeting-between-european-commission-and-african-union-commission-addis-ababa.

② European Commission, “The European Commission Promotes Democracy and Growth with Its African Union Partners”, 30 May 2011, https://ec.europa.eu/commission/presscorner/detail/en/IP_11_656.

③ European Commission, *EU-AU Commission to Commission Take Their Cooperation Forward*, 2020, p. 1.

成为欧盟在非洲大陆问题上的天然对话者，也成为欧盟委员会与其他国际行为体在非洲的重要合作伙伴。自 2005 年欧盟首份对非战略出台以来，为加强欧盟委员会同非盟委员会之间的交流、沟通与对话，双方开启了欧盟委员会—非盟委员会会议（Biannual College Meeting of the African Union Commission with the Commission of the European Union，以下简称为“欧非委员会会议”）定期对话机制，旨在实现以下三个目标：“第一，指导和制定欧非政治议程；第二，加强欧非间的政治和技术合作；第三，监督《欧非联合战略》及其行动计划的落实。”[①] 在欧非委员会会议机制下，欧盟委员会和非盟委员会各司的专员（College of Commissioner）定期在布鲁塞尔和亚的斯亚贝巴举行会议，就共同感兴趣的领域进行互动式交流和建设性辩论，分享专门知识，促进欧非共同利益。此外，欧非委员会会议也为两个委员会审查伙伴关系取得的进展、改善两个机构之间的合作以及集中精力就共同的优先事项和挑战进行讨论和相互学习提供了机会。[②] 欧非委员会会议还鼓励欧盟委员会的不同司局机构加强与非盟委员会相关司局机构的有针对性的沟通和交流，“这是对原有合作方式的重要突破”。[③]

二、欧非委员会会议中的教育议题和行动

至 2021 年底，欧盟委员会同非盟委员会共在布鲁塞尔和亚的斯

---

① ECDPM, *Beyond Structures? Reflections on the Implementation of the Joint Africa-EU Strategy*, 2009, p. 10.

② African Union Commission & European Commission, “African Union-European Union College-to-College Meeting”, 12 May 2021, https://africa-eu-partnership.org/en/our-events/african-union-european-union-college-college-meeting.

③ 金玲：“欧盟对非洲制度机制调整及其对中国的影响”，《欧洲研究》2010 年第 5 期。

亚贝巴先后举行过10次欧非委员会会议，包含了一体化建设、教育普及、科技创新、迁徙、就业和人员流动等与教育相关的议题。

（一）非盟委员会一体化建设

在一体化方面，欧盟向非盟传输欧洲的经验——强大、可运作和积极的共同机构是区域一体化成功的必要条件。[①] 第一次和第二次欧非委员会会议主要聚焦在非盟委员会的机构联系和建设上，通过委员会专员与专员(Commissioner to Commissioner)的对话，交流相关职责领域(如就业、科学技术、卫生等)的经验。2006年10月，在埃塞俄比亚首都亚的斯亚贝巴召开的第二次欧非委员会会议上，双方商定于2007年1月1日起实施投资5500万欧元的“非盟支持计划”(African Union Support Programme)。该计划支持非盟的业务和机构发展，深化非盟与欧盟之间的伙伴关系，增强非盟委员会同欧盟委员会机构之间工作人员的交流，也协助非盟委员会加快机构改革进程，使非盟委员会能有效履行非洲一体化进程“推动者”的职能。为实现这些目标，欧盟委员会还支持《非盟战略计划(2004—2007年)》(AU Strategic Plan 2004-2007)，该计划包含四个支柱：加强非盟委员会的机构建设(如信息系统现代化和知识管理)；和平、人类安全和治理；区域一体化(其中涉及部门问题，如基础设施、移民和科学技术)；加强欧盟与非盟之间的具体合作。该支持计划还包括对结对伙伴关系的支持，例如发起尼雷尔流动计划以及发展非盟委员会的信息和通信

---

① European Commission, *Opening Speech by President Barroso at the 6th College-to-College Meeting of the African Union Commission and the European Commission*, 2013, p. 1.

能力。[①]

在2010年第四次欧非委员会会议上，双方签署了有关欧盟委员会与非盟委员会交换官员的行动计划协定和《行政合作联合行动计划(2009—2010年)》(Joint Action Plan for Administrative Cooperation [2009-2010])。双方还通过一项新的行政合作谅解备忘录，促进双方的技术和行政合作，包括各部门之间的结对和交流。这份谅解备忘录确认了双方加强机构联系的共同承诺，支持在政策分析和战略规划、预算编制、审计、合同和财务、会议管理和服务以及人力资源管理等领域交流经验和最佳做法。[②] 事实上，直至今日，欧盟及其成员国仍是非盟委员会资金的主要提供者之一，提供资金比例一度达到非盟委员会项目预算的近八成。[③]

(二)教育普及和技能开发

在教育普及和技能开发方面，2011年第五次欧非委员会会议中，双方重申实现普及基础教育的共同承诺、共同推动《非洲第二个教育十年行动计划(2006—2015年)》的落实。第七次欧非委员会会议高度重视欧非在高等教育方面的合作，承诺将继续努力支持非洲高等教育的协调统一，重点推进协调、质量保障和认证、非洲内部以及各大洲之间学生和学术人员的流动等方面的工作。[④] 在2016年第八次欧非委

---

① European Commission, "The European Commission and the Commission of the African Union Meet in Addis Ababa", 28 September 2006, https://ec.europa.eu/commission/presscorner/detail/en/IP_06_1277.

② African Union Commission & European Commission, *4th College-to-College Meeting Joint Declaration*, 2010, p. 6.

③ European Commission, "The Africa-EU Partnership", 05 April 2016, https://ec.europa.eu/commission/presscorner/detail/en/MEMO_16_1208.

④ European Commission & African Union Commission, *7th College-to-College Meeting Joint Declaration*, 2015, p. 4.

员会会议上，欧盟委员会和非盟委员会表示，将支持《非洲大陆教育战略(2016—2025 年)》(Continental Education Strategy for Africa)的实施，双方还宣布启动非洲内部学术流动计划的提案征集活动，促进学生和工作人员的流动，为非洲高等教育系统的协调做出贡献。双方还强调要使欧盟对非洲的职业技术技能可移植性项目同非洲高等教育的协调与质量保障方面的工作保持一致，确保非洲青年得到赋权和就业。①

2018 年第九次欧非委员会会议上，欧非双方重视提高青年的就业能力和流动性，基于伊拉斯谟计划(Erasmus Programme)经验推动加强非洲大学之间的交流计划，并在欧洲的博洛尼亚进程的启发下，支持非洲的资历认可和高等教育的统一。② 至 2020 年第十次欧非委员会会议，两个委员会注意到欧非在执行商定的教育、科学、技术、创新和技能开发优先事项方面已取得不错的进展，特别是在欧盟—非盟青年就业能力计划上。双方同意通过扩大职业教育与培训的流动性、学徒制以及其他基于工作的学习和职业指导来加强合作，更好地解决非洲青年技能不匹配的问题。③

(三) 人口就业、迁徙和流动

在人口就业、迁徙和流动方面，第四次欧非委员会会议上，两个

① European Commission & African Union Commission, *Joint Communiqué between the African Union Commission and the European Commission at Their 8th College to College Meeting*, 2016, p. 2.

② European Commission, “Factsheet: European Commission and African Union Commission Step up Their Cooperation to Support Young People, Jobs and Peace”, 23 May 2018, https: //ec. europa. eu/commission/presscorner/detail/en/MEMO_18_3890.

③ European Commission, “10th African Union Commission-European Commission Meeting-Joint Communique”, 29 February 2020, https: //ec. europa. eu/commission/presscorner/detail/en/statement_20_365.

委员会已就一个 300 万欧元的项目达成协议，用以支持非洲的人口迁徙、流动和就业，解决非洲人才外流方面的问题。[①] 在欧非委员会会议之后，同年在达喀尔开设的关于就业和体面工作的工作坊上，双方在有关就业、迁移和教育方面声明达成共识，将在联合国千年发展目标高级别全体会议上予以提交。[②] 在 2020 年第十次欧非委员会会议上，双方回顾了第五届欧非首脑峰会关于移民问题的承诺，力争深化关于移民与流动的合作与对话，并承诺建立一个联合框架，加强欧非关于移民与流动的对话。双方同意在两大洲各自的移民政策框架的指导下，加强对难民、迁徙和流动的联合管理，并就所有这些问题形成具体提案，以供第六届欧非首脑峰会审议。[③]

（四）科技和创新

在科技和创新方面，欧盟委员会致力于加强同非盟委员会的合作，以期能最大限度地发挥科学、技术和创新对减贫、增长和社会经济发展的潜在效应。第四次欧非委员会会议上，欧非双方表示将及时实施《实施欧非战略伙伴关系的第一个行动计划（2008—2010 年）》批准的科学、信息社会和空间倡议，根据“非洲研究赠款倡议”（African Research Grants Initiative）设计一个多年期非洲研究框架，并推动非洲科技创新孵化器网络，促进科技创新商业化，为非洲工业化做出

---

① African Union Commission & European Commission, *4th College-to-College Meeting Joint Declaration*, 2010, p. 5.

② African Union Commission & European Commission, “Meeting between the European Commission and the African Union Commission in Addis Ababa”, 04 June 2010, https://reliefweb.int/report/mauritania/meeting-between-european-commission-and-african-union-commission-addis-ababa.

③ European Commission, “10th African Union Commission-European Commission Meeting-Joint Communique”, 29 February 2020, https://ec.europa.eu/commission/presscorner/detail/en/statement_20_365.

贡献。[1]

双方格外关注信息社会和空间领域两个议题。在信息社会议题上，双方的目标是增强欧洲数字议程与非盟信息技术发展框架之间的协同作用，利用信息和通信技术促进非洲发展，推动实施非盟在信息和通信技术发展方面的《非洲知识经济区域行动计划》等框架。欧非委员会还打算开展委员会间有关信息社会的政策对话，推进以全面和综合的方式处理所有与信息和通信技术有关的问题。[2] 在空间领域议题上，第四次欧非委员会会议中，欧盟委员会和非盟委员会拟定了全球环境监测系统非洲行动计划(GMES-Africa Action Plan)，供第三届欧非首脑峰会批准，协助非洲执行非洲大地测量参考框架(African Geodetic Reference Framework)，推动非洲航天局(African Space Agency)的筹建。[3] 第五次欧非委员会会议上，欧盟表达了对在泛非大学范围内建立空间科学研究所的支持。[4] 在第十次欧非委员会会议上，欧非委员会对全球环境监测系统非洲行动计划在非洲第一阶段取得的进展表示肯定，并承诺将在第一阶段之后继续实施该计划。[5]

---

① African Union Commission & European Commission, *4th College-to-College Meeting Joint Declaration*, 2010, p. 5.

② African Union Commission & European Commission, *4th College-to-College Meeting Joint Declaration*, 2010, p. 3.

③ African Union Commission & European Commission, “Meeting between the European Commission and the African Union Commission in Addis Ababa”, 04 June 2010, https://reliefweb.int/report/mauritania/meeting-between-european-commission-and-african-union-commission-addis-ababa.

④ European Commission & African Union Commission, *Joint Declaration: The 5th College-to-College Meeting of the European Commission and the African Union Commission*, 2011, p. 5.

⑤ European Commission, “10th African Union Commission-European Commission Meeting-Joint Communique”, 29 February 2020, https://ec.europa.eu/commission/presscorner/detail/en/statement_20_365.

（五）数字化

全球正处于数字化转型的过程中，在此形势下，欧非一致同意要建立基于开放和安全数字经济的共同愿景的数字伙伴关系，利用好数字化机会来推动所有部门的创新和转型。欧盟委员会和非盟委员会在第六次欧非委员会会议上表示，将深化双方在信息社会领域的合作，利用欧洲数字议程和非盟信通技术发展框架之间的协同作用，在所有社会经济部门部署创新电子服务，加快非洲数字化进程。①

第九次欧非委员会会议上，欧盟委员会和非盟委员会宣布成立"欧非数字经济联合工作组"（Joint EU-AU Task Force on Digital Economy），深化欧盟同非盟在数字经济领域的合作，为双方讨论共同关注的数字化议题提供专门的平台。② 第十次欧非委员会会议认识到了教育在促进数字化方面的作用，提出要将当下对数字化的关注同教育结合起来，并做出以下五个方面的承诺：（1）支持数字基础设施建设；（2）到2030年在非洲建立安全的数字市场；（3）协助营造有利的政策和法规环境；（4）开发数字技能和应用；（5）促进数字创新创业。③

---

① African Union Commission & European Commission, *6th College-to-College Meeting Joint declaration*, 2013, p. 3.

② European Commission, "Factsheet: European Commission and African Union Commission Step up Their Cooperation to Support Young People, Jobs and Peace", 23 May 2018, https://ec.europa.eu/commission/presscorner/detail/en/MEMO_18_3890.

③ European Commission, "10th African Union Commission-European Commission Meeting-Joint Communique", 29 February 2020, https://ec.europa.eu/commission/presscorner/detail/en/statement_20_365.

第三节　欧非科技创新高级别对话

一、欧非科技创新高级别对话的目标与功能

人类社会正逐步步入知识型社会，在知识型社会中，对研究、科学、技术和创新的投资对实现欧盟对非洲发展合作目标以及促进非洲社会的可持续发展至关重要①，尤其是在促进增长和就业、提高竞争力，以及应对气候变化、可再生能源、传染病或粮食和营养安全等备受关注的全球议题方面发挥着举足轻重的作用。② 也正如欧盟委员会创新、研究、文化、教育和青年事务专员玛丽亚·加布里埃尔（Mariya Gabriel）所言：“研究和创新在我们与非洲的合作中发挥着至关重要的作用，为了创建知识社会和知识经济，我们需要进一步扩大现有的学术和科学合作，这必须通过研究人员和创新者的流动计划以及职业教育和培训来实现。加强技能开发，特别是妇女和青年的技能开发，也是我们的优先事项之一。通过加强我们的研发合作，我们能为我们的人民和社会提供具体的利益。”③

2010年，在的黎波里举行的第三届欧非首脑峰会正式通过了关

① European Union, *Brussels Declaration*, 2014, p. 5.

② European Union, *Forth EU-Africa Summit: Roadmap 2014-2017*, 2014, p. 5.

③ European Commission, *European Union-African Union Cooperation in Research and Innovation*, 2020, p. 1.

于启动“非盟—欧盟关于科学、技术和创新的高级别政策对话”(AU-EU High Level Policy Dialogue on Science, Technology and Innovation)的提案。非盟—欧盟关于科学、技术和创新的高级别政策对话(以下简称为“欧非科技创新高级别对话”)是在欧非联合战略的框架内定期交流研究与创新政策、联合制订优先事项和实施计划的制度化平台。欧非在欧非科技创新高级别对话中制订和执行科技和创新领域的长期优先事项，加强欧非在科学、技术和创新方面的合作，推动非洲在科技和创新领域的发展，弥合非洲在这些领域同全球的差距。[①] 更具体地说，欧非科技创新高级别对话有以下四个任务：第一，确定双方共同的优先事项，明确欧非在科学、研究、技术和创新方面的总体合作框架；第二，增加对非洲科学和技术的投资；第三，发展必要的人力资本，将泛非大学倡议成为培养高水平研究人员的场所，弥合非洲国家和区域之间以及非洲与其他大陆之间的技术差距；第四，将科学研究与经济发展联系起来，加强协同效应。[②] 欧非科技创新高级别对话由欧盟委员会研究与创新总司和非盟教育和科技专业技术委员会(AU Specialised Technical Committee on Education, Science and Technology)主席国共同担任主席，由欧盟委员会、非盟委员会、欧盟成员国和非盟国家共同资助和管理，汇集 27 个欧盟成员国和 55 个非盟成员国相关领域的代表、欧盟委员会、非盟委员会以及欧非利

① African Union Commission, “Opening Speech by Prof. Jean-Pierre EZIN Commissioner, Human Resources, Science and Technology”, 11 October 2011, https://au.int/sites/default/files/newsevents/workingdocuments/27571-wd-eu-africa_high_level_policy_dialogue_on_science_technology_and_innovation_-_1st_meeting_of_senior_officials.pdf.

② African Union Commission, “Opening Speech by Prof. Jean-Pierre EZIN Commissioner, Human Resources, Science and Technology”, 11 October 2011, https://au.int/sites/default/files/newsevents/workingdocuments/27571-wd-eu-africa_high_level_policy_dialogue_on_science_technology_and_innovation_-_1st_meeting_of_senior_officials.pdf.

益相关者。[①]

从欧非科技创新高级别对话的结构来看，欧非科技创新高级别对话由高级官员会议（Senior Officials Meetings）、研究与创新部长级会议（Research & Innovation Ministerial Meeting）、利益相关者论坛以及主席团会议（HLPD Bureau Meeting）四个对话机制组成。四者之间相辅相成（见图 2-1），共同推动欧非科技创新领域的对话、合作与协调。

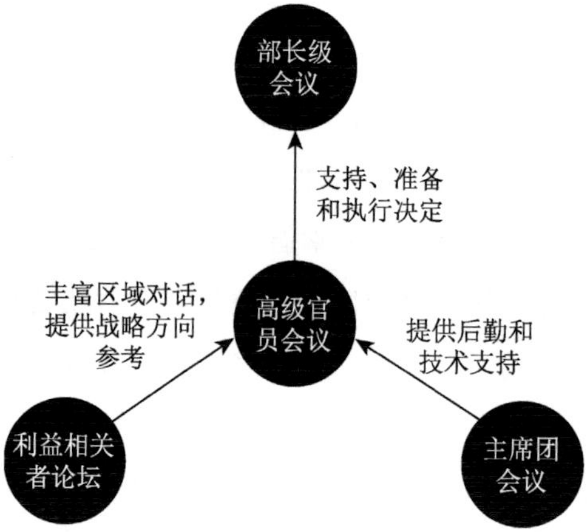

图 2-1 欧非科技创新高级别对话的结构

资料来源：European Commission，“Governance Structure of the HLPD”，2 June 2021，https：//ec. europa. eu/info/research-and-innovation/strategy/strategy-2020-2024/europe-world/international-cooperation/eu-africa-cooperation/governance-structure-hlpd_en。

① European Commission，“European Union and African Union Research and Innovation Ministers Meet for the First Time”，17 July 2020，https：//ec. europa. eu/info/news/europe-an-union-and-african-union-research-and-innovation-ministers-meet-first-time-2020-jul-16_en.

（1）高级官员会议

欧非科技创新高级别对话原则上每两年召开一次高级官员会议，评估伙伴关系的成就，并确定今后新的优先合作领域。高级官员会议得到了欧非科技创新高级别对话主席团（HLPD Bureau）的支持。27个欧盟成员国和55个非盟成员国相关领域的代表参加高级官员会议。为使非盟和欧盟经济区参与政策对话，高级官员会议还邀请各区域经济共同体、非洲发展新伙伴关系（New Partnership for Africa's Development）和其他区域组织作为观察员出席会议。高级官员会议在制订、加强和评估欧非科技创新合作方面发挥着核心作用，并参与支持和筹备研究与创新部长级会议。

高级官员会议主要开展以下九个方面的工作：①充当信息和政策建议交流的论坛；②确定研究和创新领域面临的区域发展议题；③就联合执行机构、高级官员会议所代表的国家之间的双边合作活动或国家层面的信息交流提出具体行动建议；④观察和报告欧非范围内科技创新的政策和发展动态；⑤与非盟委员会、欧盟委员会、非盟成员国和欧盟成员国就科技创新交流信息；⑥支持和筹备部长级会议，跟踪部长级会议决定的执行和落实情况；⑦向专家组提供指导，接收和讨论专家组的报告；⑧向部长级会议报告与科技、创新有关的议题；⑨确定促进科技创新合作和促进政策对话的共同所有权的方法和资金支持。[①] 截至2023年底，欧非双方已于2011年、2013年、2016年、2017年、2019年、2020年和2022年召开七次高级官员会议。

---

① African Union, *Second EU-Africa High Level Policy Dialog on Science, Technology and Innovation-Terms of Reference*, 2013, pp. 1-3.

（2）研究与创新部长级会议

首次研究与创新部长级会议于2020年7月在欧非科技和创新高级别对话框架下召开，着重讨论了公共卫生、绿色转型、创新和技术以及科学能力四个合作领域。部长级会议的报告、支持和筹备工作以及会议决定的后续行动由高级官员会议负责。[①] 欧盟委员会创新、研究、文化、教育和青年事务专员玛丽亚·加布里埃尔以及非盟人力资源、科学和技术专员莎拉·安洋·阿格博尔（Sarah Anyang Agbor）、欧盟成员国和非盟成员国的代表以及来自中非国家经济共同体和阿拉伯马格里布联盟（Arab Maghreb Union）这两个区域经济共同体的代表出席了首次研究与创新部长级会议。这次会议讨论了新冠全球大流行对公众健康和社会经济的短期、中期和长期影响，探讨了研究和创新方面可采取的干预措施，以减轻危机的影响，并就新冠疫情背景下如何深化欧非科技和创新达成共识、形成提案，该提案被提交给第六届欧非首脑峰会审议。[②]

（3）利益相关者论坛

欧非科技创新高级别对话框架下的利益相关者论坛成立于2017年，会集了非洲和欧洲的利益相关者，旨在丰富和指导欧非区域政策对话的正式和非正式进程，为利益相关者探讨欧非科技创新领域战略方向、交流实践、讨论挑战以及谋划未来计划提供平台，为欧非科技

---

① European Commission, “Governance Structure of the HLPD”, 2 June 2021, https://ec.europa.eu/info/research-and-innovation/strategy/strategy-2020-2024/europe-world/international-cooperation/eu-africa-cooperation/governance-structure-hlpd_en.

② European Union & African Union, *European Union (EU) African Union (AU) Research & Innovation Ministerial Meeting Report*, 2020, p. 1.

创新高级别对话的战略发展和进一步联合活动的发展提供方向参考。[①] 利益相关者论坛一般在高级官员会议后召开。2019 年 11 月举行的利益相关者论坛上，欧非利益相关者聚焦已启动的《共同资助的欧非粮食营养安全和可持续农业研究与创新伙伴关系路线图》(Roadmap towards A Jointly Funded EU-Africa Research & Innovation Partnership on Food and Nutrition Security and Sustainable Agriculture)，一致认为该路线图进展良好，并建议欧非科技和创新领域的项目和倡议可以参照该路线图的监测和评估框架。利益相关者还高度赞扬当年启动的“欧非创新伙伴关系”（Africa-Europe Innovation Partnership），认为这能支持和连接欧非的创新和技术孵化器以及加速器。[②]

（4）主席团会议

欧非科技创新高级别对话主席团由来自若干个非盟和欧盟国家的代表组成，由高级官员会议主席担任主席团主席。欧盟方面的主席团成员为欧盟委员会代表以及来自克罗地亚、法国、德国、意大利、葡萄牙和西班牙六国的代表，非洲方面的主席团成员为非盟委员会代表以及来自乌干达、中非共和国、纳米比亚、阿尔及利亚、埃及、塞内加尔、南非和苏丹八国的代表。[③] 主席团会议为高级官员会议提供后勤和技术支持。2013 年以来，主席团已经召开了 50 余次会议，对欧非科技创新的相关进展定期进行跟进。例如 2020 年 12 月 3 日召开的

---

① European Commission, “Governance Structure of the HLPD”, 2 June 2021, https://ec.europa.eu/info/research-and-innovation/strategy/strategy-2020-2024/europe-world/international-cooperation/eu-africa-cooperation/governance-structure-hlpd_en.

② African Union Commission & European Commission, *Outcome Report from the Stakeholder Event*, 2019, p. 1.

③ European Commission, “Governance Structure of the HLPD”, 2 June 2021, https://ec.europa.eu/info/research-and-innovation/strategy/strategy-2020-2024/europe-world/international-cooperation/eu-africa-cooperation/governance-structure-hlpd_en.

第52次主席团会议回顾了首次研究与创新部长级会议，并对部长级会议期间商定的成果进行跟进。2021年5月6日召开的第55次主席团会议总结了欧非创新合作的主要举措，反思了欧非在科技和创新领域未来的发展方向，并提议起草一份欧盟和非盟有关共享创新议程的联合概念文件。[①] 主席团还设立相关的专家工作组（expert working group）。例如于2014年设立的粮食营养安全和可持续农业专家工作组，该工作组专门负责起草粮食营养安全和可持续农业的路线图以及路线图的监测和评估框架，在主席团会议审议通过后提交给高级官员会议审议批准。[②]

二、欧非科技创新高级别对话的教育议题和行动

欧非科技创新高级别对话的议题与欧盟和非盟在科学、技术和创新方面的相关战略与共同优先事项以及国际承诺保持一致。[③] 在新冠疫情全球大流行的背景下，欧非科技创新高级别对话高级官员会议主要围绕公众健康、绿色转型、创新和技术以及科学能力四个议题展开。[④] 特别是在公众健康议题方面，欧非关注新冠诊断、治疗和疫苗的公平获取。同时，一直以来欧非科技创新高级别对话中绿色转型、创新和技术以及科学能力三个核心领域皆有涉及教育相关的议题和

---

① European Commission, "Governance Structure of the HLPD", 2 June 2021, https://ec.europa.eu/info/research-and-innovation/strategy/strategy-2020-2024/europe-world/international-cooperation/eu-africa-cooperation/governance-structure-hlpd_en.

② HLPD Bureau, *Terms of Reference for an Expert Working Group on Food and Nutrition Security, and Sustainable Agriculture*, 2014, pp. 1-3.

③ European Commission, *Roadmap for EU-African Union S&T Cooperation*, 2017, p. 7.

④ European Union & African Union, *European Union (EU) African Union (AU) Research & Innovation Ministerial Meeting Report*, 2020, p. 2.

行动。

（一）绿色转型

在绿色转型（green transition）方面，欧非科技创新高级别对话强调通过研究和创新合作伙伴关系投资绿色和可持续经济的重要性。在2013年第二次高级官员会议上，欧非双方表示，欧非科技创新高级别对话需将重点放在若干个共同挑战和议题上，这包括粮食营养安全和可持续农业、气候变化和可持续能源，以及全球环境与安全监测等议题。[①]

2016年4月，在亚的斯亚贝巴召开的第四次欧非科技创新高级别对话高级官员会议通过了《共同资助的欧非粮食营养安全和可持续农业研究与创新伙伴关系路线图》，明确了粮食营养安全和可持续农业发展的中短期行动（2014—2018年）以及长期行动（2018年后）。该路线图在2017年的欧非首脑峰会上得以批准。整体来说，粮食营养安全和可持续农业发展的行动旨在实现以下几个目标：第一，加强欧非之间粮食营养安全和可持续农业相关研究和创新政策、项目和供资机制的协调，利用欧洲以往的经验增强协同效应，优化投资；第二，让所有利益相关者参与进来，增强地方层面的影响力；第三，欧非共同设计、管理和提供资源；第四，增强研究基础设施以及研究和创新能力建设的协同增效。[②] 2014—2017年间，欧盟为推动该路线图的实施提供了4750万欧元的资助，并鼓励非洲和欧洲国家以及其他利益

---

① African Union, *Second EU-Africa High Level Policy Dialog on Science, Technology and Innovation-Conclusions*, 2013, p. 3.

② European Union, *Roadmap towards a Jointly Funded EU-Africa Research & Innovation Partnership on Food and Nutrition Security and Sustainable Agriculture*, 2016, p. 4.

相关者的支持。[①] 欧非科技创新高级别对话还专门在2016年第四次高级官员会议期间组织了一次利益相关者论坛，倡导利益相关者参与完善和实施路线图，并为此提供资助。

同时，欧盟作为全球气候治理中的倡议者、参与者和行动者，在对非洲的发展合作中也格外关注气候变化、绿色发展等议题。在欧非科技创新高级别对话的背景下，欧非组建了气候变化和可持续能源创新伙伴关系，于2017年10月的第五次高级官员会议上通过了气候变化和可持续能源创新伙伴关系的路线图。第五届欧非首脑峰会批准并正式启动该路线图，这为欧非在气候和能源领域的研发合作提供了长期框架，并将促进相关研发活动的协调和整合。考虑到《巴黎协定》(Paris Agreement)的目标和要求以及促进获得可持续和负担得起的能源的需要，根据联合国《2030年可持续发展议程》及可持续发展目标，欧非科技创新高级别对话将气候变化和可持续能源创新伙伴关系的路线图分为三个阶段：在第一阶段，双方将建立有利环境，根据现有或新战略确定技术创新的优先领域，通过教育以及南南和南北专家交流增强人力资本开发，制订特定技术路线图，明确协同工作安排；在第二阶段，要根据第一阶段确定的优先领域开展联合研究，调整技术解决方案，定期开展专家交流；在第三阶段，加强研究成果的商业化和应用。[②] 欧非科技创新高级别对话还强调，在推进气候变化和可持续能源时要发挥能力建设的长远作用，尤其要在人力资源开发、基础设施和体制能力建设以及财政能力建设三个层面入手。特别是在人力资

① African Union Commission & European Commission, "EU and Africa Bolster Cooperation on Food and Nutrition Research", 19 April 2016, https://africa-eu-partnership.org/fr/node/8405.

② African Union, *Roadmap for a Jointly Funded AU-EU Research & Innovation Partnership on Climate Change and Sustainable Energy (CCSE)*, 2017, p. 6.

源开发方面，欧非首先通过双学位课程和学生交流项目（如“伊拉斯谟+”计划）培养相关领域的人才；其次向非洲研究人员的流动提供奖学金，通过双向流动和非洲内部流动的方式，支持和推广可持续能源；再次为劳动者提供进入气候变化缓解和适应领域以及可再生能源和能源效率劳动力市场的专门培训，并向在岗人员提供培训，例如为现场监测站提供培训，包括提高对气候适应和缓解、可再生能源和能源效率的认识和社会参与；另外还向利益相关者和公众传授相关知识。①

非盟《2063年议程》（Agenda 2063）将“非洲空间”确定为其旗舰方案之一，旨在使非洲大陆能够利用空间科技、基础设施和应用促进非洲的经济增长和转型。为此，欧非科技创新高级别对话关注全球环境与安全监测以及地球观测，启动“全球环境与安全监测非洲倡议”（GMES & Africa Initiative），加强欧非在空间科学和技术方面的长期合作，使欧非能够在“哥白尼计划”（Copernicus Programme）下共同应对和解决全球挑战并促进可持续发展。“全球环境与安全监测非洲倡议”着重提高非洲决策者和规划者设计、实施和监测国家、区域和大陆政策的能力，并通过使用地球观测数据和衍生信息促进自然资源的可持续管理。② 欧盟委员会和非盟委员会还启动了“全球环境与安全监测非洲支持计划”（GMES and Africa Support Programme），共同资助3000万欧元，专门响应非洲在此方面的需求，力求调整哥白尼计划的数据和服务以适应非洲的需要，促进非洲空间政策和战略的实施。该计划关注非洲决策者、规划者、科学家、商业和私营部门以

① African Union, *Roadmap for a Jointly Funded AU-EU Research & Innovation Partnership on Climate Change and Sustainable Energy (CCSE)*, 2017, pp. 16–18.

② GMES, "Objectives", 31 May 2021, http://gmes4africa.blogspot.com/p/objectives.html.

及公民等群体，增强目标群体设计、实施和监测国家、区域和大陆政策的能力。[①]

（二）创新和技术

研究、创新和技术作为非洲经济发展的驱动力和可持续发展工具，在新冠疫情全球大流行背景下，其重要性更是日益凸显，成为新冠疫情后经济和社会领域复苏的引擎。[②] 但21世纪以来，非洲大陆在科学、技术和创新领域进展有限，受到了系统性因素制约——机构间联系和协作薄弱，科技和发展政策脱节，政策执行能力薄弱，国家科技拨款低以及将研究成果转化为工业产品和服务的能力有限。[③]

在非盟委员会和欧盟委员会的支持下，欧非科技创新高级别对话于2019年启动预算为250万欧元的“欧非创新伙伴关系”试点计划。这是促进非洲和欧洲之间创新合作的新举措，为欧非双方在创新领域开展更深入的合作铺平了道路。“欧非创新伙伴关系”试点计划连接来自两大洲的优质孵化器、加速器和技术转让中介，着重开展四个方面的工作——需求评估和探索与其他倡议项目的协同作用、加强孵化器和加速器之间的洲际合作、促进技术转让以及加强技术和融资方面的能力建设。[④] 该试点计划让创新合作领域的相关者都参与进来（见

① GMES, “GMES & Africa Discusses Usage and Applications of Copernicus Data”, 19 February 2019, http://gmes4africa.blogspot.com/2018/02/gmes-africa-discusses-usage-and.html.

② European Union & African Union, *European Union (EU) African Union (AU) Research & Innovation Ministerial Meeting Report*, 2020, p. 5.

③ Barugahara, I. & Tostensen, A., “Policy Frameworks Supporting Africa-Europe STI Cooperation: Past Achievements and Future Responsibilities”, in A. Cherry, J. Haselip & G. Ralphs (eds.), *Africa-Europe Research and Innovation Cooperation*, Cham: Springer International Publishing, 2018, p. 25.

④ Africa & Europe Innovation Partnership, “About the Innovation Partnership”, 10 June 2021, https://africaeurope-innovationpartnership.net/about.

图 2-2)，尤其关注关键技术中心和技术转让关键参与者这两个群体，力求在技术中介接触企业和研究系统方面实现高倍增率，形成强有力的创新系统，为技术的创新、转移和商业化畅通道路。至 2020 年，“欧非洲创新伙伴关系”试点项目已成功使 22 个国家(包括 13 个非洲国家和 9 个欧洲国家)的孵化器签署了 30 项谅解备忘录。欧非科技创新高级别对话还于 2019 年 11 月的第五次会议上专门成立了“创新工作组”(Working Group on Innovation)，确保非洲和欧洲的主要参与者在欧非创新与合作中定期交流，确定欧非创新合作的关键问题，为欧非科技创新高级别对话提供建议，协调欧非的创新合作政策和活动。[①]

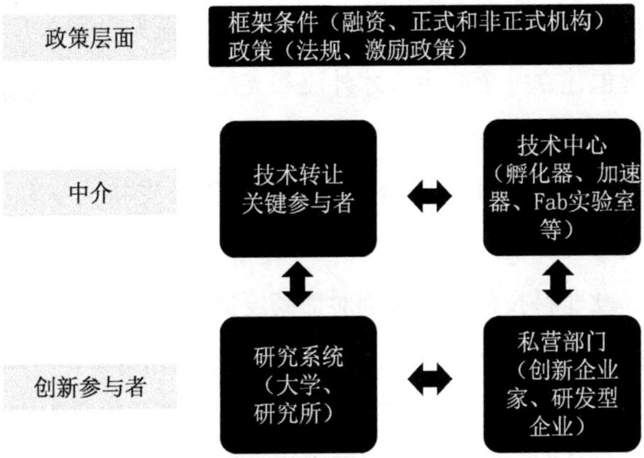

图 2-2　“欧非洲创新伙伴关系”试点项目的创新体系

资料来源：European Commission, *Africa & Europe Innovation Partnership AEIP Booklet*, 2020, p. 2。

---

① European Commission, “Partnership and innovation”, 12 June 2021, https://ec.europa.eu/info/research-and-innovation/strategy/strategy-2020-2024/europe-world/international-cooperation/eu-africa-cooperation/partnership-innovation_en.

（三）科学能力

欧非科技创新高级别对话力求通过人力资本开发和开放科学等方式提升非洲的科学能力。早于2011年，首次高级官员会议就表示，提高科学能力应侧重于发展新的技能，研究和技术组织的机构能力建设应侧重于为研究人员提供可持续的职业道路，注重提高利用研究成果进行循证决策和执行的能力。① 2020年的欧非科技创新高级别对话全体大会认识到，人力资本发展包括研究人员的流动和培训，是应对当前和未来危机的关键因素，能为更具弹性的社会发展赋能。在此背景下，欧非科技创新高级别对话强调，要利用好既有的"伊拉斯谟+"计划、"玛丽·居里"行动（Marie Sklodouska-Curie Action）计划和非洲内部学术流动计划等项目，进一步加强人力资本开发和人员流动，也提倡建立一个减少人才外流和支持非洲研究人员回国的补助机制。② 此外，还有通过非盟研究赠款（African Union Research Grants）等项目支持非洲的研究能力建设，以及支持大学和研究组织的开放数字研究环境。③

同时，欧非科技创新高级别对话高度提倡开放科学，鼓励通过欧洲非典数据平台和欧洲新冠病毒数据平台（European COVID-19 Data Platform）等数据平台，使研究人员能够立即获取开放科学出版物和以及可查找、可访问、可互操作和可重用的研究数据，使科学界能够在

---

① African Union, *Second EU-Africa High Level Policy Dialog on Science, Technology and Innovation-Concept Note*, 2013, p. 2.

② African Union Commission & European Commission, *HLPD Virtual Plenary Meeting Conclusions*, 2020, p. 5.

③ Barugahara, I. & Tostensen, A., "Policy Frameworks Supporting Africa-Europe STI Cooperation: Past Achievements and Future Responsibilities", in A. Cherry, J. Haselip & G. Ralphs (eds.), *Africa-Europe Research and Innovation Cooperation*, Cham: Springer International Publishing, 2018, p. 29.

全球范围内快速、公开和有效地共享、分析和处理数据。新冠疫情背景下，欧非科技创新高级别对话呼吁增强非洲开放科学平台(African Open Science Platform)同欧洲新冠病毒数据平台和欧洲开放科学云(European Open Science Cloud)之间的互动，最大限度地协调一致。[①] 欧洲新冠病毒数据平台受到了欧非官员的高度认可。欧盟加布里埃尔专员还呼吁加强欧非现有工具之间的协同作用和互补性，例如通过"非洲连接"(Africa Connect)等数字基础设施将研究创新与教育联系起来。[②]

第四节　欧非青年峰会

《欧非联合战略》秉持"欧非联合战略应由欧洲和非洲的非机构行为者共同拥有"的观点，加强非洲与欧洲青年组织和民间社会等的参与和支持，推动实现真正"以人为本"的伙伴关系(people-centered partnership)。[③]《欧非联合战略》为民间社会和青年组织提供了一个独特的参与机会，力求促进充满活力和独立性的民间社会的发展，并促进其与各级当局之间的系统性对话，将把与非机构行为者的有效沟通作为优先事项，加强其传播信息、收集和利用民间社会伙伴的想法和建议的能力，并鼓励非机构行为者积极参与联合战略及其行

---

① African Union Commission & European Commission, *HLPD Virtual Plenary Meeting Conclusions*, 2020, p. 2.

② European Union & African Union, *European Union (EU) African Union (AU) Research & Innovation Ministerial Meeting Report*, 2020, p. 2.

③ European Parliament, *The Joint Africa-EU Strategy*, 2017, p. 16.

动计划的实施和监督。[①] 欧非将青年视为欧非发展的关键参与者，认为“青年和青年组织是欧非未来关系的关键，如果无法赋权给青年和青年组织，欧非伙伴关系将无法实现其加强和促进和平、安全、人权、基本自由、两性平等、可持续经济发展以及非洲的区域和大陆一体化的目标”[②]。本节将以欧非青年峰会(Africa-Europe Youth Summit)为例，着重阐述利益相关者对话在欧非教育发展合作中的参与和贡献。

一、欧非青年峰会的目标与功能

2007年12月，由欧洲青年论坛(European Youth Forum)、泛非青年联盟(Pan African Youth Union)和欧洲委员会南北中心(North-South Centre of the Council of Europe)联合举办的首届欧非青年峰会在里斯本举行。欧非青年峰会为欧非区域的青年人和青年组织之间的对话和合作提供了有效的框架，以加强欧非青年在全球和区域问题上的沟通对话和合作，推动青年群体和青年组织更有效地参与欧非合作，为欧非战略伙伴关系的进一步发展做出贡献。欧非青年峰会一般在欧非首脑峰会之前举行，汇集了欧非青年平台和组织的代表。峰会广泛征求青年群体关于欧非伙伴关系未来的构想，汇集青年群体的建议，以提案的形式提交给欧非首脑峰会。[③] 具体来说，欧非青年峰会旨在

① Council of the European Union, *The Africa-EU Strategic Partnership: A Joint Africa-EU Strategy*, 2007, p. 3

② Africa-Europe Youth Summit, *3rd Africa Europe Youth Leaders' Summit Paper*, 2014, p. 1.

③ African Union Commission & European Commission, "Africa-Europe Youth Summit", 21 June 2021, https://africa-eu-partnership.org/en/about-us/africa-europe-youth-summit.

实现以下四个方面的目标：第一，全面了解欧非青年和青年组织的需求、挑战以及潜在的解决方案；第二，加强欧非青年对话与合作的框架，促进欧非青年组织之间的可持续合作；第三，就欧非首脑峰会确定的优先领域和事项提供青年视角；第四，考虑到区域和全球层面的相关政策和政治框架，为欧非伙伴关系中的青年制定连贯和协调的战略做出贡献。[①]

欧非青年峰会的召开得到了一系列青年伞状组织（youth umbrella organizations）的协助，例如欧洲青年论坛（European Youth Forum）、泛非青年联盟、非洲国际青年组织网络（Network of International Youth Organisation of Africa）、在欧非洲侨民青年网络（African Diaspora Youth Network in Europe）、在欧非洲侨民青年论坛（African Diaspora Youth Forum in Europe）、非加太青年专业人员网络（African Caribbean Pacific Young Professionals Network）以及欧洲委员会青年顾问委员会（Advisory Council on Youth of the Council of Europe）。

第二届欧非青年峰会在欧洲国际合作与发展总司和欧洲委员会南北中心的联合管理协定下，同非盟委员会、欧洲青年论坛、在欧非洲侨民青年网络以及泛非青年联盟合作，设立欧非青年平台（Africa-Europe Youth Platform），使当前欧非青年合作的工具制度化。[②] 欧非青年平台旨在实现以下的目标：第一，更好地应对欧非青年的共同挑战；第二，使欧非青年和青年组织的对话制度化，加强各方之间的协调行动；第三，增强青年组织和青年人的能力；第四，担任青年峰会之间的政治机构，筹备和执行欧非青年峰会；第五，为非洲青年与发

---

① African Union Commission & European Commission, "Africa-Europe Youth Summit", 21 June 2021, https://africa-eu-partnership.org/en/about-us/africa-europe-youth-summit.

② Africa-Europe Youth Summit, *The Tripoli Declaration*, 2010, p. 4.

展大学(African University on Youth and Development)提供指导和帮助，并将其作为强化欧非青年合作的工具；第六，成为监测和执行《欧非联合战略》及其行动计划的青年声音代言人。[①]

至目前，欧非已在里斯本(2007 年)、的黎波里(2010 年)、布鲁塞尔(2014 年)和阿比让(2017 年)成功举办了四届欧非青年峰会。

二、欧非青年峰会的教育议题和行动

2007 年 12 月召开的首届欧非峰会发表宣言《为了更好的非洲，为了更好的欧洲，为了更好的世界》(For A Better Africa, for A Better Europe, for A Better World)，强调了青年的重要性——“青年是加强伙伴关系和制定渐进合作议程方面的积极推动者”，“只有通过动员青年的力量，承认青年的能力，和平、社会进步、经济繁荣和政治稳定才有可能得以实现。我们敦促所有行动者确保青年能充分发挥潜力并成为积极伙伴”。[②] 整体来说，四届欧非青年峰会主要围绕人口迁徙和流动、技能开发以及青年赋权三个与教育相关的议题展开。

(一) 人口迁徙和流动

欧非青年领导人认为，培训、技能开发、教育普及和流动是解决

---

① North-South Centre of the Council of Europe, *Africa-Europe Youth Cooperation Programme: Collection of the Declarations and Main Document Adopted by the Youth Movement Since 2007*, 2011, pp. 78-79.

② North-South Centre of the Council of Europe, *Africa-Europe Youth Cooperation Programme: Collection of the Declarations and Main Document Adopted by the Youth Movement Since 2007*, 2011, pp. 11-29.

青年挑战的必要手段。[①] 人口迁徙和流动这个议题自首届欧非青年峰会起，便备受欧非青年群体的关注。首届欧非青年峰会呼吁为学生、青少年交流代表参与到教育和其他相关项目提供签证便利。在欧非跨区域人才流动上，欧非青年一方面鼓励扩大“伊拉斯谟+”计划等既有的项目，加强所有相关机构间的合作，统一和承认文凭，鼓励各国政府在学校课程中开设相关课程，让学生熟悉其他文化，尊重文化多样性；另一方面建议新的交流项目——参照欧洲—地中海青年项目(Euro-Med Youth Programme)制定一个欧非青年项目，根据区域的具体情况确定预算和优先事项，如青年参与、文化间对话或人权教育，继续推进非洲内部学术流动计划，促进学术交流和知识共享。[②] 2010年第二届欧非青年峰会提议，至2015年，支持10万非洲青年和10万欧洲青年参与青年交流项目，增加对欧非青年和学生交流和流动项目的资助，更新媒体工具，在欧非青年之间建立更好的联系，破除欧非青年对彼此的刻板印象。[③]

第四届欧非青年峰会建议将文化间对话以及区域内和跨区域流动视为欧非青年发展的优先事项，提议基于欧洲的“伊拉斯谟+”计划和非洲的尼雷尔流动计划启动一个多轨道交流计划，即“尼雷尔—伊拉斯谟计划”（Nyerere-Erasmus Programme），以提高欧非间的教育流动。更具体来说，“尼雷尔—伊拉斯谟计划”包括以下三个方面的活动：第一，力求解决承认教育背景的问题。欧非青年鼓励结合和调

---

① Africa-Europe Youth Summit, *3rd Africa Europe Youth Leaders' Summit Report*, 2014, p. 2.

② North-South Centre of the Council of Europe, *Africa-Europe Youth Cooperation Programme: Collection of the Declarations and Main Document Adopted by the Youth Movement Since 2007*, 2011, pp. 41-46.

③ Africa-Europe Youth Summit, *The Tripoli Declaration*, 2010, p. 2.

整目前欧非正在进行的进程，例如“协调和调整倡议”（Harmonisation and Tuning Initiative）、“协调、质量和认证”（Harmonisation, Quality and Accreditation）以及“欧盟电子学生卡倡议”（EU Electronic Student Card Initiative），提议在此基础上创建“非盟—欧盟大学网络”（AU-EU Network of Universities）以及“非盟—欧盟教育护照”（AU-EU Education Passport）。拟议的非盟—欧盟大学网络可以融合“伊拉斯谟世界协会”（Erasmus Mundus Association）等现有的高级别教育机构网络，通过签订系列机构和政治协定的方式简化承认过程，促进非洲大学高等教育协调项目的落实。非盟—欧盟教育护照是巩固非盟—欧盟大学网络的基础，能简化各机构之间对学位文凭承认的流程、减少人员流动的障碍，同时为未来求职者提供技能承认的凭证，从而放宽其进入劳动力市场的机会。[①] 第二，通过“民间社会积极的公民交流”，促进国际和地方青年组织之间的相互能力建设和志愿者交流。第三，鉴于欧盟在地中海区域推动的“伊拉斯谟+虚拟交流”（Erasmus+Virtual Exchanges）取得了积极进展，欧非青年峰会提议可将该计划拓展至非洲，创建线上学习机会，增加欧非青年虚拟交流的可获取性。

（二）就业和技能开发

就业和技能开发也是备受关注的议题。欧非青年认为，就业政策必须解决学校到工作过渡的关键问题，提议将非正规教育、志愿服务和实习认定为工作经验，呼吁各国政府将体面就业视为发展的中心，

---

① Africa-Europe Youth Summit, *4th Africa-Europe Youth Summit Abidjan Youth Declaration and Youth Agenda*, 2017, p. 25.

通过促进职业和专业培训等方式解决失业问题。[①] 欧非青年和青年组织重视非正规教育的作用，主张采用"做中学"（learning by doing）的方法，作为学校教育的补充。

第四届欧非青年峰会通过的《青年议程》(Youth Agenda)呼吁欧非从以下四个领域采取行动解决失业问题：第一，解决所有人，包括农村、边远和处境不利区域的人获得优质教育和技能开发的问题，提出"非盟—欧盟农村教育行动项目"（AU-EU Rural Education Action Program)的构想，确保非洲农村地区儿童获得和完成中小学教育。第二，通过各级教育培养青年的硬技能和软技能(包括数字技能、创新创业技能以及终身学习能力)。在数字化时代，数字技能的重要性逐渐凸显，欧非青年建议启动"非盟—欧盟中小学教育数字中心网络"(AU-EU Network of Digital Hubs for Primary and Secondary Education)试点项目，在教育的早期阶段促进数字技能和数字连接，通过教育、培训和青年支持项目释放数字技术的潜力。第三，加强和支持面向学生、青年专业人员和青年企业家的区域内和跨区域流动计划。第四，促进非正规教育机会和终身学习，承认非正规学习成果。[②] 欧非青年清楚地认识到就业形势的严峻——到 2035 年，撒哈拉以南非洲每年需创造 1800 万个新工作岗位以应对失业，但目前每年仅能创造 300 万个就业机会。基于此，欧非青年提议设立"青年投资窗口"(Youth Investment Window)和"非盟—欧盟智囊团"（AU-EU Think Do-Tank)，建立一个成熟的联合商业生态系统，重点关注初创企业

---

① North-South Centre of the Council of Europe, *Africa-Europe Youth Cooperation Programme: Collection of the Declarations and Main Document Adopted by the Youth Movement Since 2007*, 2011, pp. 42-43.

② Africa-Europe Youth Summit, *4th Africa-Europe Youth Summit Abidjan Youth Declaration and Youth Agenda*, 2017, p. 23.

和青年就业，努力创造就业岗位。[①]

（三）青年赋权

欧非青年峰会还围绕如何赋权于青年、青年如何更好地参与到欧非发展中展开讨论。首届欧非青年峰会上，欧非青年和青年组织提出要加强各级青年组织之间的对话、合作和协调，使青年能更有效地参与到《欧非联合战略》的行动计划中。欧非青年建议各国政府、欧盟、非盟和欧洲委员会共同努力，从以下两个方面共同促进青年的对话和参与。首先是加强国家青年结构，支持在两大洲建立和巩固独立的国家青年理事会，在能力建设、经验和知识交流、信息和通信技术的使用、资金分配和青年组织运作的法律框架方面进行充分投资。

其次是为制定和执行非洲青年政策提供具体、战略性和长期的财政和政治支持，批准和执行重要的青年条约，如《非洲青年宪章》；促进欧非青年组织之间的交流和沟通，确定培训和能力建设需要，确定培训和能力建设的优先事项，分享经验、教学方法和技术；主张创立欧非青年论坛（Africa-Europe Youth Forum）作为非洲和欧洲青年领导人的定期会面、评估和监测各国政府和青年组织的努力以及欧非青年合作的进展的平台。[②] 第三届欧非青年峰会号召利益相关者增加对欧非青年的投资，两大洲的就业、繁荣与和平都需要更多地纳入联合青年活动并为其提供财政支持，建议建立一个非洲—欧盟青年基金（Africa-EU Youth Facility），重点关注青年领导力发展、青年创业精

---

① Africa-Europe Youth Summit, *4th Africa-Europe Youth Summit Abidjan Youth Declaration and Youth Agenda*, 2017, p. 13.

② North-South Centre of the Council of Europe, *Africa-Europe Youth Cooperation Programme: Collection of the Declarations and Main Document Adopted by the Youth Movement Since 2007*, 2011, p. 45.

神和青年和平意识，解决欧非青年面临的共同挑战，建立一个青年志愿者联合项目，帮助青年加深相互了解，加强关系；提供更多流动和交流的机会；在两大洲开展更多的创业项目。[①] 欧洲委员会南北中心也一直在组织系列欧非青年组织培训课程（Africa-Europe Training Courses for Youth Organisations），向欧非青年组织的成员提供培训，使其掌握参与欧非战略伙伴关系的知识和技能。[②] 第四届欧非青年峰会认为"青年应作为积极的议程制定者参与影响其未来的决策过程"，提出"非盟—欧盟青年参与倡议"（AU-EU Youth Plug-in Initiative），专门设立了欧非青年合作中心（AU-EU Youth Cooperation Hub），并于2018年10月正式启动，在欧非国家的教育、治理等领域开启七个试点项目，落实欧非《青年议程》的倡议。[③]

---

① Africa-Europe Youth Summit, *3rd Africa Europe Youth Leaders' Summit Paper*, 2014, p. 6.

② African Union Commission & European Commission, "Africa-Europe Youth Summit", 21 June 2021, https://africa-eu-partnership. org/en/about-us/africa-europe-youth-summit.

③ AU-EU Youth Cooperation Hub, "About", 12 Juny 2021, https://www. aueuy-outhhub. org/about/.

第三章　传递性扩散：移植欧洲教育一体化模式与经验

伊恩·曼纳斯提出的另一种欧盟规范扩散的手段是传递性扩散，其主要外显形式是欧盟通过人道主义援助和技术援助，扩散和传播欧盟的规范。[①] 欧盟将自身定位为国际社会的“规范扩散者”（Norm Diffuser），将自身塑造为非盟等行为体的榜样，以自身的“欧洲模式”为基础，向非洲输出其发展模式以及相关规则标准，对发展合作伙伴的行为准则进行重塑，尤其是推广在欧洲一体化过程中建立的经济、社会、政治等方面的规则和标准。[②] 推广区域一体化模式是欧盟对非洲发展合作政策的显著特征和重要内容，也是其他国际行为体所不具备的。[③]

事实上，欧盟一体化模式与经验的扩散不仅包含在传递性扩散这种较为主动、显性的方式中，还包含在“传染性”扩散中。“传染性”扩散是一种无意识的传播，依赖于其他行为体的仿效。换言之，

---

① Manners, I., “Assessing the Decennial, Reassessing the Global: Understanding European Union Normative Power in Global Politics”, *Cooperation and Conflict*, Vol. 48, No. 2, 2013, pp. 304-329.

② Skolimowska, A., “The European Union as a ‘Normative Power’ in International Relations: Theoretical and Empirical Challenges”, *Yearbook of Polish European Studies*, No. 18, 2015, pp. 111-131.

③ 陈水胜：“冷战后欧盟对非洲政策调整析论”，外交学院博士学位论文，2015年，第6—7页。

欧盟区域一体化进程较为成功，已成为其他行为体学习的榜样，它们自发主动地接受、学习和内化欧盟的规范。[①]“传染性”扩散可被视为是更隐性、更软性也更为成功的扩散方式，这类似于由美国政治学家约瑟夫·奈(Joseph Nye)提出的“软实力”(Soft Power)，即通过吸引力而非强迫或收买的手段来达己所愿的能力。如非盟提出“要学习欧洲等区域和国家普遍的和独特的经验和最佳做法，基于此制定非洲发展和转型的方法”[②]，即此种扩散模式发挥作用的体现。

在教育领域，欧洲是区域教育一体化的开拓者和标杆，在对外进行教育发展合作时，“欧盟聚焦在自身更专业且经验更丰富的高等教育和职业教育领域，引导伙伴国家的高等教育和职业教育向欧洲模式转型”[③]。欧洲教育一体化囊括了资历框架、学分转换、质量保障、资历认可、文凭补充以及信息交流等主要的技术性运行机制和规则，这些机制为欧洲高等教育一体化的运行提供了保障，也在世界范围内产生了广泛的影响。[④]事实上，欧盟在对非洲的教育发展合作过程中也力求将上述这些教育一体化的运行机制和规则作为类似于“游戏规则”的约束性规范进行传播和扩散。本章主要分析欧盟如何通过传递性扩散和“传染性”扩散的方式将资历框架、资历认可和质量保障、人员内部流动以及信息交流等主要的教育运行机制和规则向非洲进行推广和扩散。

---

① Manners, I., “Assessing the Decennial, Reassessing the Global: Understanding European Union Normative Power in Global Politics”, *Cooperation and Conflict*, Vol. 48, No. 2, 2013, pp. 304-329.

② African Union Commission, *Agenda 2063: The Africa We Want*, 2015, p. 20.

③ European Commission, “EU Cooperation in Education in Central Asia”, 21 March 2021, https://eeas.europa.eu/central_asia/docs/factsheet_education_en.pdf.

④ 阚阅：《多样与统一：欧洲高等教育一体化研究》，浙江大学出版社2016年版，第175页。

第一节　推动构建非洲资历框架

一、欧盟推动非洲资历框架构建的现实考量

欧盟在推动非洲资历框架构建上有两方面的现实考量。首先是基于非洲的现实诉求——非洲拥有多种高等教育系统，在协调各类教育体制方面有强烈的诉求。其次是基于欧盟自身成熟的经验以及丰富的专业知识和工具——欧盟是教育区域一体化方面的先驱，在资历框架建设过程中成效斐然。由此，资历框架可作为欧盟向非洲教育发展合作、移植欧洲教育一体化经验的干预领域之一。

（一）非洲方面对资历框架构建的诉求

非洲大陆拥有多种高等教育系统，该地区的英语国家、法语国家、葡萄牙语国家、阿拉伯语国家等深受殖民历史的影响，已分别形成自身较为固定的教育体制，这对协调不同语言文化国家的教育体制以及文凭资历的互认构成了极大的挑战，也极大地限制了非洲教育一体化的进程。非盟《非洲大陆教育战略（2016—2025年）》明确表示要“直面非洲大陆教育和培训体系尚未完全摆脱其殖民历史影响，以及自身作为国际舞台上一个较新的政治和经济实体和参与者的现状”，承诺要通过强化区域和国家层面的一体化协调进程，确保各级和各类

群体获得必要的知识和技能。[①]

自20世纪八九十年代以来，非洲出台一系列旨在推进区域高等教育一体化进程的举措，促进资历的流动性和透明度。1981年，在联合国教科文组织的推动下，《关于承认非洲国家高等教育学业、证书、文凭、学位和其他学历的区域公约》(Regional Convention on the Recognition of Studies, Certificates, Diplomas, Degrees and other Academic Qualifications in Higher Education in the African States)，即《阿鲁沙公约》(Arusha Convention)得以问世，这标志着非洲大陆高等教育一体化进程的正式开启。[②]《阿鲁沙公约》通过强化大陆层面以及各国间的资历互认，为具有可比性和兼容性的资历制定共同框架，促进非洲的学术流动。2007年，非盟参考博洛尼亚进程出台了《非洲高等教育协调战略》(Harmonization of Higher Education Programmes in Africa: A Strategy for the African Union)，力求弥合不同教育体制之间的鸿沟，促进资历的相互认可，在整个非洲大陆建立统一的高等教育系统。《非洲第二个教育十年行动计划(2006—2015年)》《2063年议程》《非洲大陆教育战略(2016—2025年)》等都对非洲在推进区域资历框架方面做出了要求。

然而，非洲大陆层面的资历框架仍停留在设计和愿景阶段，其内生动力不足，实际进展缓慢。《阿鲁沙公约》执行过程也颇为困难，非洲国家之间有关执行的具体模式、战略和程序尚未统一，各国教育体制差异过大，难以“协调”。此外，区域、次区域和国家等各级执

---

① African Union, *Continental Education Strategy for Africa (CESA 16-25)*, 2016, pp. 7-9.

② 万秀兰、李佳宇：《非洲教育一体化发展战略研究》，浙江大学出版社2020年版，第103页。

行机构亦没有得到协调以充分调动实施公约所需的资源。①

（二）欧洲资历框架建设的经验

欧盟力争建立统一学制周期和学位体系、尊重内容和方式差异的“欧洲高等教育区”（European Higher Education Area），使高等教育区内各成员国相互认可彼此的学分和文凭资历。统一教育尤其是高等教育的标准、构建欧洲层面统一的资历框架，从而促进人员的跨国流动，成为欧洲各国的共识。欧洲资历框架建设过程中主要采用了两种相辅相成的方式：其一是统一学制周期和学位体系，设立区域资历框架。在此过程中，欧盟开发了欧洲高等教育区资历框架（Qualifications Framework for the European Higher Education Area）、欧洲资历框架（European Qualification Framework）等工具，实现学位结构的可比较、兼容与透明性。其二是着眼于课程的可比性，开发“调整方法”，调整课程结构和内容。

相通的学位体系是欧洲高等教育区的先决条件。欧盟建立了清晰、透明和具有可比性的“学士—硕士—博士”三级学位制度，统一学制周期和学位制度。在此基础上，欧盟推动构建一个共同的资历框架，增强欧洲高等教育学位在世界范围内的易读性与可比性。② 资历框架是实现欧洲不同国家教育系统之间文凭资历透明、可比性并促进人员流动的重要机制。欧盟正式推出欧洲高等教育区资历框架，该框架“包括三个学习层次、基于学习成果和能力的每个层次的通用

① Woldegiorgis, E., "Historical and Political Perspectives: On Regionalization of African Higher Education", in J. Knight, E. T. Woldegiorgis (eds.), *Regionalization of African Higher Education: Progress and Prospects*, Rotterdam: Sense Publishers, 2017, p. 39.

② *Towards the European Higher Education Area: Communiqué of the Meeting of European Ministers in charge of Higher Education in Prague on May 19th 2001*, 2001, p. 3.

描述指标等相关的内容”，并推动制定与欧洲高等教育区资历框架兼容的国家资历框架。[①] 欧洲学分转换与累积系统（European Credit Transfer and Accumulation System）也是其资历框架构建过程中的重要工具，是目前欧洲高等教育区内普遍采用的学分互认和转换系统，为欧盟各国高等教育机构间比较和转换学分提供了标准和依据。欧盟以欧洲学分累积与转换系统为主要手段，对欧洲高等教育区资历框架各层次所需达到的学分和工作做出了规定。除欧洲高等教育区资历框架外，欧盟还于 2008 年开发出欧洲资历框架，包括了八个层级以及表述层级递进的层级描述指标。该框架是连接不同国家资历系统和框架的欧洲共同参考系统，承担着“转换器”的角色，能增强资历的可读性和可比性，有助于克服文凭障碍，促进欧洲范围的人员流动。

在资历框架之外，欧盟还着眼于实现课程的可比性，于 2000 年推出“调整欧洲教育结构”项目（Tuning Educational Structures in Europe），试图通过能力本位（competence-based）的方法进行课程结构和内容的调整，从而实现欧洲高等教育的可比性和兼容性。调整项目作为博洛尼亚进程和《里斯本公约》（Lisbon Convention）的配套项目，最初发端于欧洲，随后被欧洲总结开发为一项工具，并扩散到北美、拉美、亚洲和非洲等区域的诸多国家。[②]

欧洲在资历框架建设方面的实践经验和工具可资借鉴。事实上，欧洲资历框架层级描述指标对欧洲及近邻区域，乃至其他区域和国家都产生了影响——这些区域和国家将这些层级描述指标作为模板加以应用，甚至部分区域和国家将欧洲资历框架层级描述指标直接复制到

---

① *Communiqué of the Conference of European Ministers Responsible for Higher Education, Bergen, 19-20 May 2005*, 2005, p. 2.

② 詹姆斯·柯维、伯恩·查克劳：《学习成果的分层和认定——21 世纪应用探讨》，孙爱萍、韦欢欢、刘作芬译，福建教育出版社 2019 年版，第 6 页。

国家层级描述指标中。[①] “调整方法”也拓展至非洲、美洲等区域。据统计，至 2014 年，全球已有 60 余个国家参与到了调整项目、2000 多所大学采用“调整方法”来改革其课程、教学和评估。[②] 欧盟在向非洲移植教育一体化模式和经验过程中，参照了自身发展路径、实践经验和系列专业工具。

二、欧盟推进非洲资历框架构建的实践响应

整体来说，欧盟通过传递性扩散和“传染性”扩散的方式在区域、次区域以及国家层面影响了非洲资历框架的构建。非洲区域和国家也将欧洲的博洛尼亚进程视为可供学习借鉴的经验，自发地参照博洛尼亚进程推进相关的改革。

（一）区域层面

由于历史原因，欧洲高等教育体系的变化会对非洲高等教育产生直接影响，非洲感受到了其体系与欧洲改革保持一致的压力，将欧洲博洛尼亚进程视为非洲区域高等教育改革的范本。非盟借鉴了博洛尼亚进程，制定了非洲高等教育协调战略。欧盟从一开始就参与了非洲高等教育协调战略的进程，提供相应的专家咨询服务。欧盟委员会也一直通过为各种项目提供资助和咨询，来支持和参与非洲教育一体化的进程。非盟高等教育协调战略由非盟推动，但该战略与博洛尼亚进

---

① 詹姆斯·柯维、伯恩·查克劳：《学习成果的分层和认定——21 世纪应用探讨》，孙爱萍、韦欢欢、刘作芬译，福建教育出版社 2019 年版，第 88、115—116 页。

② Hahn, K. & Teferra, D., “Tuning as Instrument of Systematic Higher Education Reform and Quality Enhancement: The African Experience”, *Tuning Journal for Higher Education*, Vol. 1, No. 1, 2014, pp. 127-163.

程有许多共同之处，且在整个运作过程中有大量欧洲行动者的参与，因此很难说非洲高等教育协调战略是一个纯粹的非洲进程。[①] 就总体目标和行动方针等而言，非洲高等教育协调战略可被视为是博洛尼亚进程的重复，两者都采取了相互认可学历、促进师生流动等路径举措。[②]

1. 推进非洲大陆资历框架的开发

受欧洲资历框架和高等教育资历认可实践的启发和影响，非盟于 2019 年启动"非洲大陆资历框架"（African Continental Qualifications Framework）。[③] 非洲大陆资历框架旨在实现四个方面的目标：第一，提高教育培训资历的可比性、质量和透明度，支持公民的终身学习；第二，促进文凭和证书的认可；第三，与区域和国家资历框架相辅相成，支持创建共同的非洲教育空间；第四，促进非洲和全球资历框架之间的合作和协调。[④] 欧盟也基于自身已有的开发大陆资历框架的经验与专业知识，推出"非洲大陆资历框架开发项目"（ACQF Development Project），参与到非洲大陆资历框架的建设与开发中，协助非洲实现提高大陆资历透明度、质量以及资历框架可比性的愿景。2019

① Woldegiorgis, E. T., "Policy Travel in Regionalisation of Higher Education: The Case of Bologna Process in Africa", in A. Curaj, L. Deca, R. Pricopie (eds.), *European Higher Education Area: The Impact of Past and Future Policies*, Cham: Springer International Publishing, 2018, pp. 47-48.

② Woldegiorgis, E. T., "Policy Travel in Regionalisation of Higher Education: The Case of Bologna Process in Africa", in A. Curaj, L. Deca, R. Pricopie (eds.), *European Higher Education Area: The Impact of Past and Future Policies*, Cham: Springer International Publishing, 2018, pp. 47-48.

③ Triek, W., "Academic Recognition Procedures and Framework", 18 April 2019, http://erasmus-plus. org. jo/Portals/0/TAMs%202018/TAMs%202019/Academic%20Recognition%20Procedures%20and%20Framework. pdf?ver=2019-05-05-102034-887.

④ African Union, "African Continental Qualifications Framework (ACQF) Factsheet", 23 August 2021, https: //www. edu-au. org/resources/category/29-african-continental-qualifications-framework-acqf-factsheet.

年至2022年期间，非盟委员会与欧盟及其成员国的相关机构，尤其是欧洲培训基金会(European Training Foundation)以及德国国际合作机构(Deutsche Gesellschaft für Internationale Zusammenarbeit)合作，共同制定非洲大陆资历框架，协助非盟委员会制定非洲大陆资历框架的行动计划、非洲大陆资历框架指南、支持非洲大陆资历框架的政策、工具和技术文件，以提交给非盟审查。

具体来说，欧盟从以下三个方面参与并推进非洲大陆资历框架的开发和建设：

第一个方面是循证与分析。非洲大陆资历框架于2019年正式启动，在非盟委员会牵头以及欧盟机构的支持下，2020年，非洲开展了系统的测绘研究(mapping study)，对非洲各国资历框架建设现状进行了详细考察，全面把握非洲在资历框架方面的最新进展。测绘研究报告填补了非洲在资历框架方面的信息空白，有助于非洲大陆资历框架的循证工作，将此作为非洲大陆资历框架开发的基础。研究发现，非洲国家资历框架开发处于五种不同的发展和实施阶段——第一种(3个国家)，国家资质框架不到位，国家资历框架开发过程尚未正式启动；第二种(8个国家)，拥有初期的国家资历框架；第三种(13个国家)，已制定出国家资历框架，并与利益相关者和专家进行协商；第四种(14个国家)，国家资历框架已批准实施；第五种(3个国家)，国家资历框架已实施，且经过审查并采取了改进措施。[①] 在欧盟、德国国际合作机构、非盟委员会等的努力下，测绘研究的综合报告以及非洲大陆资历框架可行性研究的报告陆续出版。

第二个方面，非洲大陆资历框架作为政策工具的成功和可持续性

---

① ETF & GIZ, *Towards the African Continental Qualifications Framework: Synthesis Report*, 2021, p. 7.

取决于非盟委员会的所有权和领导力以及非洲利益相关者的认同和支持，为此，欧盟积极强化非洲利益相关者的协商和参与。“非洲大陆资历框架开发项目”寻求所有非洲利益相关者在非洲大陆资历框架原则、附加值和操作工具上达成共识。2019 年 9 月，非洲利益相关者在亚的斯亚贝巴非盟总部召开首届研讨会，正式揭开了非洲大陆资历框架开发的序幕。欧盟驻非盟代表团、欧洲培训基金会以及德国国际合作机构等以非洲大陆资历框架项目管理团队的身份参与此次研讨会。此次会议还邀请了非盟成员国、区域经济共同体、负责高等教育的区域机构、联合国教科文组织、国际劳工组织（ILO）、非洲大陆资历框架咨询小组等参加。会上，欧盟驻非盟代表团和非盟委员会就非洲大陆资历框架项目的政策背景和目标进行了介绍，欧洲培训基金会就拟议的 2019 年至 2022 年非洲大陆资历框架工作范围和路线图以及测绘研究进行了汇报，联合国教科文组织和欧洲资历框架咨询小组（EQF Advisory Group）聚焦全球视角和与流动、学习数字化和资历管理创新等议题，分享了世界和欧洲在跨国资历框架方面的经验。[①]

第三个方面，欧盟也通过能力建设等方式提高非洲利益相关者的意识和能力，分享欧洲在资历框架方面的专业知识和实践经验。欧盟于 2020 年正式推出“非洲大陆资历框架能力开发项目”（ACQF Capacity Development Programme），该项目旨在实现以下五个目标：（1）分享知识，形成对资历框架和系统的共同理解；（2）分享相关经验，在非洲大陆和全球传播关于资历框架的运作和实践经验；（3）创造非洲专业知识库，促进跨国家和区域的项目和倡议的可持续性；（4）在国家和资历框架之间建立信任；（5）提供有关非洲大陆资历框

---

① African Union, *Developing the African Continental Qualifications Framework (ACQF): Inaugural Workshop and ACQF Advisory Group Meeting*, 2019, p. 3.

架的信息。[1] 为实现上述目标，该项目围绕部分主题领域开展了一系列同行学习网络研讨会，这主要包括对区域资历框架和国家资历框架的经验分享会议，以及关于专题发展的会议，以加强利益相关者的联系、支持知识创造以及经验交流共享。

此外，非洲大陆资历框架能力开发项目促进非盟成员国和利益相关者的参与，并就区域和国家资历框架的关键概念、目标、类型和操作工具发展知识等对利益相关者进行培训。如欧洲培训基金会等欧洲机构围绕“资历和资历框架的概念和定义”“能力框架”“区域资历框架”“资历框架层级描述符”等核心议题编写了系列专题简报，详细介绍了欧洲在该议题上的专业知识、实践经验以及工具方法，为非洲利益相关者提供了切实可行的实践指南。例如，“资历和资历框架的概念和定义”的专题简报阐述了欧盟机构对“能力”（competence）、“学分”（credit）、“学习成果”（learning outcomes）、“微证书”（micro-credential）、“国家资历框架”（national qualifications framework）、“认可”（recognition）等核心术语的定义；“区域资历框架”的专题简报详细地介绍了欧洲资历框架的参照标准、治理模式和参照过程等内容。

2. 启动调整非洲项目

学位是资历框架的重要组成部分，欧盟不仅推进区域层面非洲大陆资历框架的建设，还着眼于课程结构和内容的调整，借此提高非洲学习成果的透明性、可比性和兼容性，促进高等教育机构间课程学习的衔接以及文凭证书学历资历的互认。

---

① AUDA-NEPAD, “African Continental Qualifications Framework (ACQF) Project: Capacity development Programme”, 29 September 2021, https://www.nepad.org/skillsportalforyouth/publication/african-continental-qualifications-framework-acqf-project-capacity.

非盟与欧盟合作推出“调整非洲项目”（Tuning Africa），采用已在欧洲乃至国际上诸多区域获得成功实践的“欧洲调整方法”（European Tuning Approach）。该方法已发展成为设计、开发、实施、评估和提高学位课程质量的核心工具，并已在全球范围内获得认可。调整是一种在高等教育改革中改进教学和评估的方法，它指导课程开发以及学分累积与转换，以获得预期的学习成果、技能和能力，力求在特定学科领域的课程设计和学习目标的设计中寻找共识和参考点。高等教育机构不会在其学位课程中寻求统一，而是寻找参照点、趋同点和共同理解点；调整的重点不是教育系统，而是学科领域水平的教育结构，即研究的内容。[①] 调整非洲项目通过不同非洲国家高等教育机构之间在关键学科领域的课程设计方面的密切合作，支持基于学习成果和能力的联合课程开发以及非洲学分转换系统的建设，进而增强学位的可识别性、兼容性和可迁移性。[②]

欧盟委员会、欧盟驻非盟代表团以及调整欧洲项目专家都是调整非洲项目管理委员会的核心成员，根据非洲的实际情况，结合专业知识和经验对工作流程进行调整，协助推进项目的执行和监测。[③] 被誉为“调整欧洲项目教母”的朱莉娅·冈萨雷斯·费雷拉斯（Julia González Ferreras）就是调整非洲项目的主要参与者之一，为推动调整非洲项目做出了重要的贡献。[④] 2010 年，非盟委员会委托欧盟进行

① Tuning Africa, *Tuning Africa Phase II: 5th General Meeting*, 2017, p. 65.

② Tuning Africa, “What is Tuning Africa”, 7 April 2020, https: //tuningafrica. org/en/what-is-tuning-africa.

③ Tuning Africa, “Structure of the Tuning Africa Project”, 5 October 2020, http: //tuningafrica. org/en/structure.

④ African Union Commission & European Commission, “Launch of the African Higher Education Harmonisation and Tuning Initiative”, 14 December 2011, https: //africa-eu-partnership. org/en/stay-informed/news/launch-african-higher-education-harmonisation-and-tuning-initiative.

“调整非洲可行性研究”（Tuning Africa Feasibility Study），该研究由欧洲调整项目、德国学术交流中心（German Academic Exchange）等有经验的专家机构牵头开展。研究结果表明，调整方法与非盟高等教育协调战略的总体政策框架以及非洲在高等教育改革、质量保障、标准制定和认证方面的倡议一致，调整非洲项目被视为是对非洲现有区域倡议以及专业协会和学术网络的补充。①

2011年至2013年，调整非洲项目聚焦医学、教师教育、农业科学、机械工程和土木工程五个学科领域，在非洲的法语、英语、阿拉伯语和葡萄牙语等次区域的60所大学进行试点。调整非洲项目在试点阶段取得了不错的成绩。在欧盟委员会、非盟委员会、非洲大学协会（Association of African Universities）等机构的牵头下，2015年至2018年，调整非洲的第二阶段增加经济学、应用地质学以及高等教育管理三个学科领域，将整个非洲大陆的参与大学数量从60所增加到120所。2019年以来，调整非洲项目第三个阶段聚焦“调整方法”的培训，建立专家网络，为非洲的协调进程提供技术支持。②

调整非洲项目主要包括以下三个方面的实施内容。第一个是设计。调整非洲项目致力于开发一致的学位系统。学位以能力为基础，以学生成绩为中心，学位框架（degree profile）是学位系统的核心，始终与获得学位所需的能力紧密结合，需要清晰描述学历文凭在学习成果和能力方面的具体特征，以清晰易懂的语言描述了学习者在学习体验结束时应该知道、理解和能做的事情。③ 学习成果与能力参照点的

① Tuning Africa, *Feasibility Study into the Relevance of A Tuning Approach for Higher Education in Africa Final Report*, 2011, pp. 133-140.

② African Union, “AU-EU Higher Education Programme”, 30 April 2020, https://www.africa-eu-partnership.org/en/projects/au-eu-higher-education-programme.

③ Tuning Africa, “What is Tuning Africa”, 7 April 2020, https://tuningafrica.org/en/what-is-tuning-africa.

确定是调整项目的起点，也是最基础的工作，这项工作由同一学科领域的专业人员完成。调整非洲试点项目基于共同开发的通用能力（generic competence）和学科特定能力（subject-specific competences）分别为八个学科领域开发了元框架（meta-profile）。[①] 以教师教育学科领域为例，调整非洲项目确定了教师教育的元框架（见图3-1）。教师教育学科领域四个参照点（即背景、知识理解和实践、人际交往能力以及价值观和道德）之间相互联系，四个参照点之间的交叉和重叠意味着不应孤立地对待这些领域、以零散的方式进行教学，而是应该采用综合方法。[②]

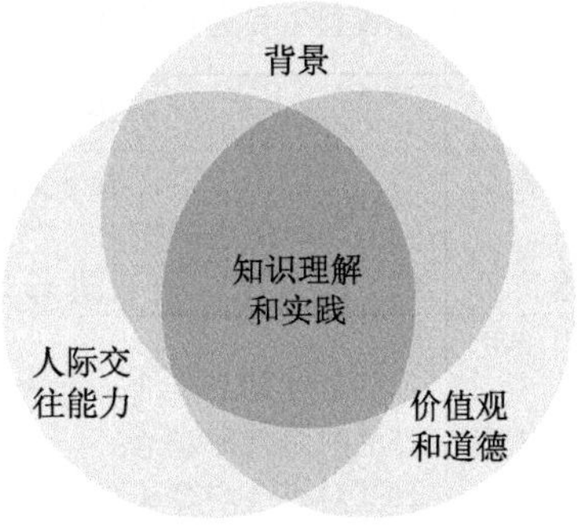

图3-1　调整非洲项目教师教育元框架维恩图

资料来源：European Commission, *Tuning Africa: Tuning and Harmonisation of Higher Education-The African Experience*, 2014, p. 356。

第二个是实施。在明确学位框架后，所有学科领域都必须开发可被高等教育机构认可的学位课程。调整非洲项目通过协商审查通用能

① Hahn, K. & Teferra, D., "Tuning as Instrument of Systematic Higher Education Reform and Quality Enhancement: The African Experience", *Tuning Journal for Higher Education*, Vol. 1, No. 1, 2014, pp. 127-163.

② European Commission, *Tuning Africa: Tuning and Harmonisation of Higher Education-The African Experience*, 2014, p. 357.

力以及特定学科所需的能力，在此基础上开设课程。首先，小组确定任何学科领域的毕业生都应该具备的能力，以及其他学者、雇主和学生认为重要的能力，这是大多数学位的共同点，即通用能力。欧洲调整项目和调整非洲项目中的通用能力有高度的相似性(见表 3-1)。调整非洲项目借鉴了欧洲调整项目中对通用能力的界定和描述，将其中若干个能力进行整合。调整非洲项目还根据非洲的特殊情况，纳入了欧洲调整项目中所不具备的能力——“专业精神、道德价值观和对‘乌班图’(Ubuntu)的承诺(即尊重人类同胞的福祉和尊严)”以及“保护非洲特性和文化遗产”。①

表 3-1　欧非调整项目通用能力的对比

非洲(18 项)	欧洲(31 项)
(1) 概念思维、分析和综合能力； (2) 专业精神、道德价值观和对“乌班图”(Ubuntu)的承诺； (3) 批判性评价和自我意识； (4) 将知识转化为实践的能力； (5) 客观决策与解决实际成本效益问题的能力； (6) 使用创新技术的能力； (7) 能以官方和当地语言进行有效沟通的能力； (8) 学会学习和终身学习的能力；	(1) 能以第二语言进行交流的能力； (2) 与时俱进的能力； (3) 能以第一语言进行口头和书面交流的能力； (4) 批评和自我批评的能力； (5) 时间管理能力； (6) 对机会均等和性别问题的认识； (7) 创造力； (8) 搜索、处理和分析各种来源信息的能力； (9) 保证安全的能力； (10) 识别、提出和解决问题的能力； (11) 在实际情况中应用知识的能力； (12) 做出理性决定的能力； (13) 在适当的水平上进行研究的能力； (14) 在团队中工作的能力； (15) 对学科领域和专业的理解； (16) 在国际环境中工作的能力；

① European Commission, *Tuning Africa: Tuning and Harmonisation of Higher Education—The African Experience*, 2014, pp. 64-65.

（续表）

非洲(18项)	欧洲(31项)
(9)拥有灵活、适应、预见和应对新情况的能力； (10)创新思维； (11)领导、管理和团队合作的技能； (12)沟通和人际交往； (13)环境经济意识； (14)在跨文化和国际背景下工作的能力； (15)独立工作； (16)提高质量的能力； (17)自信、创业精神和技能； (18)保护非洲特性和文化遗产	(17)根据伦理采取行动的能力； (18)能与领域内的非专家交流的能力； (19)抽象思维、分析和综合的能力； (20)创业精神和主动性； (21)人际关系和交际能力； (22)设计和管理项目的能力； (23)具有社会责任感和公民意识并采取行动的能力； (24)责任感； (25)尊重多样性和多元文化； (26)自主工作的能力； (27)使用信息通信技术的技能； (28)保护环境； (29)适应新情况并采取行动的能力； (30)评估和保持工作质量； (31)激励人们并朝着共同目标前进的能力

资料来源：研究者根据相关材料整理而成。

此外，调整非洲项目还确定了医学、教师教育等八个特定学科所需的能力。这些特定学科的能力确保了学位课程的一致性，将其与更广泛的专业实践联系起来。以教师教育为例，欧非调整项目在教师教育学科领域的学科能力也呈现出一定程度的相似性（见表3-2）。调整非洲项目借鉴了欧洲调整项目在教师教育领域的学科能力要求，并按照上述提及的教师教育元框架提及的四个参照点（背景、知识理解和实践、人际交往能力以及价值观和道德），对教师教育的学科能力进行了更为清晰的分类。

表 3-2　欧非调整项目在教师教育学科领域学科能力的对比

非洲	欧洲
(1) 与知识有关的能力：了解要教授的科目、教学的基本原则、特定学科领域的教学知识、国际和当地教育的社会背景、与教育相关的国家和机构政策、教学语言等； (2) 与教育实践和技能相关的能力：制定教学计划；选择、调整和使用适当的教学方法；使用系列评估工具确定学习者成绩；开发和使用教学材料；关注学习者的需求；管理学习者的学习情况；培养学习者的创业技能；营造有利于学习的环境；在课堂和学科中使用正确的语言；概念化和分析情境以解决问题；参与基础教育研究；有效管理时间；批判性反思工作；适应变化； (3) 与价值观和道德相关的能力：关心和支持学习者的福祉；尊重社会文化多样性；遵守专业和机构的规则和条例；保证公正公平，促进全纳教育；不断提升自身知识和技能；激发学习者的自信和对文化遗产的欣赏； (4) 人际交往能力：能顾及到他人的感受；与他人合作并建立网络；与不同的受众进行有效沟通，并使用适当的工具，包括信息通信技术以及相关的话语形式；领导和管理团队	能以系统的方式批判分析教育理论和政策问题；能识别教育理论与教育政策和背景之间的潜在联系；能提供价值观、公民和民主方面的教育并反思价值体系；能理解和应用教育理论和方法作为一般和特定教学活动的基础；能识别和应对学习者的多样性和学习过程的复杂性；了解学习的不同环境、教育系统的结构和目的、参与者在学习过程中的不同角色；在不同环境下进行适当教育研究的能力；管理教育发展项目的能力；能咨询各种教育问题和咨询技巧；管理和评估教育计划、活动和材料的能力；理解社区发展和变化过程的能力；领导或协调多学科教育团队的能力；了解教育趋势并识别潜在影响的能力；促进学习者的进步；掌握多种教学策略；与团体和个人有效沟通的能力；创造有利于学习的氛围的能力；能利用电子学习并将其整合到学习环境中；改善教学环境的能力；能根据特定的教育背景调整课程和教学材料；能根据特定标准设计和实施各种策略来评估学习；能将具有特定需求的人整合在一起

资料来源：研究者根据相关材料整理而成。

第三是确定学生工作量（workload）和学分（credit）。学分被视为确保学历可比性、相互认可以及促进师生流动的关键工具。因此，必须根据学分制定统一的学生工作量标准，以便协调学分范围，并比较不同国家的课程。2017 年 11 月，调整非洲项目咨询小组(Tuning Africa Project Advisory Group)提交了《建立非洲学分转换系统的提案》(A Proposal to Establish African Credit Transfer Systems)。该提案意在创建非洲大陆层面的学分转换系统，提出了以下几项想法和建议：第一，就“学分”和“学生工作量”的定义达成共识，建议采用欧洲对这两个术语的界定；第二，就每学年的工作量达成共识，建议参照欧美等区域，将 60 个学分视为全日制学生每学年的工作量；第三，就每学年学生工作量达成共识，提议参照欧洲规定的 1500 学时至 1800 学时工作量，将每学年工作量设定为 1350 学时至 1800 学时。①

调整非洲项目无疑是非洲大陆努力协调该区域不同高等教育系统的一项努力。欧盟推动的调整非洲项目将加强欧非高等教育参与者之间的伙伴关系，促使非洲利益相关者借鉴欧洲的“调整方法”。调整非洲项目由非洲牵头实施，非洲学术界、高等教育机构和国家当局也通过该项目学习欧盟的经验，成为“全球调整网络”(Global Tuning Network)的一部分。②

(二) 次区域和国家层面

21 世纪初是博洛尼亚进程在非洲传播的活跃期(见表 3-3)。博洛尼亚进程在法语、阿拉伯语和葡语国家以及英语国家的传播和扩散差异较大，这与非洲的殖民历史不无关系。独立后的非洲国家沿用了前殖民国的教育制度，比如非洲英语国家沿用英国学位结构模式，同博洛尼亚进程推行的学位结构较为接近，因此其主要采用选择性实施

---

① Tuning Africa, *Tuning Africa Phase II: 5th General Meeting*, 2017, pp. 78-79.

② Tuning Africa, *Feasibility Study into the Relevance of A Tuning Approach for Higher Education in Africa Final Report*, 2011, p. 21.

的模式；但非洲法语、葡语和阿拉伯语国家需进行较大的变革，才能符合博洛尼亚进程的标准。①

表 3-3　2000—2008 年博洛尼亚进程在非洲国家的扩散和传播

年份	国家
2000 年	摩洛哥
2001 年	阿尔及利亚
2002 年	埃及
2003 年	塞内加尔
2004 年	几内亚比绍、安哥拉、圣多美和普林西比、佛得角、莫桑比克
2005 年	突尼斯、喀麦隆、加蓬、乍得、中非共和国、刚果共和国、赤道几内亚、贝宁、布基纳法索、多哥
2007 年	埃塞俄比亚、布隆迪、马达加斯加
2008 年	马里

资料来源：Eta, E. A. & Mngo, Z. Y., "Policy Diffusion and Transfer of the Bologna Process in Africa's National, Sub-regional and Regional Contexts", *European Educational Research Journal*, Vol. 20, No. 1, 2021, pp. 59-82。

1. 非洲法语和阿拉伯语国家

博洛尼亚进程在非洲的影响主要基于前殖民路线，一些非洲国家受到直接影响，部分则受到间接影响，影响最大的是在博洛尼亚进程之后效仿法国改革其高等教育体系的非洲法语和阿拉伯语国家②。这些国家都对遵循法国高等教育系统表现出了极大的兴趣，目前也正按照博洛尼亚进程下的"学士—硕士—博士"三级学位制度调整其高

① Eta, E. A. & Mngo, Z. Y., "Policy Diffusion and Transfer of the Bologna Process in Africa's National, Sub-regional and Regional Contexts", *European Educational Research Journal*, Vol. 20, No. 1, 2021, pp. 59-82.

② Mngo, Z. Y., "Probing the Progress of the External Dimension of the Bologna Process", *PSU Research Review*, Vol. 3, No. 3, 2019, pp. 215-226.

等教育体系。

博洛尼亚进程于 2000 年进入摩洛哥，随后是阿尔及利亚、埃及和塞内加尔。地中海周边的欧洲国家和北非马格里布国家于 2006 年签署了致力于发展“欧洲—地中海高等教育研究区”（Euro-Mediterranean Higher Education and Research Area）的《卡塔尼亚宣言》（Catania Declaration）。该宣言采取了与《博洛尼亚宣言》及博洛尼亚进程行动方针极为相似的行动方针，包括高等教育体系的可比性和易读性、可供转换的学分、可供分享的质量保障目标以促进师生流动。[①] 坦普斯计划在推动博洛尼亚在北非国家的应用方面也发挥了重要作用，尽管该计划的许多参与国不是博洛尼亚进程的签署国，但这些国家也逐渐将博洛尼亚原则纳入到整体高等教育改革的一部分，如摩洛哥、阿尔及利亚和突尼斯在 2003 年至 2007 年间相继开启三级学位制度的试点项目。[②]

在中非区域，由赤道几内亚、刚果共和国、加蓬、喀麦隆、乍得、中非共和国等国家构成的中非经济和货币共同体（Economic and Monetary Community of Central Africa）效仿马格里布国家的做法，参照受博洛尼亚进程启发的新的法国资历框架调整其高等教育系统。2005 年，中非经济和货币共同体的国家元首签署了《利伯维尔宣言》（Libreville Declaration），承诺通过三级学位制度进行改革，创建中非经济和货币共同体“高等教育、专业培训和研究区”（Enseignement Supérieur, de la Recherche et de la Formation Professionnelle），促进区

---

① 徐辉：“欧洲‘博洛尼亚进程’的目标、内容及其影响”，《教育研究》2010 年第 4 期。

② Alemu, S. K., “African Higher Education and the Bologna Process”, *European Journal of Higher Education*, Vol. 9, No. 1, 2019, pp. 118-132.

域内的师生流动及文凭资历的对等性，以提高高等教育的吸引力。[①]

博洛尼亚进程也影响了西非的高等教育体系，这也是与欧洲历史伙伴保持联系的结果。三级学位制度通过非洲和马达加斯加高等教育理事会(Conseil Africain et Malgache pour l'Enseignement Supérieur)以及西非经济和货币联盟(West African Economic and Monetary Union)等组织得到推广。非洲和马达加斯加高等教育理事会是西非区域推进高等教育协调和质量保障的关键驱动力，自2005年以来，在其成员中实施结构性三级学位制度改革，弥合非洲英语国家和法语国家高等教育系统之间的差异。[②] 2007年，西非经济和货币联盟正式通过采用博洛尼亚进程三级学位制度的决定，将此视为成员国在教育领域的主要优先事项，试图建立“统一的学制周期、学分转换系统、提供学习者学习记录信息的文凭补充机制、国家质量保障机制以及区域监测系统，确保向三级学位制度过渡过程中的有效性和一致性”。[③] 文凭补充、区域质量保障工具和资历框架等也逐渐引入联盟成员国。[④]

2. 非洲葡语国家

非洲葡语国家也在推进与法语和阿拉伯语国家类似的进程。非洲

---

① Alemu, S. K., “African Higher Education and the Bologna Process”, *European Journal of Higher Education*, Vol. 9, No. 1, 2019, pp. 118-132.

② Clark, N., “The Bologna Process as a Model for Regional Integration”, 03 June 2014, https://wenr.wes.org/2014/06/the-bologna-process-as-a-model-for-regional-integration.

③ Obasi, I. N. & Akinpelu, O. O., “Globalization, the Bologna Process and African Universities: Limits and Contradictions of Market-Oriented Higher Education Reforms”, *Journal of Higher Education in Africa*, No. 7, 2009, pp. 159-187.

④ Woldegiorgis, E. T., “Policy Travel in Regionalisation of Higher Education: The Case of Bologna Process in Africa”, in A. Curaj, L. Deca, R. Pricopie (eds.), *European Higher Education Area: The Impact of Past and Future Policies*, Cham: Springer International Publishing, 2018, p. 51.

葡语国家承受着来自葡语大学协会(Association of the Portuguese Speaking Universities)和葡语国家共同体(Community of the Portuguese Speaking Countries)的改革压力，前者长期以来一直与安哥拉、几内亚比绍、佛得角、莫桑比克等非洲葡语国家合作，建立葡语高等教育区，促进其推进博洛尼亚式改革。2002 年，葡语大学协会着手讨论该区域的博洛尼亚式改革以及建立"葡语高等教育区"(Lusophone Higher Education Area)的可能性，重点讨论在拟议的葡语高等教育区进行质量保障、资历互认、学生流动等领域的合作。[①] 2004 年，葡语国家共同体教育部长第五次会议公布了参照《里斯本公约》编写的资历认可公约，也通过了《福塔莱萨宣言》(Fortaleza Declaration)，该宣言旨在参照博洛尼亚进程创建葡语高等教育区，促进师生流动，加强葡语国家教育机构之间的交流合作，并提议建立一个关于高等教育系统以及学生和教师的认可和流动的信息中心网络。[②]

3. 非洲英语国家

同非洲法语国家、阿拉伯语国家和葡语国家相比，博洛尼亚进程在南非、津巴布韦、博茨瓦纳等英语国家的政策扩散和迁移相对较少。这是因为英语国家在博洛尼亚进程前已实行三级学位制度，符合博洛尼亚进程的部分原则。然而，非洲各次区域的高等教育系统在每个周期的学分数量和年限上仍然存在差异。此外，随着非洲内外学生流动性的增加，质量、标准化和资历认可开始成为次区域层面政策讨论的一部分。东部和南部非洲的英语国家采用部分博洛尼亚进程的要

---

① Mngo, Z. Y., "Probing the Progress of the External Dimension of the Bologna Process", *PSU Research Review*, Vol. 3, No. 3, 2019, pp. 215-226.

② Pavel Zgaga, *Looking Out! The Bologna Process in a Global Setting On the "External Dimension" of the Bologna Process*, Oslo: The Norwegian Ministry of Education and Research 2006, pp. 27-28.

素进行改革，其改革的主要方向是质量保障和资历认可。[①] 在这方面，南部非洲发展共同体(Southern African Development Community)和东非共同体(East African Community)在推进非洲英语国家采用博洛尼亚要素过程中发挥了主导作用。

南部非洲发展共同体是博洛尼亚进程在南部非洲国家进行政策迁移的积极推动者。南部非洲发展共同体于1997年发布了名为《南部非洲发展共同体教育和培训议定书》(SADC Protocol on Education and Training)的综合性法律协议，致力于实现该区域教育和培训系统的协调和标准化。《里斯本公约》成为南部非洲发展共同体成员国资历框架区域化的重要参照对象，进入21世纪以来，南部非洲发展共同体参照博洛尼亚进程建立区域资历框架，该举措也得到联合国教科文组织的大力支持。[②] 非洲英语国家在质量保障等领域深受欧洲改革的启发，已开始借鉴博洛尼亚进程在学分转移、高等教育资历框架和质量保障体系方面的经验。[③]

在东非共同体中，肯尼亚、乌干达和坦桑尼亚三个非洲英语国家在2006年签署谅解备忘录后开启了类似博洛尼亚进程的安排，协调三国高等教育系统之间的关系。2009年，东非立法议会(East African Legislative Assembly)颁布了《东非大学间理事会法案》(IUCEA Act)，

---

① Woldegiorgis, E. T., "Policy Travel in Regionalisation of Higher Education: The Case of Bologna Process in Africa", in A. Curaj, L. Deca, R. Pricopie (eds.), *European Higher Education Area: The Impact of Past and Future Policies*, Cham: Springer International Publishing, 2018, pp. 51-52.

② Woldegiorgis, E. T., "Policy Travel in Regionalisation of Higher Education: The Case of Bologna Process in Africa", in A. Curaj, L. Deca, R. Pricopie (eds.), *European Higher Education Area: The Impact of Past and Future Policies*, Cham: Springer International Publishing, 2018, p. 53.

③ Alemu, S. K., "African Higher Education and the Bologna Process", *European Journal of Higher Education*, Vol. 9, No. 1, 2019, pp. 118-132.

将东非大学间理事会(Inter-University Council for East Africa)纳入东非共同体的运作框架，东非大学间理事会有责任确保东非共同体五个伙伴国(布隆迪、肯尼亚、卢旺达、坦桑尼亚和乌干达)具有国际可比性的高等教育标准和体系。[①] 2010 年，《东非共同体共同市场协议议定书》(Protocol on the Establishment of the East African Community Common Market)的第 11 条特别呼吁"学术和专业资历的协调和相互认可"，这扩大了东非大学间理事会在处理区域高等教育协调问题的职权。[②] 东非大学间理事会主张采纳更多博洛尼亚进程的要素，推动建立区域资历框架。2015 年东非大学间理事会提出了"东非高等教育资历框架"（East African Qualifications Framework for Higher Education），作为协调东非共同体教育系统的关键工具。该框架对学位课程的时长、结构和学习成果进行了详细的阐述，建立了类似于欧洲学分转换与累积系统的学分体系，即"东非学分累积和转换体系"(East African Credit Accumulation and Transfer)，为文凭资历规定了最低学分要求。[③]

---

① Okebukola, P. A. & Fonteyne, B., *Developing A Pan-African Quality Assurance and Accreditation Framework Report: Draft for Expert and AUC/EC Approval*, African Union Commission, 2014, p. 96.

② Trines, S., "The Common Higher Education Area (CHEA) of the East African Community", 11 December 2018, https://wenr.wes.org/2018/12/common-higher-education-area-chea-of-the-east-african-community.

③ Trines, S., "The Common Higher Education Area (CHEA) of the East African Community", 11 December 2018, https://wenr.wes.org/2018/12/common-higher-education-area-chea-of-the-east-african-community.

第二节 协助制定泛非质量保障和认证框架

一、欧盟加强非洲质量保障和认证的现实考量

欧盟加强非洲质量保障和认证也出于两个方面的现实考量。一方面，欧非在该领域的政策重点明显趋同，非洲高等教育一体化的发展强烈反映了这个方面的意愿；另一方面，欧盟在大陆层面面临着同样的优先事项，并在该领域发展了专业知识且拥有充足的实践经验。[①]

（一）非洲方面对质量保障和认证的诉求

非洲学生和高等教育机构数量的快速增长以及对就业能力的日益关注，使得质量保障成为非洲教育发展的核心关切。21世纪以来，非洲采取了多项举措，通过设计和实施适当的政策和计划，对项目和机构进行协调、质量保障和认证，提高大陆、区域、国家和机构各级高等教育的相关性和质量。这些举措包括三级学位制度改革、非洲高等教育协调战略、修订《阿鲁沙公约》、非洲质量评级机制、泛非质量保障和认证框架（Pan-African Quality Assurance and Accreditation Framework）以及最近启动的非洲大陆资历框架等。非盟表示在强化

① European Commission, *Annex 6 of the Commission Implementing Decision on the Annual Action Programme 2018 of the DCI Pan-African Programme: Action Document for AU-EU Higher Education Programme*, 2018, p. 4.

质量保障和相关性以及资历认可方面，非洲还有很多工作要做，非盟的成果并不是最优的。[①] 进入21世纪以来，非洲国家质量保障机构的数量有明显增长，但仍存在治理和管理效率低下，以及缺乏可操作的大陆质量保障框架、认证系统、区域性的质量保障机构的问题。[②] 非洲次区域在推进各自的质量保障倡议，但次区域间的标准不兼容，这也增加了非洲大陆层面统一的质量保障框架的难度。[③]

高等教育的质量保障和认证是非洲区域、次区域、国家和机构层面的政策优先事项。2007年的《非洲高等教育协调战略》要求发展有效的质量保障机制，确保非洲高等教育机构在国际高等教育领域中变得越来越有活力。[④]《非洲第二个教育十年行动计划(2006—2015年)》将质量管理视为优先发展事项之一，主张通过在大陆、区域和国家层面建立健全质量管理系统，改善非洲教育的可及性、相关性、公平性和效率。[⑤]《非洲大陆教育战略(2016—2025年)》要求建立并强化质量保障机制和监测评价体系。[⑥]《2063年议程》明确表示要推进教育标准的统一和学术和专业资历的相互认可，建立统一的质量保障程序和机制，建立泛非层面的高等教育认证机构来制定和监督教育质

---

① African Union, *Continental Education Strategy for Africa (CESA 16-25)*, 2016, p. 10.

② European Commission, *Annex 6 of the Commission Implementing Decision on the Annual Action Programme 2018 of the DCI Pan-African Programme: Action Document for AU-EU Higher Education Programme*, 2018, p. 3.

③ Woldegiorgis, E. T., Jonck, P. & Goujon, A., "Regional Higher Education Reform Initiatives in Africa: A Comparative Analysis with Bologna Process", *International Journal of Higher Education*, Vol. 4, No. 1, 2015, pp. 241-253.

④ African Union, *First Progress Report of the Chairperson of the Commission on Academic Mobility Scheme in Africa*, 2018, p. 4.

⑤ African Union, *Second Decade of Education for Africa (2006-2015): Plan of Action*, 2006, p. 12.

⑥ African Union, *Continental Education Strategy for Africa (CESA 16-25)*, 2016, p. 21.

量标准，加强高等教育机构质量监测方面的合作，开发可比较的方法和统一的认证程序。①

（二）欧洲强化质量保障和认证的经验

质量保障是欧洲教育一体化尤其是博洛尼亚进程的核心。欧洲在质量保障方面的主要经验和工具如下：第一，创建了专门机构，即欧洲高等教育质量保障网络(European Network for Quality Assurance in Higher Education)，后更名为欧洲高等教育质量保障协会(European Association for Quality Assurance in Higher Education)，以加强欧洲在该领域的交流合作，建立共同的参考框架并传播优秀实践经验。第二，欧洲高等教育质量保障协会与欧洲大学协会、欧洲高等教育机构协会和欧洲国家学生联盟合作，制定了一套经过商定的质量保障标准、程序和指南，即《欧洲高等教育区质量保障标准与指南》(Standards and Guidelines for Quality Assurance in the European Higher Education Area)，该文件成为欧洲各国和各个高等教育机构以及质量保障机构的主要参照标准。② 第三，成立欧洲高等教育质量保障机构登记局(European Quality Assurance Register for Higher Education)，负责监督各国质量保障机构参照《欧洲高等教育区质量保障标准与指南》进行质量评估，有效提高欧洲高等教育质量保障的透明度、可信度和专业性。第四，文凭和资历的认可也是质量保障的重要内容之一，欧洲率先对第一代区域公约进行修订。1997 年，联合国教科文组织同欧洲委员会(Council of Europe)在里斯本通过了《欧洲区域高等教育资

---

① African Union Commission, *Agenda 2063: The Africa We Want*, 2015, p. 15.

② *Communiqué of the Conference of European Ministers Responsible for Higher Education, Bergen, 19-20 May 2005*, 2005, p. 3.

历认可公约》（Convention on the Recognition Concerning Higher Education in the European Region），即《里斯本公约》。《里斯本公约》是推进欧洲资历认可最主要的文书，明确了欧洲区域高等教育文凭和资历互认的问题，为博洛尼亚进程建立欧洲高等教育区奠定了法律基础。[①]《里斯本公约》不仅拉开了第一代区域公约修订的帷幕，也成为其他区域修订公约参照和借鉴的"范本"。[②]

二、欧盟加强非洲质量保障和认证的实践响应

欧盟通过"传染性"扩散和传递性扩散的方式在泛非区域、次区域以及国家层面影响了非洲质量保障和认证的实践。

（一）区域层面

在区域层面，欧盟积极推动非洲大陆层面质量保障和认证的实践，这主要表现在两个方面。首先是"传染性"扩散的方式——《里斯本公约》影响了非洲区域资历认可公约的修订；其次是传递性扩散的方式——欧盟发起"非洲高等教育、质量保障和认证协调"倡议（Harmonisation of African Higher Education Quality Assurance and Accreditation Initiative），协助构建泛非质量保障和认证框架。

1. 影响非洲高等教育资历认可公约的修改

高等教育资历的相互认可是人员跨境流动和质量保障的前提和基本保障。1981 年 12 月，联合国教科文组织在坦桑尼亚阿鲁沙通过了

---

① 谌晓芹："结构主义视角下的欧洲高等教育一体化改革研究：聚焦于博洛尼亚进程(1999—2010)"，华中科技大学博士学位论文，2014 年，第 35 页。

② 阚阅："从单一功能到多重互动：国际高等教育资历承认的发展与展望"，《中国高教研究》2019 年第 7 期。

《阿鲁沙公约》，涉及对从事研究的学术认可和对从事专业活动的认可，以促进在承认研究和学位方面开展区域合作。《阿鲁沙公约》是联合国教科文组织牵头，与非盟联合制定的关于非洲高等教育学历、学位、资历框架认定的区域高等教育协定。进入21世纪以来，国际和非洲大陆内部环境发生重大变革，伴随着非洲高等教育协调战略的出台、信息技术的迅猛发展、跨境教育的扩展、博洛尼亚进程等其他区域高等教育改革的引入，《阿鲁沙公约》已难以适应新变化，也无法满足各种新需求，在此形势下，亟须对公约进行修订。[①] 为此，联合国教科文组织和非盟已着手推进公约的修订。

在推动《阿鲁沙公约》的修订过程中，欧盟主要是通过“传染性扩散”的方式间接促使非洲以《里斯本公约》为蓝本进行修订。联合国教科文组织在推动《阿鲁沙公约》修订时，自发地借鉴了欧洲和亚太区域公约的修订经验，并与欧盟委员会合作组织区域会议，推动非洲国家批准2014年《关于承认非洲国家高等教育研究、证书、文凭、学位和其他学术资历的修订公约》（Revised Convention on the Recognition of Studies, Certificates, Diplomas, Degrees and Other Academic Qualifications in Higher Education in African States），即《亚的斯亚贝巴公约》（Addis Ababa Convention）。[②] 非洲高等教育资历认可公约和资历框架的发展受到了欧洲高等教育资历认可和资历框架实践的影响。[③] 联合

---

① Woldegiorgis, E., "Historical and Political Perspectives: On Regionalization of African Higher Education", in J. Knight, E. T. Woldegiorgis (eds.), *Regionalization of African Higher Education: Progress and Prospects*. Rotterdam: Sense Publishers, 2017, p. 39.

② UNESCO, *Evaluation of UNESCO's Regional Conventions on the Recognition of Qualifications in Higher Education*, 2016, p. 75.

③ Triek, W., "Academic Recognition Procedures and Framework", 18 April 2019, http://erasmus-plus.org.jo/Portals/0/TAMs%202018/TAMs%202019/Academic%20Recognition%20Procedures%20and%20Framework.pdf?ver=2019-05-05-102034-887.

国教科文组织的内部监督单位（Internal Oversight Service）即指出，“《亚的斯亚贝巴公约》和亚太区域的《东京公约》（Tokyo Convention）与《里斯本公约》的文本内容不完全相同，但从框架结构和内容来看，这两份公约和《里斯本公约》的相似度极高”①。

《里斯本公约》成为联合国教科文组织和非洲修订《阿鲁沙公约》的参照和范本，两份公约的框架及内容存在明显的相似（见表3-4）。从框架结构和内容来看，两份公约都对与资历认可密切相关的核心术语进行了界定，对缔约方的义务以及具体的实施机制等做出了规定。具体来说，在第一节“概念”界定方面，《亚的斯亚贝巴公约》明显参照了《里斯本公约》中对“入学”（access）、“录取”（admission）、“主管认可机构”（competent recognition authority）、“高等教育”、“高等教育机构”、“高等教育资历”（qualification in higher education/higher education qualification）、“认可”（recognition）等术语的界定，两份公约的措辞高度一致。《亚的斯亚贝巴公约》第三节“缔约方的义务”中有关资历评估、资历认可以及认可难民、流离失所者和难民处境中的人所持有的资历等方面的条款同《里斯本公约》的表述也基本一致。其中有两点同欧非第一代区域公约有很大的区别——“实质性差异”（substantial difference）以及对难民资历的认可。首先，第二代区域公约引入“实质性差异”原则，即除非获得资历所在缔约方与受理资历认可申请的缔约方在入学基本要求上存在实质性差异，否则应允以认可。其次，主张认可难民、流离失所者和难民处境中的人所持有的资历。这两点是第二代区域公约新增的内容，这印证了《亚的斯亚贝巴公约》确实参考和借鉴了《里斯本公约》的内容。

---

① UNESCO, *Evaluation of UNESCO's Regional Conventions on the Recognition of Qualifications in Higher Education*, 2016, p. 24.

另外，在区域公约的实施机制方面，《里斯本公约》提出要设立区域认可高等教育资历公约委员会以及设立关于学术流动和认可的欧洲国家信息中心网络（European Network of National Information Centres on Academic Mobility and Recognition），以更好地监督和促进公约的实施。《亚的斯亚贝巴公约》参照此机制，也提出要设立公约委员会和国家学术流动和认可信息中心网络。两份公约对于这两者的功能属性、职权范畴等方面的规定都是一致的。不过在公约委员会和国家学术流动和认可信息中心网络秘书处的管理方面，两者略有不同。《里斯本条约》规定公约委员会和国家学术流动和认可信息中心网络的秘书处工作应交由联合国教科文组织总干事和欧洲委员会秘书长共同托管，而《亚的斯亚贝巴公约》则规定秘书处工作应交由联合国教科文组织总干事托管。

表3-4 《亚的斯亚贝巴公约》和《里斯本公约》的比较

《亚的斯亚贝巴公约》	《里斯本公约》	具体条款内容
第一节“定义”	第一节“定义”	“入学”“录取”“主管认可机构”“高等教育”“高等教育机构”“高等教育资历”“认可”等术语的界定
第三节“缔约方的义务”第二条“与资历认可有关的义务”第一和第五款	第四节“高等教育入学资历认可”第一条、第七节“认可难民、流离失所者和难民处境人员的资历”	(1)除非能够表明获得资历所在缔约方与受理资历认可申请的缔约方在入学基本要求上存在实质性差异，否则各缔约方为便于其各高等教育课程的入学，应承认其他缔约方出具的符合上述高等教育课程入学基本要求的资历；(2)缔约方通过认可主管部门同意建立适当的程序，评估难民、流离失所者或难民处境人员是否符合进入高等教育课程或为就业获得资历认可相关要求的程序，包括对先前学习的认可

（续表）

《亚的斯亚贝巴公约》	《里斯本公约》	具体条款内容
第四节“实施”第三条	第三节“资历评估基本原则”第二条	各缔约方应确保资历的评估和认可所采用的程序和标准透明、一致且可靠
第四节“实施”第四条	第三节“与资历评估有关的基本原则”第三条	(1)认可的决定应以与申请认可的资历相关的信息为依据；(2)提供充分信息的责任在于资历持有者，资历持有者诚信地提供信息；(3)缔约方应酌情指示或鼓励所有隶属于其教育系统的机构满足为评估在该等机构所获得的资历所提出的任何合理的提供信息请求；(4)颁发资历的机构有义务应申请人的要求并在合理范围内向资历持有者、机构或寻求认可的国家主管部门提供相关信息；(5)只要提供了与资历评估相关的必要信息，则证明申请不符合相关要求的责任就在于资历认可主管部门
第四节“实施”第五条	第三节“资历评估基本原则”第四条	为便于资历的认可，各缔约方应确保提供与其教育系统有关的充分和明确的信息
第四节“实施”第六条	第三节“与资历评估有关的基本原则”第五条	资历认可的决定应在资历认可主管部门事先规定的合理时限内做出。拒绝给予认可的，必须阐明拒绝认可的理由，并应就申请者可采取的措施提供信息，以便其下次获得认可。对拒绝给予认可或未作出决定的，申请者有权在合理的时限内通过各缔约方的有关程序提出申诉
第四节“实施”第九条	第十节“实施机制”第二条	设立公约委员会，定期举行例会；委员会应促进公约的实施和监督，委员会秘书处应交由教科文组织总干事(和欧洲委员会秘书长)托管
第四节“实施”第十条	第十节“实施机制”第三条	建立国家学术流动和认可信息中心网络，任命国家执行机构的代表加入该网络；每年至少召开一次全体会议

资料来源：研究者根据《里斯本公约》和《亚的斯亚贝巴公约》的相关信息整理而成。

2. 协助构建泛非质量保障和认证框架

与欧洲一样，高等教育的质量保障和认证是非洲机构、国家、区域和大陆层面的政策优先事项，欧盟也高度重视非洲在质量保障和认证方面的发展。《科托努协定》第25条就明确表示，“（欧盟对非加太国家的）合作应改进各级教育和培训，努力认可高等教育资历，建立教育质量保障体系”[①]。在《欧非联合战略》的背景下，欧盟和非盟选择了“协调、质量和认证”（harmonisation, quality and accreditation）作为《欧非联合战略》的主要行动路线，特别关注非洲大陆质量保障措施的协作和协调，在发展非洲大陆质量保障和认证体系的过程中，力求在欧洲高等教育区等现有的全球区域合作模式的基础上探索能符合非洲具体需要的模式。[②] 第八届非洲高等教育质量保障国际会议上，与会者一致认为，欧盟通过促进泛非方法和泛非合作来提高非洲高等教育质量的努力正逐步取得成功，欧洲的专业知识，特别是通过博洛尼亚进程中欧洲大陆层面质量保障工作和“伊拉斯谟+”计划的工作中汲取的经验，成为推进非洲质量保障和认证的基础和支持。[③] 在欧非战略伙伴关系的背景下，欧盟委员会资助并推进“非洲高等教育质量保障和认证协调”倡议，协助非盟构建“泛非质量保障和认证框架”。

泛非质量保障和认证框架支持在非洲区域、次区域、国家和机构

---

① European Commission, *The Cotonou Agreement*, 2010, p. 38.

② African Union Commission & European Commission, “Launch of the African Higher Education Harmonisation and Tuning Initiative”, 14 December 2011, https://africa-eu-partnership.org/en/stay-informed/news/launch-african-higher-education-harmonisation-and-tuning-initiative.

③ African Union & European Union, “Support to Pan-African Quality Assurance Initiatives Deepens”, 30 September 2016, https://africa-eu-partnership.org/en/stay-informed/news/support-pan-african-quality-assurance-initiatives-deepens.

层面建立协调一致的质量保障和认证系统，促进欧洲、非洲和世界其他区域之间的良好做法和经验的分享，并尝试将该区域倡议和非洲的政治优先事项联系在一起。① “非洲高等教育质量保障和认证协调”倡议意在加强高等教育的质量保障，建立相互信任，支持流动性和资历认可，从而为非洲大陆一体化议程做出贡献。② 该倡议目前已经历两个阶段，第一阶段于 2016 年至 2018 年实施，第二阶段（2019—2022 年）在第一阶段取得的成果的基础上，通过政治对话和能力建设，确保非洲质量保障机构实施《非洲高等教育质量保障标准和指南》以及非盟实施泛非质量保障和认证框架的能力。③

欧盟主要通过以下几个方面推进“非洲高等教育质量保障和认证协调”倡议，将欧盟在质量保障和认证方面的经验、模式和专业知识扩散给非洲的相关行为体，参与泛非质量保障和认证顶层框架以及相关工具的设计、开发和实施。

首先，欧盟委员会、欧洲高等教育质量保障协会、欧洲大学协会等机构以合作伙伴的身份，直接参与到该倡议的规划、制定、落地实施、专业技术咨询与指导、监测等各个环节中。这能直接将欧盟及其成员国在质量保障和认证方面的经验和专业知识用于指导“非洲高等教育质量保障和认证协调”倡议，引导倡议的发展方向，也为制定非洲高等教育质量保障政策、促进非洲高等教育质量保障的一体化发展提供指导。该倡议第一阶段（2016—2018 年）由巴塞罗那大学（协调员）、非洲大学协会、欧洲大学协会、欧洲高等教育质量保障协会

① EUA，“HAQAA Initiative”，5 August 2021，https：//eua. eu/101-projects/583-haqaa-initiative. html.

② African Union Commission & European Commission，“Higher Education in Africa：Next Steps for Tuning and Harmonisation”，04 February 2019，https：//africa-eu-partnership. org/en/stay-informed/news/higher-education-africa-next-steps-tuning-and-harmonisation.

③ HAQAA2，“About Us”，26 August 2021，https：//haqaa2. obsglob. org/about-us/.

和德国学术交流中心组成的集团负责实施。第二阶段（2019—2022年）则主要由 OBREAL GLOBAL 机构、非洲大学协会、欧洲高等教育质量保障协会和德国学术交流中心推进实施。特别是在倡议第二阶段，欧盟委员会、OBREAL GLOBAL 机构、欧洲高等教育质量保障协会、德国学术交流中心、欧盟成员国国家质量保障机构、欧洲大学协会以及在欧洲高等教育区和质量保障方面具有经验的欧洲专家等参与到了相关工作中，是该倡议实施团队、执行董事会、管理小组以及工作组的重要成员。

其次，欧盟还参与泛非质量保障和认证顶层框架的设计和开发。在非盟决定成立大陆高等教育认证机构后，非盟委员会与欧盟合作，开始制定泛非质量保障和认证框架。欧盟委员会和非盟委员会委托专家开展关于制定泛非质量保障和认证框架的研究，根据调查结果起草泛非质量保障和认证框架。起草的《制定泛非质量保障和认证框架报告：供专家、欧盟委员会和非盟委员会批准的草案》（Developing A Pan-African Quality Assurance and Accreditation Framework Report: Draft for Expert and AUC/EC Approval）总结了欧盟在质量保障和认证方面成功的九条经验，并建议非洲根据欧洲的实践经验在质量保障标准和指南等九个方面采取相应的发展策略（见附录一）。在某些方面，非洲已然采取了一些行动，但在制定高等教育机构和质量保障机构内外部质量保障标准和指南、为质量保障机构开发泛非认证系统、支持建立大陆质量保障和认证框架等方面，非洲还未有明显的行动，这是非洲之后需要进一步推动的，这些行动也离不开欧盟的参与和支持。该报告为非洲高等教育质量保障提供统一的参照框架，得到了非洲国家教育部长的认可，并在 2016 年 1 月的非盟大会上得以通过。[①]

再次，欧盟还参与到质量保障和认证协调具体工具的设计、开发和实施中，其中最具代表性的工具便是《非洲高等教育质量保障标准和指南》。欧洲的成功经验表明，国际区域高等教育质量保障的成功建立在高级别政治承诺、所有利益相关者之间密切和广泛合作的良好管理进程以及系列跨境协调、认证和质量保障政策工具和实施工具上。[②] 因此，在泛非质量保障和认证框架经过磋商最终确定后，依靠欧盟等国际合作伙伴的支持，非洲利益相关者目前正在开发、测试和实施泛非质量保障和认证框架的相关工具，这包括：其一，非盟委员会和欧盟委员会合作制定的《非洲高等教育质量保障标准和指南》；其二，非盟委员会与欧盟、德国国际开发机构和欧洲培训基金会合作开发的非洲大陆资历框架；其三，由非盟委员会牵头，于 2007 年得到非盟认可的非洲质量评级机制；其四，在联合国教科文组织的支持下制定的《亚的斯亚贝巴公约》；其五，由调整非洲项目提出的非洲学分累积和转换系统；以及其六是待开发的质量保障机构和质量保障高等教育机构的登记局。[③]

作为“非洲高等教育质量保障和认证协调”倡议的主要成果之一，在欧盟委员会和非盟委员会的指导下，《非洲高等教育质量保障标准和指南》于 2018 年年底发布。这是非洲专家技术工作组在欧洲伙伴的支持下开发的，是高等教育机构和质量保障机构以及非洲各成员国、区域机构和学生代表进行广泛磋商的结果。《非洲高等教育质量

① African Union, *First Progress Report of the Chairperson of the Commission on Academic Mobility Scheme in Africa*, 2018, p. 7.

② Okebukola, P. A. & Fonteyne, B., *Developing A Pan-African Quality Assurance and Accreditation Framework Report: Draft for Expert and AUC/EC Approval*, African Union Commission, 2014, p. 23.

③ HAQAA2, "About Us", 26 August 2021, https://haqaa2.obsglob.org/about-us/.

保障标准和指南》是质量保障框架的核心，也是实施已经存在的泛非质量保障和认证框架的必要工具，是非洲大陆高等教育质量保障的总体框架。非盟于 2019 年正式批准了《非洲高等教育质量保障标准和指南》，以非洲不同国家和区域的现有标准和准则为前提，并以全球为基准，在区域、次区域、国家和机构层面建立统一的质量保障和认证体系。《非洲高等教育质量保障标准和指南》力求实现以下几个目标：其一，在所有利益相关者之间，对教育质量保障体系有一个共同的框架和理解；其二，发展相互信任，从而促进学生和人力资源在非洲大陆国家境内和跨境的认可和流动；其三，通过自我评估、外部同行审查和持续监测与评估，确保非洲大陆高等教育的质量改进；其四，通过向公众提供有关质量保障的适当信息，促进透明度和问责制；其五，支持高等教育机构发展可持续质量文化；其六，提高非洲高等教育系统的国际竞争力；其七，支持制作相关教学资源和学生评估工具。①

《非洲高等教育质量保障标准和指南》的作用类似于构成欧洲质量保障支柱的《欧洲高等教育区质量保障标准和指南》，前者在开发过程中借鉴了《欧洲高等教育区质量保障标准和指南》和其他国际标准和指南。② 与欧洲一样，《非洲高等教育质量保障标准和指南》建立在由区域组织和国家质量保障机构制定的现有标准矩阵之上，包含了非洲保障和认证系统的原则，例如自治、透明度、问责制等，这是一份重要的文件，可以帮助机构改进现有系统或开发有效的质量保障机制。“所有非洲系统都是不同的，并且在质量保障和认证系统方面处

---

① African Union, *Mapping Report: Towards the African Continental Qualifications Framework*, 2020, p. 38.

② African Union, *African Standards and Guidelines for Quality Assurance in Higher Education (ASG-QA)*, 2019, p. 38.

于不同的发展阶段，本文件承认并适应了这些差异”，《非洲高等教育质量保障标准和指南》为文化、历史或学术差异所要求的个体差异留有足够的空间，适用于国家质量保障和认证系统以及机构评估系统。[①]

《非洲高等教育质量保障标准和指南》在制定过程中明显参照了《欧洲高等教育区质量保障标准和指南》，两者存在明显的相似之处。两份文件均涵盖高等教育机构进行的内部质量保障、由监管机构进行的外部质量保障以及对进行外部质量保障机构的质量评估三个部分的内容，且在这三个方面标准和指南的框架结构和具体内容上存在高度的相似性(见附录二)。两份文件遵循的质量保障原则也颇为相似，这些基本原则包括对教育质量的机构责任和对质量文化的重视、尊重机构自主性和外部质量保障的独立性、依靠自我评估结合同行评审和现场访问作为外部质量保障的基础等。[②] 当然两份文件的内容也并非完全一致，在某些具体内容上存在差异，以确保它们在特定的情境下适用：如在内部质量保障方面，《非洲高等教育质量保障标准和指南》涵盖了研究、创新、社区参与和机构管理以及教育等机构活动，而《欧洲高等教育区质量保障标准和指南》对于研究、创新、社区参与等方面的标准和指南并未详细阐述。另外，《非洲高等教育质量保障标准和指南》特别提到了远程和电子学习，这是扩大非洲接受高等教育机会的重要工具，欧洲也讨论了电子学习及其质量保障，但框架文件没有明确提及这个部分的内容。

---

① Dell, S. & Jongsma, A., “Standards and Guidelines-A Step Towards Harmonisation”, 23 June 2017, https://www.universityworldnews.com/post.php?story=20170622152238872.

② EUA, “Quality Assurance in Africa, Asia and Europe: Differences and Similarities”, 28 January 2019, https://eua.eu/resources/expert-voices/78:quality-assurance-in-africa,-asia-and-europe-differences-and-similarities.html.

（二）次区域和国家层面

非盟以及区域和次区域的教育协会都在各自的战略中表达了需要在区域、国家和机构层面建立质量保障机制，加强教育提供和机构管理的承诺。① 非洲次区域在质量保障和认证方面也参照博洛尼亚进程有所进展，如中非经济和货币共同体签署的《利伯维尔宣言》以及葡语国家签署的《福塔莱萨宣言》等，都参照《博洛尼亚宣言》明确提出了加强次区域内质量保障和资历互认的承诺。区域协调工作正在东部非洲、西部非洲和南部非洲有所推进，这三个区域都有计划建立区域资历框架。② 东非大学间理事会、非洲和马达加斯加高等教育理事会等机构在推进非洲次区域在此方面的进展发挥了重要作用，这两个机构对制定《非洲高等教育质量保障标准和指南》也有重大影响，它们是“非洲高等教育质量保障和认证协调”倡议的区域战略合作伙伴，积极参与到了《非洲高等教育质量保障标准和指南》的编制和实施执行过程中。

东非次区域在质量保障和认证方面的进展尤为显著。在东非共同体中，肯尼亚、乌干达和坦桑尼亚三个国家在2006年签署谅解备忘录后开启了类似博洛尼亚进程的安排，参照博洛尼亚模式建立了共同质量保障机制。③ 东非大学间理事会意识到，尽管东非共同体的成员国都有各自的机制来确保高等教育的质量，但这些质量保障机制并不具有可比性，过程也非常分散。因此，东非大学间理事参照博洛尼亚

---

① EUA, *White Paper: Africa-Europe Higher Education Cooperation for Development-Meeting Regional and Global Challenges*, 2010, p. 18.

② European Commission, *Annex 6 of the Commission Implementing Decision on the Annual Action Programme 2018 of the DCI Pan-African Programme: Action Document for AU-EU Higher Education Programme*, 2018, p. 4.

③ Alemu, S. K., “African Higher Education and the Bologna Process”, *European Journal of Higher Education*, Vol. 9, No. 1, 2019, pp. 118-132.

进程的经验，致力于开发区域质量保障体系，协调东非共同体国家高等教育机构之间的质量保障过程。2005 年，东非大学间理事会与肯尼亚、坦桑尼亚和乌干达三国合作，为其高等教育机构引入区域质量保障体系。为更好地学习欧洲在质量保障方面的经验，2006 年，东非大学间理事会安排东非高等教育机构的负责人访问德国和荷兰；理事会还寻求德国学术交流中心的支持，与德国的相关机构建立合作关系，以开发一个与博洛尼亚进程相一致的区域质量保障体系。[①]

在德国学术交流中心和德国大学校长会议（German Conference of Rectors）的支持和协助下，东非大学间理事会基于肯尼亚、乌干达和坦桑尼亚质量保障的实践以及欧洲等区域的经验，编制了《质量路线图：高等教育质量保障指南》（A Road Map to Quality：Handbook for Quality Assurance in Higher Education）。该指南包括项目层面自我评估、项目层面外部评估的自我评估、机构层面自我评估以及质量保障体系的实施四个部分的内容，是制定次区域质量保障体系的主要工具，为高等教育机构、质量保障机构和国家层面的质量保障提供统一的框架，该指南被用于指导东非区域的高等教育机构建立机构质量保障机构。[②] 东非大学间理事会还参照欧洲高等教育质量保障网络，创建了东非高等教育质量保障网络（East African Higher Education Quality Assurance Network），促进高等教育机构质量保障部门的建立，加强高等教育机构和国家质量保障机构内的质量保障系统。为实现这些目标，高等教育质量保障网络对质量保障专职官员进行培训，促进区域内知识和信息的

---

① Woldegiorgis, E. T., "Policy Travel in Regionalisation of Higher Education: The Case of Bologna Process in Africa", in A. Curaj, L. Deca & R. Pricopie (eds.), *European Higher Education Area: The Impact of Past and Future Policies*, Cham: Springer International Publishing, 2018, p. 55.

② Okebukola, P. A. & Fonteyne, B., *Developing A Pan-African Quality Assurance and Accreditation Framework Report: Draft for Expert and AUC/EC Approval*, 2014, p. 97.

交流、举办区域质量保障论坛以及开发区域层面质量保障的通用标准。

南部非洲也取得了类似的进展。南部非洲发展共同体通过《教育和培训议定书》达成了区域协议，强调协调质量保障体系，并在成员国之间建立质量认证机制。南部非洲发展共同体区域资历框架提出了指导方针，通过“南部非洲高等教育质量管理倡议”（Higher Education Quality Management Initiative for Southern Africa），为南共体区域的质量保障制定了最低标准。① 非洲法语国家也有类似的进程，非洲和马达加斯加高等教育理事会也在参照欧洲等区域的经验，积极推进次区域非洲法语国家的质量保障机制。2012年，非洲和马达加斯加高等教育理事会正式确立了对质量保障方面的区域承诺，包括建立质量保障机构登记中心、传播机构质量保障最佳实践以及为符合这些标准的机构颁发非洲和马达加斯加高等教育理事会卓越奖，保证质量保障标准的统一。②

第三节　促进建立非洲内部人员流动机制

一、欧盟强化非洲区域内部人员流动的现实考量

（一）非洲方面促进内部人员流动的诉求

非洲致力于构建人员自由流动、面向所有学习者的非洲共同教育

---

① Woldegiorgis, E. T., Jonck, P. & Goujon, A., “Regional Higher Education Reform Initiatives in Africa: A Comparative Analysis with Bologna Process”, *International Journal of Higher Education*, Vol. 4, No. 1, 2015, pp. 241-253.

② Clark, N., “The Bologna Process as a Model for Regional Integration”, 03 June 2014, https://wenr.wes.org/2014/06/the-bologna-process-as-a-model-for-regional-integration.

空间。2004 年，非洲大学协会、联合国教科文组织和南非高等教育理事会共同发表《阿克拉宣言》(Accra Declaration)，为应对非洲高等教育的国际化程度较低、各机构之间的学术流动性较差的现状，承诺在非洲促进学生流动，“致力于减少在知识创造、交流和应用方面开展国际合作的障碍，增加接受高等教育的机会，增加非洲内部的学术流动”[①]。非洲大陆和次区域也推出相关的政策、项目以促进学生和学者的流动，例如正在制定与质量保障、学分和资历认可相关的政策，以及已启动的尼雷尔流动计划和泛非大学网络(Pan-African University Network)等具体项目，旨在加强非洲区域内的学术合作和流动。

区域内高等教育流动性将是非洲区域协调议程的一个重要组成部分，但目前这种流动性发展有限。虽然非洲机构之间有一些成功的人员交流项目，但它们的知名度很低。尼雷尔流动计划是根据 2004 年《阿克拉宣言》的承诺促进区域内学生流动的项目之一，但该计划未能突出其在加强高等教育机构的发展和相互联系方面的重要作用。[②] 有明显迹象表明，非洲内部人员流动性低并非是因为师生缺乏兴趣，而是因为非盟的资金支持力度不够。据统计，2008 年至 2009 年，尼雷尔流动计划仅为 19 名非洲学生提供了奖学金，到 2013 年，总共只有 150 名学生参与其中，受众非常有限。[③] 另外，非洲法语、英语和葡语国家高等教育系统的不完全兼容，也明显限制了非洲高等教育机构和人员的流动。此外，这也需要高等教育机构和区域组织给

---

① AAU, *Accra Declaration*, 2004, p. 4.

② EUA, *White Paper: Africa-Europe Higher Education Cooperation for Development-Meeting Regional and Global Challenges*, 2010, p. 19.

③ Woldegiorgis, E. T. & Doevenspeck, M., “Current Trends, Challenges and Prospects of Student Mobility in the African Higher Education Landscape”, *International Journal of Higher Education*, Vol. 4, No. 2, 2015, pp. 105-115.

予同等的政策关注，如确保政治环境的稳定、高等教育基础设施的可用性、学分转换系统和学业认可工具的可用性、入学机制的灵活、便利的签证程序等。[①]

（二）欧洲促进区域内部人员流动的经验

内部人员流动是欧洲教育一体化尤其是博洛尼亚进程的核心要素。学生、研究人员和工作人员的充分流动是建立欧洲高等教育区的基础。2012年的《布加勒斯特公报》(Bucharest Communiqué)提议，流动政策应以流动资金、学术和专业认可、联合课程和学位、签证等有关的实际措施为基石，以博洛尼亚进程的工具为基础，实现学位的自动认可。[②]

欧盟不仅通过构建统一的区域资历框架以及质量保障和认证框架等方式消除人员流动的障碍，还通过系列项目推动欧洲区域内部人员的流动。欧洲区域内部人员流动项目主要集中在高等教育领域。自20世纪70年代欧共体推出首个教育行动计划开始，由欧共体主导并在整个区域层面实施推动的周期性教育行动计划成为欧共体内部流动和欧洲教育一体化深入发展的重要方式。20世纪90年代以来，欧洲层面主要项目为林瓜语言项目(Lingua Programme)、苏格拉底计划(Socrates Programme)、伊拉斯谟计划(Erasmus Programme)和“让·莫内”计划(Jean Monnet Actions)。其中，伊拉斯谟计划被视为欧盟的品牌教育项目之一，加强了欧洲各国高等教育的交流与合作。伊拉斯

---

① Knight, J. & Woldegiorgis, E. T., “Academic Mobility in Africa: Students, Scholars, Programmes, and Providers”, in Knight, J. & Woldegiorgis, E. T. (eds.), *Regionalization of African Higher Education: Progress and Prospects*, Rotterdam: Sense Publishers, 2017, p. 122.

② *Bucharest Communiqué*, European Higher Education Area Ministerial Lonference, 2012, p. 4.

谟计划不仅是欧盟教育协调和教育一体化方面的旗舰项目，也标志着欧盟用“催化”的方式改变了欧洲各成员国之间文化的隔膜，成为世界上其他区域推动区域教育一体化和跨国教育交流的参照。[1]

二、欧盟强化非洲区域内部人员流动的实践响应

非洲在对发展至关重要的领域中存在的高级专业人员不足、高等教育公共资金匮乏、人才外流严重等困境阻碍了该区域的人力资源开发和经济增长。为应对这些挑战，欧盟通过资助尼雷尔流动计划、启动非加太内部学术流动计划(Intra-ACP Academic Mobility Scheme)和非洲内部学术流动计划(Intra-Africa Academic Mobility Scheme)等涉及非洲大陆层面的计划，以推动非洲区域内部人员流动。

(一) 尼雷尔流动计划

尼雷尔流动计划以泛非主义的标志人物、坦桑尼亚第一位领导人朱利叶斯·尼雷尔(Julius Nyerere)的名字命名。尼雷尔流动计划是非盟根据《阿克拉宣言》的承诺促进区域内学生流动的计划之一，于2007年由非盟委员会发起，“为非洲发展开发和保留高质量的人力资源，同时加强区域内机构网络、学术流动和质量”，旨在促进非洲学生的流动，使其在非洲顶尖大学的科学和技术领域攻读学位课程。[2] 该计划包含带有约束力的承诺，即奖学金获得者在毕业后的第

① 阚阅：《多样与统一：欧洲高等教育一体化研究》，浙江大学出版社2016年版，第149页。

② Okebukola, P. A. & Fonteyne, B., *Developing A Pan-African Quality Assurance and Accreditation Framework Report: Draft for Expert and AUC/EC Approval*, African Union Commission, 2014, p. 26.

二到五年内需要留在非洲并为非洲的发展做出贡献。然而该计划规模较小，无法在大陆层面产生实质性影响。为此，非盟委员会寻求欧盟委员会的资助和支持，在第三届欧非首脑峰会上，欧盟承诺为尼雷尔流动计划提供资金。从 2011 年起，尼雷尔奖学金计划由欧洲发展基金会资助，并得到了欧盟委员会的技术支持。

（二）非加太内部学术流动计划

欧盟在尼雷尔流动计划的基础上，提供额外的资金为加勒比和太平洋区域建立了类似的计划，即非加太内部学术流动计划。非加太内部学术流动计划旨在促进非洲、加勒比和太平洋区域高等教育机构之间的合作以及学生的交流。[①] 非加太内部学术流动计划是在欧盟对非加太国家集团和非盟作出的高度政治性和重要承诺的框架内实施的，是欧盟和非加太国家商定的 2008 年至 2013 年非加太国家内部战略的一部分，支持通过尼雷尔流动计划以及为加勒比和太平洋区域设立类似计划。[②] 非加太内部学术流动计划由欧盟委员会教育、视听与文化执行署管理，得到非盟和非加太国家的支持，并在国际合作与发展总司的监督下进行。该计划旨在通过对个人进行高水平培训，增加受过培训和合格的高级别专业人力资源，最终为可持续发展和减贫做出贡献。更具体来说，该计划通过鼓励和使非加太区域的学生能够在该区域的合格院校攻读研究生课程，增加接受优质教育的机会，将支持高等教育机构在非加太区域内不同国家的大学之间建立机构间合作伙伴关系。

非加太内部学术流动计划按照区域共分为两个部分。第一个部分

① European Commission, *Intra-ACP Academic Mobility Scheme: Enhancing the Quality of Higher Education in Africa*, 2015, p. 1.

② European Commission, *Intra-ACP Academic Mobility Scheme Mobility Survey Results*, 2015, p. 3.

即非加太内部学术流动计划的非洲部分，旨在支持和全面扩大非盟委员会的尼雷尔流动计划，该部分获得约 3400 万欧元的资助。第二个部分面向加勒比和太平洋区域，促进这两个区域内部和区域之间的学术流动，该部分获得约 1000 万欧元的资助（见表 3－5）。2011 年至 2013 年，非加太内部学术流动计划取得了一定的成效——以计划的非洲部分来看，在三次提案征集之后，非加太内部学术流动计划选择了 15 个子项目，资助 32 个非洲国家的 157 个高等教育机构开展人员流动，惠及 1500 名学生和教职员工。该计划还为加强非洲不同高等教育系统之间的合作铺平了道路，因为每个伙伴关系都必须涉及至少三个非洲区域的机构。①

表 3－5　非加太内部学术流动计划和非洲内部学术流动计划的预算情况

计划	年份	预算（欧元）		项目数量（个）	资助的流动数量（人）
非加太内部学术流动计划	2011	总计	900 万	4	300
		Lot1	700 万	3	
		Lot2	200 万	1	
	2012	总计	1200 万	6	400
		Lot1	1000 万	5	
		Lot2	200 万	1	
	2013	总计	2345 万	9—10	800
		Lot1	1785 万	7	
		Lot2	560 万	2—3	

① European Commission, *ANNEX 1 of the Commission Implementing Decision on the Annual Action Programme 2016 of the DCI Pan-African Programme Action Document for Intra-Africa Academic Mobility Scheme II*, 2014, pp. 4－5.

（续表）

计划	年份	预算（欧元）	项目数量（个）	资助的流动数量（人）
非洲内部学术流动计划	2016	990万	7—8	350
	2017	990万	7—8	350
	2019	980万	7—8	350

注：Lot1为非加太内部学术流动计划中面向非洲区域的部分；Lot2为非加太内部学术流动计划中面向加勒比和太平洋区域的部分。

资料来源：European Parliament Research Service，“EU-Africa Academic Co-operation”，12 December 2019，https：//www. europarl. europa. eu/thinktank/en/document. html？ reference=EPRS_ BRI（2019）642810。

欧盟认为非加太内部学术流动计划取得了不错的进展，通过促进国际化战略的设计，对高等教育的质量产生了积极影响，从而为非洲大陆协调高等教育的区域和大陆政策做出了贡献，因而建议可以考虑该项目的可持续性。[①] 基于此，在2016年，欧盟在非加太内部学术流动计划的基础上正式启动了专门面向非洲区域内部流动的项目——非洲内部学术流动计划。

（三）非洲内部学术流动计划

非洲内部学术流动计划是非加太内部学术流动计划中非洲内部管制部分的后续行动，并将后者扩展到北非和南非国家（见表3-6）。包括北非在内的所有非洲国家都有资格参加此项目，因此非洲内部学术流动计划将比之前的非加太内部学术流动计划更具竞争力和吸引力。此外，非洲内部学术流动计划将重点放在学分和学位的流动性上，设

① European Commission，*Intra- ACP Academic Mobility Scheme: Scholarship Holders' Impact Survey Results*，2020，p. 45.

立了流动的学分基准。[①] 该计划在欧盟委员会教育、视听与文化执行署的管理，与非盟委员会的合作，以及在欧盟委员会国际合作与发展总司的监督下进行。该计划的总体目标是加强非洲的人力资本开发，加强非洲内部高等教育合作。非洲内部学术流动计划促进了学生和学术人员的流动，加强了对来自非洲大陆不同国家和区域的高等教育机构之间资历和合作的认可，提供了部分短期课程以及全部硕博士学位课程奖学金。非洲内部学术流动计划力争取得以下成果：(1)改善和加强高等教育机构中学生和工作人员在非洲内部的流动性；(2)为包括弱势群体在内的学生提供更广泛的课程；(3)鼓励来自脆弱和最不发达国家的高等教育机构、学生和工作人员更多地参与流动计划；(4)加强非洲学术和行政人员在教育、语言和文化方面的能力及其机构在机构间交流的框架内管理流动的能力，并通过增加与其他大学的双边或多边合作协议等方式增强国际合作能力；(5)促进在学习和资历认可方面的合作，这将有助于通过促进国际化，提高高等教育质量，并促进参与机构内课程和课程的协调；(6)提高参与机构的知名度；(7)宣传大学的各种经验和优秀实践；(8)从长远角度来看，加强非洲各国之间的政治、文化、教育和经济的联系。[②]

① European Commission, *Intra-ACP Academic Mobility Scheme: Enhancing the Quality of Higher Education in Africa*, 2015, pp. 18-19.

② European Commission, *ANNEX 5 of the Commission Decision on the Annual Action Programme 2015 of the DCI Pan-African Programme Action Document for Intra-Africa Academic Mobility Scheme*, 2015, p. 9.

表3-6 非加太内部学术流动计划和非洲内部学术流动计划的提案征集结果

<table>
<tr><th></th><th>年份</th><th colspan="2">项目数量</th><th>项目国家</th><th>预算（欧元）</th></tr>
<tr><td rowspan="8">非加太内部学术流动计划</td><td rowspan="2">2011</td><td>Lot1</td><td>3</td><td>布基纳法索、纳米比亚、南非</td><td>695万</td></tr>
<tr><td>Lot2</td><td>1</td><td>特立尼达和多巴哥</td><td>200万</td></tr>
<tr><td rowspan="2">2012</td><td>Lot1</td><td>5</td><td>喀麦隆、塞内加尔、南非、坦桑尼亚、乌干达</td><td>990万</td></tr>
<tr><td>Lot2</td><td>1</td><td>特立尼达和多巴哥</td><td>200万</td></tr>
<tr><td rowspan="2">2013</td><td>Lot1</td><td>7</td><td>博茨瓦纳、喀麦隆、加纳、马达加斯加、尼日利亚、乌干达、南非</td><td>1785万</td></tr>
<tr><td>Lot2</td><td>3</td><td>特立尼达和多巴哥、斐济(2个项目)</td><td>560万</td></tr>
<tr><td rowspan="2">总计</td><td>Lot1</td><td>15</td><td>11个非洲国家</td><td>3420万</td></tr>
<tr><td>Lot2</td><td>5</td><td>2个加勒比和太平洋国家</td><td>960万</td></tr>
<tr><td rowspan="4">非洲内部学术流动计划</td><td>2016</td><td colspan="2">7</td><td>贝宁、喀麦隆、肯尼亚(2个项目)、摩洛哥(2个项目)、南非</td><td>995万</td></tr>
<tr><td>2017</td><td colspan="2">7</td><td>阿尔及利亚、安哥拉、埃塞俄比亚、肯尼亚、尼日利亚、塞内加尔、乌干达</td><td>959万</td></tr>
<tr><td>2019</td><td colspan="2">7</td><td>博茨瓦纳、喀麦隆、埃塞俄比亚、肯尼亚、纳米比亚、突尼斯、南非</td><td>979万</td></tr>
<tr><td>总计</td><td colspan="2">21</td><td>14个非洲国家</td><td>2933万</td></tr>
</table>

资料来源：同表3-5。

2016年至2019年，非洲内部学术流动计划进行了三次项目申请征集，欧盟为申请成功的合作伙伴提供近3000万欧元的资金。至2018年，43个非洲国家的1255名人员，其中包括722名硕士生、346名博士生和187名工作人员，已从该计划中受益（见表3-7）。高等教育机构也通过学术流动计划与各其他高等教育机构订立新协议，构建了学术互认机制，提高了学术流动管理能力。据统计，38 个非洲国家的 97 个高等教育机构参与了学术流动计划，非盟表示流动计划加快了非洲高等教育系统的协调进程。[①] 以非洲内部学术流动计划中的一个子项目——协调非洲可持续发展创业教育（Harmonisation of Entrepreneurship Education for Sustainable Development in Africa）为例，该项目在撒哈拉以南非洲开发和实施协调创业教育生态系统，通过加强参与高等教育机构的学术流动性来实现其目标。该项目促进 73 名硕士和 24 名博士生的流动，使其拥有创业技能，为协调创业计划的机构间进程提供独特的经验见解。总的来说，该项目支持制定更加协调的政策，促进和提高整个非洲大陆毕业生就业创业教育最佳实践的教学、研究和可迁移性。[②]

表 3-7　非洲内部学术流动计划的流动情况（截至 2018 年）

学生类型	女性	男性	总计（人）
硕士研究生	232	490	722
博士研究生	62	284	346
工作人员	56	130	186
总计	350	904	1254

资料来源：African Union, *First Progress Report of the Chairperson of the Commission on Academic Mobility Scheme in Africa*, 2018, p. 5。

① African Union, *First Progress Report of the Chairperson of the Commission on Academic Mobility Scheme in Africa*, 2018, p. 6.

② European Commission, "Intra-Africa Academic Mobility Scheme (2016-2017)", 11 December 2021, https://eacea.ec.europa.eu/intra-africa/library/intra-africa-academic-mobility-scheme-general-statistics_en.

第四节 加强完善非洲区域信息交流机制

一、欧盟促进非洲区域信息交流的现实考量

（一）非洲层面促进区域信息交流的诉求

数据统计是为各级政策制定、执行、监测和评估提供循证信息的关键。非洲需要高质量、可靠、及时和具有可比性的数据，以便能衡量和监测实现可持续发展目标的进展。

非盟在构建区域信息交流网络和区域数据统计统一方面有极大的诉求。2007年的《非洲高等教育协调战略》强调了数据统计和信息分享的重要性，认为“有效的协调战略需要保证中央数据库中有参与国高等教育的重要信息……在非洲的范围内提供公认的高等教育机构及其专业课程精准完整的最新信息”，主张确立各国数据的标准化格式，保证数据的可比性，要求至2015年至少八成的成员国要向数据库提供可信的数据。[①]《非洲第二个教育十年计划(2006—2015年)》提出区域和国家层面的要求：在区域层面创建综合数据库，整合大陆和区域网络，确定关键领域的共同指标，作为监测每个国家发展情况的工具；在国家层面开发功能齐全的国家教育管理信息系统，与区域

① 万秀兰、孙志远：“《非盟高等教育一体化战略》评析”，《比较教育研究》2011年第4期。

和大陆教育管理信息系统网络互联，扭转当前“数据空白”的现象，促进基于可靠信息的规划，严格监督和评估教育系统的绩效。[①]《非洲大陆教育战略(2016—2025 年)》也呼吁改善教育系统的管理以及增强数据收集、管理、分析、沟通和使用的能力，改进教育系统和统计工具，如建立区域和大陆教育管理信息系统和教育观测站。[②] 在交流网络建设方面，《非洲第二个教育十年行动计划(2006—2015 年)》表示要确定并加强现有网络及其活动，倡导并调动资源，发展非洲高等教育在知识网络中的能力和连通性。[③]《2063 年议程》承诺将通过世界一流的基础设施连接非洲，到 2018 年将宽带普及率提高 10%，确保每个政府、企业和公民都能获得可靠且负担得起的信息和通信技术服务。[④]

实际上，非洲在这个方面也有了不少尝试。从 20 世纪 90 年代《亚的斯亚贝巴统计发展行动计划》(Addis Ababa Plan of Action for Statistical Development)、2006 年的《非洲统计能力建设区域战略参考框架》(Reference Regional Strategic Framework for Statistical Capacity Building in Africa)和《国家统计发展战略》，到 2009 年的《非洲统计宪章》，再到 2010 年制定的《非洲统一统计战略》，《非洲统计宪章》以及《非洲统一统计战略》为统计非洲数据的开发、生产和使用的政策提供了可参照的框架，但目前实施进展缓慢。这主要涉及三个方面的原因：在机构层面，非洲统计系统之间的协调性较差，存在“数据

---

① African Union, *Second Decade of Education for Africa (2006-2015): Plan of Action*, 2006, p. 27.

② African Union, *Continental Education Strategy for Africa (CESA 16-25)*, 2016, pp. 8-9, 26.

③ African Union, *Second Decade of Education for Africa (2006-2015): Plan of Action*, 2006, p. 27.

④ African Union Commission, *Agenda 2063: The Africa We Want*, 2015, p. 16.

空白”的现象，且资源“分享”不畅；在组织层面，非洲大陆、区域和次区域层面无法评估用户需求，知识管理水平低，数据质量差；在人力资源层面，非洲缺乏数据统计方面的高素质的员工。①

（二）欧洲促进区域信息交流的经验

欧盟及其成员国一致认为，信息交流是促进不同教育系统间开展有质量的合作的重要维度。② 欧盟在促进区域信息交流方面的实践经验主要包括两个方面：第一，欧盟鼓励搭建结构化的信息交流网络。欧洲于20世纪70年代搭建了“欧洲教育信息网络”（Information Network on Education in Europe），实现组织和个人的互联互通。欧盟还资助搭建了欧洲区域研究和教育网络（European Regional Research and Education Network），连通30个欧洲国家的研究和教育网络（National Research and Education Networks）与3000多个研究和教育机构。该网络还通过地中海国家网络（EUMEDconnect）、东南欧研究和教育网络（South Eastern European Research and Education Networking）、跨欧亚信息网（Trans-Eurasia Information Network）、欧洲拉丁美洲学术网络（América Latina Interconectada Con Europa）等构建起全球教育和研究网络，将欧洲研究人员与北美、地中海、拉丁美洲、亚太和中亚区域的研究人员联系起来，支持欧洲科学家的全球交流和合

① European Commission, *Annex 9 of the Commission Implementing Decision on the Annual Action Programme 2014 of the DCI Pan-African Programme Action Document for Pan African Statistics*, 2014, p. 4.

② European Commission, *The History of European Cooperation in Education and Training*, 2006, p. 79.

作，保持欧洲在研究方面的领先地位。[①]

第二，欧盟倡导统一数据统计的相关指标，改进和加强数据收集以监测在实现社会层面、就业能力和流动议程以及其他政策领域所定目标方面取得的进展。[②] 20 世纪 90 年代以来，欧洲教育信息网络和欧盟统计局(Eurostat)开始推出《欧洲教育关键数据》(Key Data on Education in Europe)的报告。欧盟统计局也参与到博洛尼亚进程的相关活动中，提供更多的数据统计和指标信息服务。[③] 2012 年的《布加勒斯特公报》鼓励改善数据收集和透明度以支持政治目标，针对共同指标进行更有针对性的数据收集和参考，特别是关于就业能力、社会层面、终身学习、国际化、奖学金和贷款以及学生和员工流动方面。[④]

二、欧盟促进非洲区域信息交流的实践响应

欧盟推动非洲区域信息交流的实践主要集中在非洲区域层面的交流网络和数据统计两个方面。

（一）交流网络

欧盟支持和资助“非洲连接”（Africa Connect）、“非洲学生和校

---

① European Commission, “GÉANT: Europe’s Research Network-Frequently Asked Questions”, 29 February 2008, https://ec.europa.eu/commission/presscorner/detail/en/MEMO_08_133.

② *Communiqué of the Conference of European Ministers Responsible for Higher Education, Leuven and Louvain-la-Neuve, 28-29 April 2009*, 2009, p. 5.

③ 阚阅：《多样与统一：欧洲高等教育一体化研究》，浙江大学出版社 2016 年版，第 253 页。

④ *Bucharest Communiqué*, European Higher Education Area Ministerial Lonference, 2012, p. 4.

友会”（African Students and Alumni Association）等相关的项目和活动，搭建起泛非层面的交流网络，分享和传播优秀实践经验，强化非洲大陆层面的信息交流机制。

1. “非洲连接”项目

《欧非联合战略》和《实施欧非战略伙伴关系的第一个行动计划（2008—2010年）》明确表示要支持非洲包容性信息社会的发展，弥合数字鸿沟，最大限度地利用信息和通信技术作为减贫、增长和社会经济发展的主要推动力，推动非洲建立更可持续、更易获得、负担得起和有效的信息和通信技术基础设施，加强非洲大陆层面和区域研究和教育网络的部署及其与欧洲区域研究和教育网络的互联。[①] 欧盟在搭建区域层面的交流网络颇有经验，搭建了服务于欧洲研究与教育社区的高带宽和学术互联网络，即欧洲区域研究和教育网络。欧盟委员会也支持在发展中国家中推动此类网络的创建和运作，使欠发达国家的学术机构能够与外部世界建立联系并与更先进的合作伙伴交换信息，这是缩小发展中国家和发达国家之间数字鸿沟的举措。[②] 在欧盟委员会通信网络、内容和技术总司（Directorate-General for Communications Networks, Content and Technology）的支持和欧盟的资助下，欧盟委员会国际合作与发展总司在世界不同区域成功推广了类似方法，建立和整合区域网络，并将其与欧洲区域研究和教育网络相连，例如地中海国家网络等。其中“非洲连接”是这些网络中最新的一个，

① Council of the European Union, *The Africa-EU Strategic Partnership: A Joint Africa-EU Strategy*, 2007, pp. 19-20.

② European Commission, “GÉANT: Europe’s Research Network-Frequently Asked Questions”, 29 February 2008, https://ec.europa.eu/commission/presscorner/detail/en/MEMO_08_133.

它将非洲区域纳入了世界研究和教育连通性的版图中。[①]

欧盟启动“非洲连接”项目，遵循欧洲区域研究和教育网络的模型，为整个非洲的研究和教育建立高容量的区域数据网络，并提高与全球研究和教育界的连接量和可靠性，使非洲研究人员和学者能够在区域范围内进行无缝合作。这补充了该区域与欧洲区域研究和教育网络之间现有的互联，也建立了与世界其他区域完全连接的泛非研究与教育网络，缩小了阻碍非洲教育和研究进步的数字鸿沟。该项目的最终目标是支持非洲大陆建立有助于非洲发展的自我维持的国家和区域研究与教育网络，增强非洲“自我造血”的功能。[②] 该项目已运行十余年，共包括三个阶段，即“非洲连接(2011—2015 年)”“非洲连接 2(2015—2019 年)”及“非洲连接 3(2019—2023 年)”，欧盟在这三个阶段分别捐款 1180 万、2000 万和 3000 万欧元。[③]

欧盟通过该项目为非洲的研究和教学规划、采购、建设、运营和维护一个专用的高容量数据通信网络。通过连接到欧洲区域研究和教育网络，非洲国家研究和教育网络能够为其用户提供直接的高速洲际连接，并为其在非洲境内以及往返欧洲的数据流量提供最快的网络路线，使非洲青年、学生和研究人员能够加强与世界各地同行的合作，跨越数字鸿沟，它还将使教育、培训和研究机构能够开发和使用各种应用程序来改善其教学环境，例如虚拟课堂或大规模的在线公开课程。“非洲连接(2011—2015 年)”主要改善了撒哈拉以南非洲区域研

① European Commission, *Annex 4 of the Commission Implementing Decision on the Annual Action Programme 2014 of the DCI Pan-African Programme: Action Document for Africa-Connect II*, 2014, p. 2.

② African Union, “Africa Connect II”, 30 April 2020, https://www.africa-eu-partnership.org/en/projects/africaconnect2.

③ ASREN, “Africa Connect”, 09 December 2021, https://asrenorg.net/?q=content/africaconnect.

究和教育的连通性。2015年，基于在区域网络中构建和互连国家研究和教育网络的成熟模型，该项目的第二阶段“非洲连接2(2015—2019年)”将其范围扩展到泛非层面，鼓励更多的合作伙伴参与进来，包括在非洲南部和东部的更多非洲国家研究和教育网络，以及另外两个区域网络，即西部和中部区域研究和教育网络(Western and Central Regional Research and Education Network)和阿拉伯国家区域研究和教育网络(Arab States Regional Research and Education Network)。在“非洲连接3(2019—2023年)”阶段，该项目由欧盟和其他援助者共同资助，由欧洲区域研究和教育网络、东部和南部非洲区域研究和教育网络(Regional Research and Education Network for Eastern and Southern Africa)、阿拉伯国家区域研究和教育网络和西部和中部区域研究和教育网络合作实施，共覆盖30余个非洲成员国①，连接了800余所高等教育和研究机构。②

考虑到不同非洲次区域的地理、文化以及区域研究和教育网络的发展阶段方面的差异，“非洲连接”项目还创新性地提出了一种“集群”方法(clustered approach)，采用不同的管理方法。“非洲连接3(2019—2023年)”由三个地理区域(集群)构成，每个集群下的国家研究和教育网络都参与了在各自区域的项目交付。该项目已经与30余个国家以及三个区域研究和教育网络建立了联系(见表3-8)。在项目活动过程中，非洲区域研究和教育网络将与其支持者(各成员国国家研究和教育网络)保持联系，同时寻求最大限度地发挥在部署网络

---

① UbuntuNet Alliance, “Africa Connect: Celebrating 10 Years of African European Collaboration | UbuntuNet Alliance”, 11 May 2021, https://ubuntunet.net/2021/05/africa-connect-celebrating-10-years-of-african-european-collaboration/.

② European Commission, *EU-AU Commission to Commission Take Their Cooperation Forward*, 2020, p. 2.

连通、能力建设和开放科学云等领域方面的协同作用。欧洲区域研究和教育网络以咨询专家的身份参与到项目的设计、运作和实施中，就网络管理、服务开发、能力建设和用户拓展等方面为该项目提供建议。鉴于其强大的网络专业知识，欧洲区域研究和教育网络将进一步促进向其非洲合作伙伴组织的知识转移方面发挥关键作用。UbuntuNet 联盟、西非和中非研究与教育网络组织、阿拉伯国家区域研究和教育网络和欧洲区域研究和教育网络密切合作，确保项目实施的一致性并加强协同增效。①

表 3-8 非洲连接项目的三大集群

集群	区域研究和教育网络	国家研究和教育网络
东部和南部非洲	集群 1 区域的区域研究和教育网络由 UbuntuNet 联盟统筹	布隆迪、肯尼亚、马拉维、莫桑比克、卢旺达、索马里、南非、坦桑尼亚、乌干达、赞比亚、津巴布韦、博茨瓦纳、刚果民主共和国、马达加斯加、纳米比亚、苏丹等
西部和中部非洲	集群 2 区域的区域研究和教育网络由西非和中非研究与教育网络统筹	贝宁、布基纳法索、喀麦隆、乍得、科特迪瓦、加纳、几内亚、利比里亚、马里、尼日尔、尼日利亚、多哥等
北部非洲	集群 3 区域的区域研究和教育网络由阿拉伯国家区域研究和教育网络统筹	阿尔及利亚、埃及、摩洛哥和突尼斯等

资料来源：Africaconnect 3，"Africaconnect3 Approach"，05 May 2020，https：//africaconnect3. net/approach/。

① Africaconnect 3，"Africaconnect3 Approach"，05 May 2020，https：//africaconnect3. net/approach/.

2. 非洲学生和校友会及非洲学生和校友论坛

欧盟在区域教育一体化过程中得出经验，需要为学生和校友的参与提供更多空间。欧盟根据“伊拉斯谟+”校友网络的经验扩大非洲校友网络，在 2018 年泛非计划年度计划中启动了“非洲学生和校友会”的活动，投资 300 万欧元，通过构建非洲学生和校友等泛非网络加强非洲学生的交流和沟通，加强现有的不同非洲校友组织之间的协调并最大限度地发挥协同作用。① 在欧盟泛非计划的资助下，非洲学生和校友论坛（Africa Students & Alumni Forum）于 2019 年由欧盟委员会和非盟委员会合作正式创建，这显示了在非洲不同高等教育系统之间合作支持下欧非加强大陆教育一体化的强烈愿望。非洲学生和校友论坛为培训课程、交流和辩论观点、传播良好实践以及活动等提供平台。

非洲学生和校友论坛主要围绕以下三个方面开展活动：第一，促进支持非洲学生、校友和教育专业人士的交流。非洲学生和校友论坛为即将开始国际交流的学生举办出发前讲习班，如技能建设讲习班和展览会；提供信息、收集反馈并在国际学习流动计划的受益者中开展满意度调查，并提高对欧盟资助的国际流动计划（例如“伊拉斯谟+”计划、非洲内部学术流动计划以及其他双边计划）的认识，尤其鼓励弱势和边缘群体参与相关的合作和流动计划。第二，提供政策建议，让青年参与有关高等教育改革和创新的磋商。非洲学生和校友论坛组织了研讨会、小组讨论和其他活动，提高对非洲学生、教师和行政人员在国际流动方面的需求的认识，例如在

---

① European Commission, *Annex 6 of the Commission Implementing Decision on the Annual Action Programme 2018 of the DCI Pan-African Programme: Action Document for AU-EU Higher Education Programme*, 2018, p. 8.

准备和后续行动、课程和资历的可比性、透明度、基础设施、签证政策、技术支持以及虚拟和混合流动性的认可。第三，非洲学生和校友论坛促进其成员之间以及与外部利益相关者之间的相互学习。非洲学生和校友论坛通过创新项目、社会创业和技能培训来提高其成员的能力，从而为其成员的专业和个人发展做出积极贡献。①

（二）数据统计

数据统计是加强一体化进程以及监测可持续目标和可持续发展目标实现情况的重要工具。但目前非洲大陆和次区域层面仍缺乏一致可靠的数据。欧非共同行动，着力加强欧非在统计方面的合作，改善数据的收集方式和透明度，为政策制定提供可靠和具有可比较性的数据。

非洲大陆层面，欧盟在泛非计划下专门开启了"泛非统计"项目，在非洲统一统计战略和《非洲统计宪章》的基础上，改进非洲高质量官方统计数据的收集和传播，加强非洲区域、次区域和国家层面非洲官方统计数据制作的参与者的能力，支持加强其提供具有可比性的统计数据的能力，支持非洲一体化进程并衡量非洲在实现全球目标方面的进展。该项目由欧盟统计局负责推进实施，该机构是欧盟委员会的下设机构，也是欧盟范围内唯一一个受权为区域一体化进程编制官方统计数据的机构，在编制欧盟官方统计数据和协调欧洲统计系统方面具有丰富的经验。欧盟统计局可从其作为欧洲统计系统领导者和协调员的角色和经验为非洲提供宝贵的建议，并向非洲的利益相关者提供技术支持，协助非盟委员会建立泛非统计研究所（Pan-African In-

① ASAF, "Vision and Mission Statement", 12 December 2021, https://www.asaf.africa/about/vision-and-mission.

stitute for Statistics）。[①]“泛非统计”项目汇集欧盟统计局和欧盟成员国统计系统的实践经验和专业知识，总结出“欧盟协调方法”（‘EU’ coordinated approach），作为项目设计及实施模式的一部分。[②]

泛非统计项目已进行了两个阶段，即“泛非统计项目（2014—2019年）”和“泛非统计项目第二阶段（2021—2025年）”。欧盟委员会国际合作与发展总司和欧盟统计局与非洲、拉丁美洲和亚洲区域以及欧洲邻国区域的国家统计局开展合作，启动欧盟泛非统计能力建设计划（EU Pan-African Statistical Capacity Building Programme）和“东盟机构统计能力建设计划”（ASEAN Institutional Statistical Capacity Building Programme）等能力建设计划，推广和传播欧盟统计局在区域数据方面的工具和经验。“泛非统计项目（2014—2019年）”提出与泛非一体化需求相关的“欧盟泛非统计能力建设计划”，发展非盟在编制和传播统计数据方面的机构能力，促进其提供和传播高质量的统计信息，监测整个非洲大陆统计系统的发展和改进，使非盟能够更好地协调整个非洲统计数据的编制。欧盟统计局将向非盟提供技术援助以支持：（1）改善非洲在关键领域统计的质量；（2）筹备建立非盟统计研究所，改善非洲统计系统的协调和总体功能；（3）促使非洲国家的统计机构采用统一的统计工具；（4）建立衡量非洲大陆统计发展的

① Expertise France, *Report on the Pan-African Statistical Institute*, 2019, p. 31.

② European Commission, *Annex 2 of the Commission Implementing Decision on the Annual Action Programme 2019 Part 2 and Annual Action Programme 2020 Part 1 for the Pan-African Programme: Action Document for ‘Pan-African Statistics Programme II’*, 2019, pp. 12-13.

基准。[1]

泛非统计项目第二阶段(2021—2025 年)聚焦收集和分析可靠和统一的统计数据、数据的传播和扩散、统计机构的能力以及增强非洲统计系统的集成和协调能力四个方面(见表 3-9)，并推出相应的举措。在提高非洲大陆、区域和国家统计机构的能力方面，该项目开发了三个层级(区域、次区域和国家层面)的干预举措。在区域层面，泛非统计项目明确非盟统计研究所的相关职能；在次区域层面，泛非统计项目加强区域经济共同体统计部门的能力；在国家层面，泛非统计项目关注国家统计机构数据收集、分析和管理支持传播和交流的工具。

表 3-9　泛非统计项目第二阶段(2021—2025 年)的预期成果和举措

预期成果	举措
1. 为非洲一体化有关的关键部门设立数据统计标准	(1)加强非盟、非洲国家在与非洲一体化有关的关键部门(教育或卫生等主题)应用协调方法收集数据的能力；(2)提供技术援助，增强非盟统计研究所收集和分析数据的能力；(3)加强区域经济共同体收集和分析数据的能力；(4)使用和传播用于统计生产的标准化工具；(5)向非洲统计统一战略的特定技术小组提供技术和运营支持；(6)支持建立质量评估框架；(7)加强非盟、国家统计和研究所编制、分析和传播有关的统计数据和统计数据的框架；(8)支持监测《2030 年可持续发展议程》和《2063 年议程》
2. 向用户提供可靠和统一的统计数据	(1)支持非盟委员会编制基于证据的政策和分析文件；(2)支持制订强有力的传播战略，使用户能获取到所需的数据；(3)支持开发一个综合“数据中心”，将不同统计领域提供的数据识别和收集到一个数据中心

① European Commission, *Annex 9 of the Commission Implementing Decision on the Annual Action Programme 2014 of the DCI Pan-African Programme Action Document for Pan African Statistics*, 2014, pp. 1-5.

（续表）

预期成果	举措
3. 提高非洲各级统计机构的能力	区域：与非洲统计利益相关者就新研究所的领导和管理能力、职能、活动范围等方面达成共识
	次区域：实施和监测区域统计发展战略，在区域经济共同体内发展内部专门知识和建立专家库，加强与其他区域行为体的联系
	国家：促进欧非国家统计机构之间就统计体制和治理框架的良好做法进行交流；建立技术援助设施，调动欧洲专业知识；支持国家统计机构加强其治理能力
4. 增强非洲统计系统的集成和协调能力	(1)通过帮助新研究所确定与非洲统计系统中其他行为者合作的方式，支持新研究所发挥非洲统计系统整合者的作用；(2)就组织非盟委员会、区域经济体和国家级之间的数据交流提供咨询和援助；(3)支持欧非在统计方面的政策对话

资料来源：European Commission, *Annex 2 of the Commission Implementing Decision on the Annual Action Programme 2019 Part 2 and Annual Action Programme 2020 Part 1 for the Pan-African Programme: Action Document for "Pan-African Statistics Programme II"*, 2019, pp. 14–16。

此外，鉴于非洲国家缺乏成熟的监测方法，无法系统地收集、分析职业教育的数据并为政策提供准确的基于证据的信息，欧盟鼓励非洲国家参与到欧洲的"都灵进程"(Torino Process)中，提高非洲国家职业教育领域进行政策分析、决策和使用证据的能力。欧盟在教育发展合作过程中也努力推广都灵进程，使其成为监测和支持非洲等伙伴国家之间的职业教育与培训改革以及国家内部和国家之间政策学习的既定工具。[①] 都灵进程是欧洲培训基金会在哥本哈根进程的启发下，于2010年正式启动的旨在对伙伴国家职业教育的现状和进展进

① ETF, *ETF International Conference Report: Torino Process-Moving Skills forward Together*, 2015, p. 14.

行两年一度的参与式循证分析，以衡量国家职业教育与培训体系改革的有效性。都灵进程以国家对进程的广泛和公开的参与、政策和系统分析的整体方法以及基于证据的评估为基础，通过标准化报告模板（国家报告框架）支持由每个国家承担和拥有的参与式对话和证据收集过程，其调查结果构成了欧洲培训基金会评估报告的基础；欧洲培训基金会也会将评估报告提交给该国，为政策和后续行动提出建议。更具体地说，都灵进程是一种用于以下目的的工具：就职业教育与培训发展的中期愿景、优先事项和战略达成共识，探索实现愿景和取得进展的可能方案；根据证据、知识和合作，设计和评估负担得起的职业教育与培训政策；定期更新分析和成果；在伙伴国家内部和伙伴国家之间以及与欧盟一道提供能力发展和政策学习的机会；使各国能够更好地协调援助者的捐款，以实现商定的国家优先事项。[①]

欧洲培训基金会通过都灵进程，在欧洲睦邻政策的国家（包括阿尔及利亚、摩洛哥等北非的国家）进行了职业教育与培训以及技能开发的改革。目前，阿尔及利亚、摩洛哥、埃及、利比亚、突尼斯共五个北非国家已参与到都灵进程中，其中阿尔及利亚是最新加入都灵进程的国家——2019 年，阿尔及利亚正式参与都灵进程，将国家职业培训与教育学院（Institut National de Formation et Enseignement Professionnels）确定为阿尔及利亚参与都灵进程的协调中心，专门在该中心任命了一个工作组，使其对标都灵进程，更好地收集数据，实施和推进这一进程。目前，都灵进程已被纳入阿尔及利亚职业教育与培训政策和改革进展评估中，该国使用都灵进程的报告作为评估国家职业教

① ETF, *The Torino Process*, 2012, p. 3.

育发展情况的工具。[①] 欧洲培训基金会将根据都灵进程国家报告完成对阿尔及利亚人力资本发展的评估，为规划和监测人力资本发展的国家教育和培训政策以及欧盟和其他援助者的政策对话和项目拟订提供可靠的信息来源。[②]

---

① ETF, *Algeria: Education, Training and Employment Developments 2020*, 2020, p. 7.

② ETF, *Country Strategy Paper 2020 Update: Algeria*, 2020, pp. 3-5.

第四章　“文化过滤”扩散：强化欧非人文交流与能力建设

欧盟规范扩散的另一手段便是“文化过滤”扩散。“文化过滤”扩散能够影响非欧盟行为体对欧盟所提出的规范原则的学习和同化，明确欧盟的规范性身份，促进对方认同、学习欧盟的价值观、经验和模式等。“文化过滤”扩散涉及身份认同以及知识建构的一系列机制，包括说服性参与、对话和辩论的场所以及思想的转移，通过教育和思想自由交流来促进“文化过滤”扩散。正如前欧盟委员会主席巴罗佐所言，“我们的伙伴关系不仅仅是一种体制、政治或经济关系，它的核心是我们的公民。加强我们大陆之间的人文联系和交流网络将为双方带来互利……我们需要共同努力，使非洲大陆的妇女和青年能够充分发挥其潜力。这就是为什么我和你们一样雄心勃勃地通过教育投资于人类发展，这也是为什么我们增加项目改善非洲的高等教育……因为超过一半的人口年龄在 20 岁以下，投资于教育是未来的必然选择，从长远来看，知识转让是比金钱转让更有力的发展工具”[①]。“文化过滤”扩散主要的外显形式为人文交流和能力建设，欧盟通过坦普斯计划以及“伊拉斯谟+”计划等，使非洲区域和国家积极参与到人文交流和能力建设中，以软性的方式扩散和传播欧盟的规

① ETF, *Country Strategy Paper 2020 Update: Algeria*, 2020, pp. 4-6.

则和价值观等规范，强化非洲区域和国家对欧盟规范原则的学习、认知、认同和内化。

第一节 促进欧非人文交流

一、欧盟促进欧非人文交流的政策举措

人文交流是国际行为体在国际舞台上传播其准则和发挥影响力的重要手段。聚焦到教育领域，人员跨区域流动是人文交流的重要内容，学生和学者是人文交流的重要使者。美国富布莱特计划（Fulbright Program）、英国志奋领奖学金（Chevening Awards）和澳大利亚科伦坡计划奖学金（Colombo Plan Scholarships）等是国家以高等教育作为发展合作的重要领域并通过教育和人文交流传播其规范的典型例子。“学生从外围国家流动到核心国家的模式已被广泛接受为一种互利或共生的关系”，东道国可以通过接收留学生实现其外交政策目标，利用更多的熟练劳动力，并使高等教育机构的收入来源多样化；与此同时，输出国也可以获得新的技能和知识网络。[①] 一个国际行为体不仅可以通过教育机构的合作传递教育规范和价值观，而且还通过培养精英人员的方式，使其带着东道国的思想理念回国，在其国家内

---

① Shields, R. & Edwards, R., “Student Mobility and Emerging Hubs in Global Higher Education”, in L. M. Portnoi, V. D. Rust & S. S. Bagley (eds.), *Higher Education, Policy, and the Global Competition Phenomenon*, New York: Palgrave Macmillan, 2010, pp. 235 - 248.

产生更深远的影响——这些精英在影响国家外交政策方面的声音要比普通公民更大。[①] 政策对话和教育发展合作项目也会使对象国接触到欧洲高等教育改革专家，从而建立欧盟和非欧盟专家的知识共同体，有助于欧盟规范在域外的转移和扩散。[②]

人文交流，尤其是学生和工作人员的流动，是许多机构国际化战略的基础，也是民族国家和其他国际行为体在全球范围内联系高等教育系统、促进人才流动和发展高素质劳动力的政策工具。欧盟在对非洲的教育发展合作中，也高度重视人员流动的重要性。2015 年瓦莱塔移民峰会上，欧洲和非洲领导人表示需要确保学生、研究人员和企业家的流动，建议大幅增加非洲学生和学术人员在“伊拉斯谟+”计划中的参与。欧盟委员会向欧洲议会和欧盟理事会提交的联合通报有以下几点提议：第一，进一步鼓励非洲国家参与“伊拉斯谟+”计划，提高教职工和学生的流动性并扩大学术合作，以提高学生的技能以及教育的质量和相关性；第二，启动欧盟职业教育培训设施，向国家利益相关者提供高水平的专业知识，支持向劳动力市场需求驱动型职业教育培训系统过渡；第三，通过“伊拉斯谟+”计划，支持高等教育中的流动和能力建设，并制定试点项目，将“伊拉斯谟+职业技术教育与培训”（Erasmus+VET）流动计划推广至非洲；第四，支持促进妇女和青年参与社会和经济活动的能力建设项目，改善非正规学习，加强教育系统与劳动力市场之间的协同作用；第五，支持发展数

---

① Stetar, J., Coppla, C. & Guo, L., “Soft Power Strategies: Competition and Cooperation in a Globalized System of Higher Education”, in L. M. Portnoi, V. D. Rust & S. S. Bagley (eds.), *Higher Education, Policy, and the Global Competition Phenomenon*, New York: Palgrave Macmillan, 2010, pp. 191–203.

② Botonero, E. M. R., *EU Higher Education as Soft Power in Neighbouring Countries: A Projection of Influence by Compelling Means*, Bordeaux: ECPR General Conference Sciences, 2013, pp. 1–28.

字技能和识字能力，利用数字技术和服务提供前瞻性、包容性和高质量的教育，通过“玛丽·居里行动”等项目加强欧非研究人员的合作，扩大研究人员的专业发展机会。[①]

2018年9月，欧盟委员会启动了欧非可持续投资和就业联盟，该项目致力于实现对教育的投资以及技能和工作之间的匹配。委员会表示将通过“伊拉斯谟+”计划支持高等教育机构之间的交流项目，通过流动计划支持非洲大陆学生、教职员工和学者的流动，并通过推进教育和技能方面的合作改善非洲学生的就业能力。[②] 欧盟主要依靠坦普斯计划、伊拉斯谟世界计划和“伊拉斯谟+”计划等推动欧非间的流动和交流，这些计划无疑也是成功的人文交流计划，提高了欧洲高等教育的吸引力。在人员流动的过程中，正如曼纳斯所言，“相较于其他任何形式的公共外交，伊拉斯谟世界计划等教育计划推动了更深层次的思想分享”[③]。人文流动不仅促进思想和价值观的分享，也加强了教育标准和程序的统一，学生和教师的流动和联系将推动高等教育机构之间建立共同的标准和认可程序，以及新建立或加强原有合作机制和机构联系，这些也是人员流动所依赖的支柱。[④] 坦普斯计划等教育计划是欧盟在全球高等教育领域内扩散其教育软实力的重要载体，能影响全球教育议程，为欧盟发挥其作为全球行动者的规范力量

① European Commission, *Joint Communication to the European Parliament and the Council for a Renewed Impetus of the African Union*, 2017, p. 23.

② European Parliament Research Service, “EU-Africa Academic Cooperation”, 12 December 2019, https://www.europarl.europa.eu/thinktank/en/document.html?reference=EPRS_BRI(2019)642810.

③ Manners, I. & Whitman, R., “Normative Power and the Future of EU Public Diplomacy”, in M. K. Davis Cross, J. Melissen (eds.), *European Public Diplomacy: Soft Power at Work*, New York: Palgrave Macmillan, 2013, p. 193.

④ European Commission, *Evaluation of the EU Development Cooperation Support to Higher Education in Partner Countries (2007-2014) Final Report Volume I-Main Report*, 2017, p. 20.

提供了途径，有助于建立和强化欧洲身份，实现高等教育内部趋同等目标，成为在欧洲邻国以及伙伴国家促进欧洲价值观传播和高等教育可持续发展的重要方式①，也通过促进思想和人文交流，为非洲区域和国家的政治、经济和社会变革播下了种子。②

二、欧盟促进欧非人文交流的实践响应

（一）坦普斯计划

坦普斯计划即跨欧洲大学研究流动计划（Trans-European Mobility Scheme for University Studies），于 1990 年正式启动，是教育领域欧盟资助的最长期的计划之一，旨在支持东欧、中亚、西巴尔干和地中海南部伙伴国家的教育发展。

坦普斯计划共包含四个阶段，该项目第一期（1990—1993 年）主要面向中东欧国家，第二期（1993—1999 年）拓展到了东欧和中亚的部分国家。第三期（2000—2006 年）内，随着巴塞罗那进程的启动和 1995 年“欧洲—地中海伙伴关系”（Euro-Mediterranean Partnership）的确立，欧盟意在“加强与马什雷克（Mashrek）和马格里布（Maghreb）区域国家的关系”，鼓励不同文化之间的理解和交流。鉴于第一期和第二期坦普斯计划在中东欧取得的成果，欧盟于 2002 年向阿尔及利亚、埃及、摩洛哥、巴勒斯坦、叙利亚、突尼斯等国家推广该计划，使之拓展至北非和中东，以此作为促进可持续增长与和平的手

---

① EU Centre in Singapore, *Higher Education Scholarships as a Soft Power Tool: an Analysis of Its Role in the EU and Singapore*, 2015, p. 8.

② European Commission, *The Main Achievements of the Tempus Programme in the Southern Mediterranean (2002-2013)*, 2013, p. 3.

段，并加强欧盟在这些区域的“文化”和“民间社会”维度。[①] 2007—2013年，第四期坦普斯计划意在加强高等教育与社会之间的联系，其实施范围也从最初的中东欧扩展到了西巴尔干、中亚、中东和北非的27个国家和区域。坦普斯计划在非洲主要面向北非的阿尔及利亚、埃及、摩洛哥、利比亚和突尼斯五个国家。该计划于2013年12月正式结束，并入“伊拉斯谟+”计划，以“伊拉斯谟+”计划的形式继续推广和进行。欧盟委员会教育、视听与文化执行署根据欧盟委员会授予的权力，负责坦普斯计划的管理和实施；欧盟委员会国际合作与发展总司以及睦邻政策和扩盟谈判总司则直接向执行机构拨款管理该计划，并负责监督其活动。[②]

欧盟在推进坦普斯计划的各个实施阶段中，根据取得的成效和形势的变化对具体的目标进行调整和拓展。1990年《理事会决定建立跨欧洲大学研究流动计划即坦普斯计划的提案》(Proposal for a Council Decision Establishing a Trans-European Mobility Scheme for University Studies "TEMPUS")指出，“根据共同体在大学间合作、学生交流以及产学研合作等领域获得的经验和专门知识，创建一个伙伴计划，发展欧共同体同中东欧国家之间的合作和流动”[③]。更具体地说，该项目旨在实现以下几个方面的目标：向中欧和东欧国家提供师生交流和流动方面的援助；对中东欧国家进行培训，并鼓励中东欧国家与欧洲开展合作；增加中东欧国家外语教学的机会。进入21世纪以后，欧

① European Commission, *The Main Achievements of the Tempus Programme in the Southern Mediterranean (2002-2013)*, 2013, p. 1.

② European Commission, *The Main Achievements of the Tempus Programme in the Southern Mediterranean (2002-2013)*, 2013, p. 66.

③ Council of the European Communities, *Proposal for a Council Decision Establishing a Trans-European Mobility Scheme for University Studies "TEMPUS"*, 1990, pp. 9-12.

盟将坦普斯计划的目标进行拓展，从最初的人员流动拓展至伙伴国家与欧盟在博洛尼亚进程产生的高等教育领域发展的自愿融合。欧盟委员会通过坦普斯计划支持博洛尼亚进程成为伙伴国的共同参考点，协助伙伴国家按照博洛尼亚进程的原则改善其高等教育体系，具体包括以下几个目标：(1)促进伙伴国家高等教育的改革和现代化；(2)提高伙伴国家高等教育的质量和相关性；(3)强化伙伴国家高等教育机构的能力，特别是它们开展国际合作和进行现代化进程的能力，并协助它们向民间社会、工作世界和更广泛的世界开放，克服国家之间和同一国家内各机构之间高等教育的分散现象，提高大学毕业生的就业能力；(4)使欧洲高等教育区在世界上更具吸引力；(5)促进人力资本开发；(6)增进欧盟和伙伴国家人民和文化之间的相互理解。①

如上所述，坦普斯计划逐渐成为欧盟促进伙伴国家高等教育与欧盟高等教育发展融合的工具。第四期坦普斯计划在伙伴国家主要促进以下三个方面的优先事项(见表4-1)。

表4-1 第四期坦普斯计划的优先事项

领域	具体内容
课程改革	三级学位制度、课程现代化、欧洲学分转换与累积系统以及学位互认
治理改革	大学管理和学生服务、质量保障、机构和财务自主以及问责制、高等教育平等和透明的入学、国际化
高等教育与社会	培训非大学教师、发展与企业的伙伴关系、“教育—研究—创新”知识三角、公共服务培训课程、终身学习、资历框架

资料来源：European Commission, *Tempus IV: Reform of Higher Education through International University Cooperation*, 2008, p. 7。

① European Commission, *Tempus IV: Reform of Higher Education through International University Cooperation*, 2008, pp. 5-6.

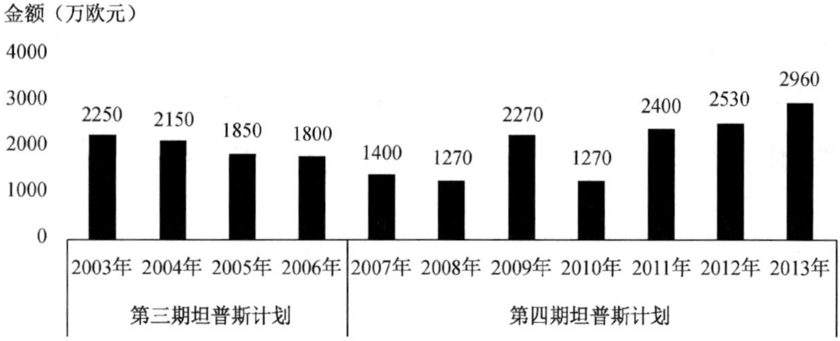

图4-1 第三期和第四期坦普斯计划对地中海国家的资助情况

资料来源：European Commission, *The Main Achievements of the Tempus Programme in the Southern Mediterranean (2002-2013)*, 2013, p. 2。

坦普斯计划的推进结合了“自下而上”和“自上而下”两种方法，即支持受益高等教育机构的倡议以及将这些倡议与国家和区域优先事项相匹配，因此，坦普斯计划可以支持同时增强高等教育系统和单个或多个高等教育机构的项目。[①] 包括阿尔及利亚、埃及、摩洛哥、利比亚和突尼斯在内的北非地中海国家参与到了第三期和第四期坦普斯计划的活动中。2003年至2013年间，面向南地中海国家的计划总预算为2.22亿欧元，其中第三期资助8100万欧元，第四期资助上涨到1.41亿欧元(见图4-1)，这也反映了自2010年底该地区政治动荡以来，欧盟对该区域愈发重视。在第三期和第四期坦普斯计划中，埃及(25%)、摩洛哥(19%)、突尼斯(11%)、阿尔及利亚(9%)四个国家获得了坦普斯计划地中海区域主要的资金分配，占该项资金分配的六成以上(见图4-2)。迄今为止，就项目数量而言，埃及、摩

① European Commission, *Evaluation of the EU Development Cooperation Support to Higher Education in Partner Countries (2007-2014) Final Report Volume III-Desk Phase Analysis*, 2017, p. 217.

洛哥、突尼斯和阿尔及利亚四个国家都参与得相当积极，而利比亚的参与则相对有限(见表 4-2)。

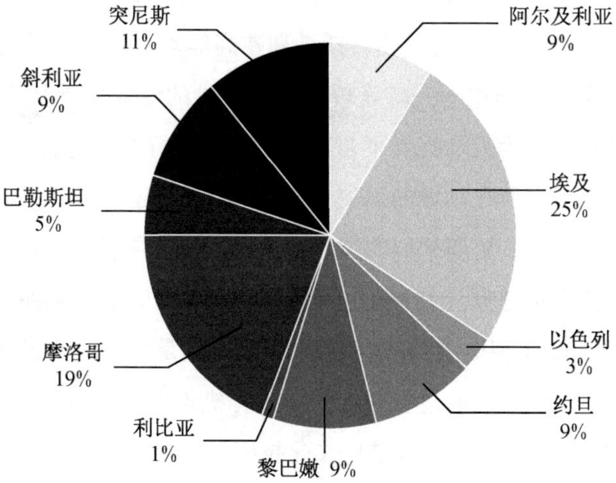

图 4-2　2003—2012 年坦普斯计划对地中海各国资助分配情况

资料来源：European Commission, *The Main Achievements of the Tempus Programme in the Southern Mediterranean (2002-2013)*, 2013, p. 2。

表 4-2　非洲国家在第三期和第四期坦普斯计划中的参与情况

国家	第三期			第四期		
	联合项目	结构性措施	总计	联合项目	结构性措施	总计
阿尔及利亚	16	8	24	19	4	23
埃及	53	12	65	32	1	33
利比亚	0	0	0	2	0	2
摩洛哥	40	9	49	27	11	38
突尼斯	21	10	31	21	10	31

资料来源：European Commission, *Overview of the Higher Education Systems in the Tempus Partner Countries Southern Mediterranean*, 2011, pp. 27-184。

坦普斯计划是对“伊拉斯谟世界计划外部合作窗口”的重要补充，“伊拉斯谟世界计划外部合作窗口”旨在促进欧盟与非欧盟国家之间的大规模流动，坦普斯计划则只支持直接有助于实现项目目标的小规模短期流动。[①] 不过，坦普斯计划在高等教育机构人员的专业发展中发挥了重要作用——高等教育机构提供的专业发展机会往往有限，坦普斯计划为人员提供了与不同国家的同行交流与合作的机会，这使他们能够与所在领域的顶尖专家合作，有时还可以前往坦普斯合作伙伴国家工作，更新他们的技能和知识，获得在不同国家教学的宝贵工作经验。坦普斯计划提倡“自下而上”的方法，帮助打破高等教育机构固有的等级制度，这给教职人员特别是年轻的教职员工很大的自由度。他们可以通过与所在高等教育机构以外的科研人员合作，尝试新的工作方式，获得发展跨文化技能的机会。从第三期坦普斯计划中提供个人流动补助金的情况来看，该计划向地中海国家提供了600多笔个人流动补助金（见表4-3），使教职工能够在规定的时间内前往另一个坦普斯合作伙伴国家进行交流与合作，其中对埃及和阿尔及利亚的支持力度较大，这两个非洲国家获得了近四成地中海国家的个人流动补助金。

表4-3　第三期坦普斯计划地中海国家个人流动补助金的发放情况

国家	个人流动补助金数量
埃及	183
阿尔及利亚	94
黎巴嫩	87

---

① European Commission, *Tempus IV: Reform of Higher Education through International University Cooperation*, 2008, p. 5.

（续表）

国家	个人流动补助金数量
摩洛哥	80
叙利亚	74
巴勒斯坦	49
突尼斯	39
约旦	26
总计	632

资料来源：European Commission, *The Main Achievements of the Tempus Programme in the Southern Mediterranean (2002–2013)*, 2013, p. 10。

坦普斯计划采取“人文交流方法”（people-to-people approach），以增进欧盟和伙伴国人民、文化之间的相互了解，这对于打破刻板观念和培养跨文化理解至关重要。坦普斯计划最初是一个“跨欧洲大学研究流动计划”，随着计划的逐渐发展和目标的拓展，坦普斯计划不再是一个单纯的流动计划，其大部分资金用于为项目参与者提供与其他国家同行面对面交流的机会，通过此种方式打破文化障碍亦成为该计划的主要优势之一。正如欧盟委员会前教育和文化专员维维安·雷丁（Viviane Reding）所说，“不同文化之间的成功对话需要坚实的基础，而这些基础就是教育和文化，使公民能够更好地相互了解。在提议将坦普斯计划扩展到地中海国家时，委员会致力于使教师、学生和研究人员能够加强合作，帮助地中海两岸建立牢固的联系”①。坦普斯计划创建了坦普斯计划网络，这些网络对其他学术活动和人文交流产生溢出效应，能为学者提供机会讨论与国家高等教育体系等相关的

① European Commission, *A Retrospective of the TEMPUS Programme over the Past Twenty Years (1990–2010)*, 2011, p. 23.

问题，促进了最佳实践的交流。[①]

坦普斯计划和伊拉斯谟世界计划为非洲国家的学生提供奖学金，使他们能够通过人员流动的形式参与欧洲国家优质的硕士学位课程和博士学位课程。坦普斯计划也支持开设新的学位课程和联合学位课程，为培养非洲新一代大学教师和研究人员做出贡献。为此，该计划在非洲引入了一系列从未有过的学科，例如开设了欧洲研究、商业研究、欧盟法律、经济和外语等相关的学位课程。较为代表性的学位项目为在埃及的“欧洲—地中海研究硕士”（Masters of Euro Mediterranean Studies）。该项目聚焦“欧洲—地中海”研究，重点关注北地中海和南地中海之间的政治、经济和文化关系，有助于丰富埃及的经济和政治思想，促进该国的可持续发展，为埃及和其他阿拉伯国家提供经济和政治科学领域的优质毕业生。该硕士学位项目培养了一批具有真正“欧洲—地中海”视野的青年群体，大多数毕业生在国际、区域和国家层面的部委、研究中心以及相关的媒体担任了重要职务，对埃及现在乃至未来的发展进程影响深远。[②]

另一个颇具代表性的人才培养项目为“马格里布大学职业心理学硕士课程”（Master in Occupational Psychology in the Maghreb Universities）。该项目致力于在三个马格里布国家(即阿尔及利亚、摩洛哥和突尼斯)的六所高等教育机构开设职业心理学硕士，力求充分满足当地的需求，与高等教育机构所在地的经济环境相适应，并与伙伴

---

① European Commission, *A Retrospective of the TEMPUS Programme over the Past Twenty Years (1990–2010)*, 2011, p. 41.

② European Commission, *The Main Achievements of the Tempus Programme in the Southern Mediterranean (2002–2013)*, 2013, p. 35.

国家实施的高等教育制度改革密切相关。该项目进一步发展了欧盟和马格里布国家之间以及欧盟机构和马格里布机构之间的现有合作，通过人才培养、加强受益机构与经济部门的关系以及建立“欧洲—地中海”职业心理学硕士网络基础，确保项目和成果的可持续性。[①]

（二）伊拉斯谟世界计划和“伊拉斯谟+”计划

1. 伊拉斯谟世界计划

21 世纪初，欧盟及其成员国一致认为要加强欧盟同非欧盟国家在教育领域尤其是高等教育领域的合作，提倡向世界开放欧洲教育，提升欧洲教育的国际竞争力和吸引力。在此背景下，2004 年欧盟决定启动“伊拉斯谟世界计划”（Erasmus Mundus Programme，Mundus 为拉丁文，意为“世界”），伊拉斯谟世界计划旨在推进欧洲一体化之外的国际化。[②] 通过该计划，委员会希望为欧洲高等教育机构提供一种工具，以应对全球化的挑战并为欧盟竞争力的提升做出贡献。伊拉斯谟世界计划通过汇集欧洲各个机构的资源并吸引顶尖学生和学者到欧洲，以鼓励大学在其课程中引入国际维度，这些举措将有助于提高欧洲作为留学目的地的国际地位。同时，该计划有助于促进不同社会之间的相互理解，以应对欧洲和其他文化之间的跨文化鸿沟风险。[③] 欧洲议会和理事会阐述了该计划的目标——通过促进与第三国的合作来提高欧洲高等教育的质量，改善人力资源开发；提供具有独

---

① European Commission, *Study of the Achievements of Tempus IV Projects in University-enterprise Cooperation in the Southern Mediterranean Region*, 2016, pp. 92-93.

② 李素琴、胡丽娜：“从‘伊拉斯谟项目’到‘伊拉斯谟世界项目’：欧盟高等教育的国际化发展”，《比较教育研究》2010 年第 4 期。

③ European Commission, “Erasmus Mundus II: A New Boost for the EU's Reference Programme for Cooperation with Third Countries in the Field of Higher Education”, 12 July 2007, https://ec.europa.eu/commission/presscorner/detail/en/MEMO_07_292.

特欧洲附加值、在欧盟内外都具有吸引力的优质高等教育；改善高等教育的可及性，提高欧盟高等教育的形象和知名度。[①] 在该计划的第二阶段，欧洲议会和理事会决定将该计划同欧盟的对外政策结合起来，按照欧盟的对外政策目标，通过与第三国合作以促进不同文化间的理解，并促进第三国在高等教育领域的可持续发展。更具体地说，促进高等教育机构之间的结构化合作，以提供具有独特欧洲附加值的高质量高等教育；同时促进第三国高质量学生和学者在欧盟学习，使其掌握适当的技能，特别是劳动力市场技能；促进社会的共同繁荣，增加欧盟与第三国之间的流动性；促进第三国高等教育机构的人力资源开发和国际合作能力，改善欧盟高等教育的可及性，最终提高其在世界上的形象和知名度以及对第三国的吸引力。[②]

伊拉斯谟世界计划高度重视非洲国家的参与，在项目第一阶段推进过程中，便开辟了专门面向“非洲、加勒比及太平洋区域”“亚洲区域”等区域的“外部合作窗口”（External Cooperation Window）。伊拉斯谟世界计划共包括伊拉斯谟世界硕士课程、奖学金计划、与第三国高等教育机构的伙伴关系、增强吸引力以及技术支持措施五个部分。其中奖学金计划是伊拉斯谟世界计划中的核心部分之一，是2007—2009年间伊拉斯谟世界计划“外部合作窗口”的后续行动，

---

① European Parliament & Council, *Decision No 2317/2003/EC of the European Parliament and of the Council of 5 December 2003 Establishing a Programme for the Enhancement of Quality in Higher Education and the Promotion of Intercultural Understanding through Cooperation with Third Countries (Erasmus Mundus) (2004 to 2008)*, 2003, p. 3.

② European Parliament & Council, *Decision No 1298/2008/EC of the European Parliament and of the Council of 16 December 2008 Establishing the Erasmus Mundus 2009–2013 Action Programme for the Enhancement of Quality in Higher Education and the Promotion of Intercultural Understanding through Cooperation with Third Countries*, 2008, p. 5.

该窗口是2006年由欧盟委员会国际合作与发展总司的前身欧洲发展和合作总司（EuropeAid Development and Cooperation）发起的高等教育发展合作和流动计划。伊拉斯谟世界计划下的奖学金计划根据欧盟外部政策目标，促进伙伴国家在高等教育领域的发展，该行动以欧洲和伙伴国家高等教育机构之间的伙伴关系为基础，包括学生（本科生、硕士生、博士生）和教职工流动奖学金计划，以加强学术合作和师生交流，有助于欧盟对外发展合作政策所针对的非欧盟国家的社会经济发展。[①] 该计划在欧盟委员会国际合作与发展总司的监督下，由教育、视听与文化执行署负责具体实施。

2010—2014年间，伊拉斯谟世界计划在欧洲睦邻工具、发展合作工具、欧洲发展基金等金融工具的支持下，获得了6.55亿欧元的资助，同153个国家创建了233个高等教育战略合作伙伴关系，涵盖了全球1296所高等教育机构，其中900余所为非欧盟机构；超过3.5万名学生和教职工受益于此奖学金计划，得以在国外大学进行学习、研究和培训。[②] 聚焦在非洲区域，根据欧盟对不同区域进行发展合作的金融工具划分，非洲参与伊拉斯谟世界计划的区域亦主要被划分为三个集合：南地中海北非五国、非加太集团中的45个非洲国家以及南非（见表4-4）。伊拉斯谟世界计划行动下的奖学金计划共向51个非洲国家的4915名学生和教职工提供奖学金，支持他们到欧洲国家进行交流。整体来说，奖学金计划以非洲国家人员向欧洲国家流动为主。

---

① European Commission, *Erasmus Mundus Action 2 Scholarship Holder's Impact Survey Results*, 2017, p. 6.

② European Commission, *Erasmus Mundus Action 2 Partnerships: Main Achievements and Results (2010-2018)*, 2017, p. 6.

表 4-4 2010—2014 年间伊拉斯谟世界计划支持下非洲国家人员的流动情况

非洲区域和国家	人数	金融工具
北非五国（包括阿尔及利亚、埃及、利比亚、摩洛哥和突尼斯）	2974	欧洲睦邻工具
非加太集团中的 45 个非洲国家	1055	欧洲发展基金
南非	886	发展合作工具

资料来源：European Commission, *Erasmus Mundus Action 2 Partnerships: Main Achievements and Results (2010-2018)*, 2017, pp. 40-77。

其中，在欧洲睦邻工具的支持下，包括北非五国在内的十个南地中海国家共获得 1.13 亿欧元的资助，使 5189 人获得资助赴西班牙、意大利、法国、德国等国进行交流的机会，并接纳 1089 位欧洲师生到非洲国家进行交流。尽管这一地理窗口向所有研究领域开放，但大多数受资助者来自工程与技术、语言与语言科学、社会科学、商业研究与管理科学以及数学与信息学等领域。自首次参与该计划以来，非洲区域 85%的高等教育机构在学术认可方面取得了显著进步。由于与欧盟高等教育机构的合作，南地中海国家在其高等教育机构中进一步推动了国际交流与合作，通过签署双边协议让更多的学生和员工参与国际交流，并熟悉博洛尼亚进程和欧洲学分累积与转换系统。地中海区域的五个北非国家阿尔及利亚、埃及、利比亚、摩洛哥、突尼斯积极响应并参与该项目，共有 2974 人赴欧洲进行交流和学习，占据近六成南地中海国家的奖学金流动名额，分别向欧洲流动 685 人、836 人、68 人、707 人和 678 人。①

在欧洲发展基金的支持下，非加太国家获得 2930 万欧元的资助，

① European Commission, *Erasmus Mundus Action 2 Partnerships: Main Achievements and Results (2010-2018)*, 2017, pp. 74-77.

共支持77个非加太国家的1360人到法国、比利时、葡萄牙、西班牙和瑞典等欧洲国家交流，同时，111位欧洲国家的学生和人员到非洲国家交流。在项目推进过程中，硕士为主要交换群体(68%)，其次是教职工(19%)和博士生(13%)，最受欢迎的五个领域是社会科学、教育和教师培训、自然科学、地理和地质以及商业研究和管理科学。博兹瓦纳、贝宁等45个非洲国家为交流项目的主力军，占非加太总参与人数的77.6%(1055人)。其中，参与最活跃的喀麦隆(139人)、马达加斯加(76人)、莫桑比克(70人)、塞内加尔(68人)等亦均为非洲国家。①

在发展合作工具的支持下，南非共获得2560万欧元的资助，支持886位师生前往法国、德国、意大利、西班牙等欧洲国家进行交换，同时，193位来自欧洲国家的师生来南非进行交流。在项目推进过程中，硕士(46%)为核心群体，其次为博士生(29%)、教职工(22%)以及博士后(3%)，且主要聚焦在社会科学、地理和地质、自然科学、医学科学以及商业研究和管理科学五个领域，并倾向于短期流动——约56%的学生流动时间少于或等于10个月。在参与伊拉斯谟世界计划的奖学金计划前，南非大多数高等教育机构尚未实现认可工具的制度化，在参与奖学金计划过程中才逐渐认可欧洲学分累积与转换系统，并将其作为学习协议、学习记录、学位证书和文凭补充的基础。②

伊拉斯谟世界计划对国家、机构和个体都产生了深远且持久的影响，尤其是人员流动以软性的、隐而不显的方式加强了这些国家对欧

---

① European Commission, *Erasmus Mundus Action 2 Partnerships: Main Achievements and Results (2010-2018)*, 2017, pp. 38-41.

② European Commission, *Erasmus Mundus Action 2 Partnerships: Main Achievements and Results (2010-2018)*, 2017, pp. 70-73.

洲国际行为体身份和角色的认同，也强化了欧非文化的交流和互动。正如一位参与者在该项目结束所评论的，“伊拉斯谟世界计划参与经历将在我的一生中留下美好的回忆。在我的流动期间，除了获得技能和知识外，我还见识了欧洲层面上为发展中等和高等教育的教育和培训体系所采取的行动。可以说，伊拉斯谟世界计划是一座连接全世界教育系统的大桥，也是保持南北文化交流的方式”①。

2.“伊拉斯谟+”计划

2014 年以后，“伊拉斯谟+”计划将欧盟在教育、培训、青年和体育四大领域实施的终身学习计划（包括伊拉斯谟计划、达芬奇计划、夸美纽斯计划、格伦特维格计划和让·莫内项目）、青年行动计划、五个国际合作计划（包括坦普斯计划、伊拉斯谟世界计划、阿尔法计划、教育链接计划以及与工业化国家的合作计划）进行整合。“伊拉斯谟+”计划也成为此后欧盟对非洲进行教育发展合作，尤其是人文流动和能力建设方面主要的项目。

从伊拉斯谟世界计划到“伊拉斯谟+”计划，明显呈现出欧盟将人文流动计划和奖学金计划作为欧盟规范力量的载体，使其成为欧盟国际行为体形象塑造、欧盟价值观传播和扩散、欧盟教育领域规范外溢等方面重要手段的趋向。欧盟明确了“伊拉斯谟+”计划在对外政策中的作用——促进高等教育领域伙伴国家的可持续发展；促进自由、民主、平等、法治和尊重人权等欧洲价值观的传播；提升欧洲高等教育的吸引力，从而促进欧盟与伙伴国家高等教育机构间的流动与合作以及伙伴国家有针对性的能力建设；支持欧盟的对外行动，包括

---

① European Commission, *Erasmus Mundus Action 2 Partnerships: Main Achievements and Results (2010–2018)*, 2017, p. 39.

其发展目标。[①] 值得关注的是，从伊拉斯谟世界计划到“伊拉斯谟+”计划，对非欧盟国家的表述从“第三国”转变为“伙伴国”，这传递出欧盟的官方信号，即试图构建更加平等和互利的关系。[②]

“伊拉斯谟+”计划涉及欧盟2014—2020年期间的教育、培训、青年和体育项目，为学术和青年流动以及欧洲与世界其他区域(包括非洲在内)之间的人文交流提供资金。“伊拉斯谟+”计划支持与欧盟同非洲大陆政策合作的优先事项密切相关的活动，该计划将进一步促进学生、教职工和学者在整个非洲大陆的流动，促使高等教育的课程内容和大学生获得的技能更加符合劳动力市场的需求，并支持整个非洲大陆高等教育的协调，以确保非洲和欧盟的资历认可。在整合后的新计划中，欧盟继续支持高等教育机构之间的奖学金和交流项目，支持大学的知识创造，使其成为未来经济发展和创造就业机会的全面参与者。在发展合作工具的支持下，2014—2017年以及2018—2020年间，泛非计划分别下拨4500万和6300万欧元资助非洲参与“伊拉斯谟+”计划。[③]“伊拉斯谟+”计划也是欧盟支持非洲学生和学者到欧洲进行短期交流的主要工具，对此，欧盟提出了几个预期目标——至2020年，“伊拉斯谟+”计划支持3.5万名非洲学生和学者的流动；同时，欧盟也致力于支持以工作为导向的技能开发计划，为75万人

① European Parliament & Council of the European Union, *Regulation (EU) No 1288/2013 of the European Parliament and of the Council of 11 December 2013 Establishing Erasmus+*, 2013, p. 50.

② EU Centre in Singapore, *Higher Education Scholarships as a Soft Power Tool: An Analysis of Its Role in the EU and Singapore*, 2015, p. 8.

③ European Commission, *Communication from the Commission to the European Parliament, the European Council and the Council: Communication on a New Africa-Europe Alliance for Sustainable Investment and Jobs: Taking Our Partnership for Investment and Jobs to the Next Level*, 2018, p. 7.

提供职业培训。到2019年底，已有2.6万人参与流动计划，职业技术教育和培训计划已使45万名非洲学生受益。[①] 最新阶段的“伊拉斯谟+”计划(2021—2027年)将会增加对非洲的支持力度，“预计撒哈拉以南非洲将拥有‘伊拉斯谟+’计划下最大的单一预算，约占总资金的四分之一”[②]；到2027年“伊拉斯谟+”计划(2021—2027年)结束后，非洲学生和学者的流动量将增加到10.5万人。[③]

非洲国家可以作为伙伴国家参加“伊拉斯谟+”计划的五类项目，即人员流动、联合硕士学位项目、“让·莫内”项目、高等教育能力建设项目以及青年能力建设项目等系列活动(见表4-5)。以下着重分析人员流动、联合硕士学位项目以及“让·莫内”项目。

“伊拉斯谟+”计划下的人员流动项目旨在帮助每个学习者获得所需技能，支持其职业发展，并深化其对其他文化的了解；也旨在提升参与项目的机构的科研能力、吸引力和国际知名度。在“伊拉斯谟+”计划的支持下，学生将在国外高等教育机构学习3—12个月以获得学分，并在授课机构中被认可为学位学习的一部分，教职工则可获得5—60天的流动补助金。在这一行动下，欧非大学结成了双边伙伴关系。如同之前的发展合作计划，在“伊拉斯谟+”计划下，非洲国家的项目经费由三个不同的区域预算支付——欧洲睦邻工具资助的南部地中海(涵盖北非五个马格里布国家)、发展合作工具资助的南

---

① African Union Commission & European Commission, “Investing in People by Investing in Education and Skills”, 25 August 2021, https://africa-eu-partnership.org/en/investing-people-investing-education-and-skills.

② Africa-Europe Innovation Partnership, “Africa to get 25% Share of Erasmus+ 2021-27 Budget”, 29 July 2021, https://africaeurope-innovationpartnership.net/news/africa-get-25-share-erasmus-2021-27-budget.

③ European Parliament Research Service, “EU-Africa Academic Cooperation”, 12 December 2019, https://www.europarl.europa.eu/thinktank/en/document.html?reference=EPRS_BRI(2019)642810.

非的单一国家预算，欧洲发展基金资助属于非加太集团的非洲国家预算。2014—2017 年，非洲国家总共获得“伊拉斯谟+”计划全球预算的近 14.5%。“伊拉斯谟+”计划为非洲合作伙伴建立了 770 个项目，为 9700 多名非洲学生、研究人员和教职工组织流动，其中学生 5445 人，研究人员和教职工 4259 人，并资助 1314 位欧洲学生和 3067 位欧洲研究人员以及教职工到非洲国家进行交流。[①] 从非洲国家参与“伊拉斯谟+”人员流动的情况来看(见图 4-3)，突尼斯、摩洛哥、埃及、阿尔及利亚四个北非国家以及南非的参与度较高，传统的非加太集团中的非洲国家虽然覆盖面较广，但每个国家参与的项目数量较为有限。

表 4-5 非洲参与“伊拉斯谟+”计划的情况

项目活动	项目概述	参与情况
人员流动	向学生、研究人员和教职工提供补助金，使其可以在国外高等教育机构交换学习	2014—2017 年：非洲 9704 人赴欧交流；欧洲近 4400 人赴非交流
联合硕士学位	针对硕士生的奖学金。学位课程持续一到两年，在此期间，学生应至少在两个不同的欧洲国家学习，并可获得联合、双学位或多个学位	2014—2019 年：非洲获得了 1197 笔联合硕士学位奖学金
高等教育能力建设	支持知识创造以及提升高等教育的质量和相关性。高等教育能力建设既针对非加太国家集团，也针对单个国家，还可以是跨区域的	2014—2019 年：非洲机构参与了 146 个高等教育能力建设项目

① European Commission，“EU-Africa Cooperation through Erasmus+”，2018，https：//ec. europa. eu/programmes/erasmus-plus/sites/erasmusplus2/files/eu-africa-four-pager-2018. pdf.

（续表）

项目活动	项目概述	参与情况
“让·莫内”	支持在全球范围内开展欧盟研究，以促进欧洲一体化相关的教学和研究，支持学界以及欧盟研究领域的协会进行政策辩论	2014—2019 年：5 个“让·莫内”项目
青年能力建设	支持青年和非正规学习领域的国际合作和政策对话	2014—2017 年：32 个非洲国家共获批 136 个青年能力建设项目

资料来源：European Parliament Research Service，“EU-Africa Academic Co-operation”，12 December 2019，https：//www. europarl. europa. eu/thinktank/en/document. html？ reference=EPRS_ BRI(2019)642810。

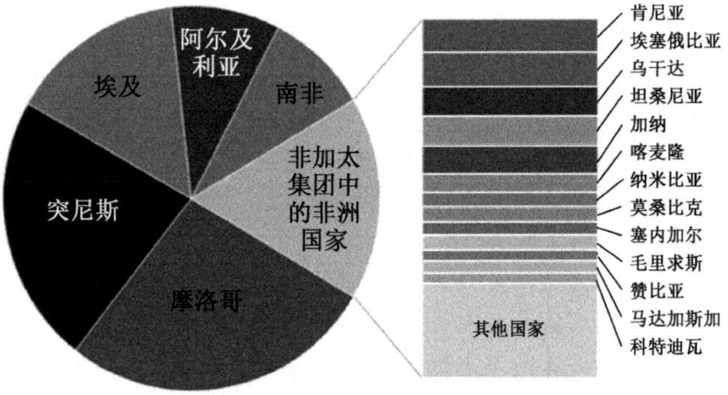

图 4-3　2014—2017 年非洲国家参与“伊拉斯谟+”计划人员流动项目的情况

资料来源：European Commission，“EU-Africa Cooperation through Erasmus +”，2018，https：//ec. europa. eu/programmes/erasmus-plus/sites/erasmusplus2/files/eu-africa-four-pager-2018. pdf。

欧盟非洲信托基金（EU Trust Fund for Africa）对“伊拉斯谟+”计划的人员流动项目给予了额外的资金资助和支持，以推动在 2018 年启动“西非和非洲之角的‘伊拉斯谟+’计划”行动（Erasmus+ in West Africa and the Horn of Africa）。该行动面向布基纳法索、科特迪瓦、马里、冈比亚、几内亚、尼日尔、尼日利亚、毛里塔尼亚、塞内加尔、乍得、加纳和喀麦隆等国家，计划投入1000万欧元，支持30所非洲高等教育机构参与，以支持2200名学生和200名教职工的流动。这有助于提高非洲高等教育机构国际交流的能力和质量，进一步支持非洲青年的技能和就业能力。该行动以“伊拉斯谟+”计划下的现有做法和机制为基础，补充欧盟对萨赫勒和乍得湖沿岸地区的支持。2018年底，欧盟委员会决定追加投资1760万欧元，使其能够支持2019年新选出的8500名非洲学生和教职工的流动。委员会指出，“对于西非和非洲之角的国家来说，由于增加了资金，奖学金和人员流动的数量增加了一倍多。它还使更多的国家，如厄立特里亚、塞拉利昂、利比里亚、刚果和布隆迪能够参与到该项目中，并增加贝宁、佛得角、马里、尼日尔、尼日利亚和索马里等国家参与交流的人数”①。

此外，在“伊拉斯谟+”计划下，应非洲发展需求的响应以及为履行欧盟对青年、教育和技能投资的承诺，欧盟还专门开设了两个“‘伊拉斯谟+’职业技术教育与培训”试点流动计划。试点项目将根据欧洲同行的经验来提高非洲职业技术教育与培训教师、学习者和管理人员的技能和能力，促进非洲职业技术教育与培训系统的改进和现代化，并加强职业技术教育与培训同劳动力市场之间的联系。欧盟委员会创新、研究、文化、教育和青年事务专员玛丽亚·加布里埃尔表示：“非洲和西巴尔干是欧盟的政治和战略重点，我们必须确保充分利用我们现有的所有工具。我们按照非洲和西巴尔干的需求选定了三

① European Parliament Research Service, “EU-Africa Academic Cooperation”, 12 December 2019, https://www.europarl.europa.eu/thinktank/en/document.html?reference=EPRS_BRI(2019)642810.

个试点流动计划，将职业教育和培训与劳动力市场的需求联系起来，特别是在制造业和农业等创造就业机会较高的行业。”① 欧盟委员会面向非洲区域启动的两个试点项目中，第一个是“非洲流动支持联盟”（Supporting Alliance for African Mobility）。该项目获得 400 万欧元的资助，涉及八个欧盟成员国（比利时、法国、德国、希腊、意大利、马耳他、葡萄牙和西班牙）和 17 个非洲国家（安哥拉、贝宁、佛得角、厄立特里亚、喀麦隆、科特迪瓦、肯尼亚、利比里亚、马拉维、尼日利亚、塞内加尔、苏丹、突尼斯、乍得、马里、布基纳法索和加蓬）。该试点项目于 2020 年 1 月正式启动，旨在为 17 个非洲国家职业技术教育与培训的改进和现代化做出贡献，加强其职业技术教育与培训与劳动力市场之间的关系，提高教师和学生的技能并相应提高管理和培训质量的标准。为实现这一目标，非洲流动支持联盟基于已有的专业培训中心、非正规培训组织、非政府组织和欧洲伞式组织网络，支持职业技术教育与培训师生的跨学科流动，开发新的课程、方法、技术和管理。该项目将支持 300 多名非洲青年在欧洲公司开展实习工作、资助 70 名欧洲教师和 135 名非洲教师进行“工作见习”，并支持培训工作跟踪。② 另一个获得欧盟资助的项目为 Overstep，该项目旨在分享欧洲职业技术教育与培训系统的最佳实践，支持改进教师培训、技能和教学知识，提高课程和培训的质量和效力，以及提高管理人员的知识水平；寻求发展有助于学员就业的技术和横向技能，

① European Commission, “Commission Selects Three Projects for Pilot Vocational Education and Training Mobility Scheme for Western Balkan and African Countries”, 13 January 2020, https://ec.europa.eu/neighbourhood-enlargement/news_corner/news/commission-selects-three-projects-pilot-vocational-education-and-training-mobility_en.

② EFVET, “SAAM Working TOGETHER to Improve VET Mobilities Partnerships EU-Africa”, 22 January 2020, https://www.efvet.org/2020/01/22/saam-working-together-to-improve-vet-mobilities-partnerships-eu-africa/.

促进职业技术教育与培训提供者之间的合作。该项目获得250万欧元的资助，由意大利组织Glocal Srl Battipaglia组织负责协调，涉及3个欧盟成员国(意大利、法国和西班牙)和10个非洲国家(贝宁、佛得角、喀麦隆、加蓬、肯尼亚、马里、尼日利亚、塞内加尔、南非和突尼斯)。[①]

其次，非洲国家也参与到“伊拉斯谟+”计划中的“伊拉斯谟世界计划联合硕士学位”(Erasmus Mundus Joint Master Degrees)项目。该项目向来自世界各地的硕士生颁发全额学位奖学金，包括学费、旅费和生活津贴。项目涉及的学习课程为期一至两年，在此期间，学生至少在两个不同的欧洲国家学习，毕业时学生可获得联合学位、双学位或多个学位。非洲机构可以作为全面合作伙伴成为提供这些学位课程的集团的一部分，这意味着它们可以正式授予学位，或者作为联合合作伙伴参与该项目，但不授予实际的联合学位。2014—2017年，非洲的62个机构参与了35个伊拉斯谟世界计划联合硕士学位项目，其中，56个非洲机构作为联合伙伴参加了29个伊拉斯谟世界计划联合硕士学位项目，12个非洲大学作为全面合作伙伴参加了9个项目，非洲国家共获得643个伊拉斯谟世界计划联合硕士学位资助名额(见图4-4)。该项目参与度排名前五的国家是埃塞俄比亚(166)、埃及(106)、加纳(64)、尼日利亚(51)和南非(42)，占了近七成的资助名额。其中较为成功的案例为“可持续区域发展”(Extended Sustainable Territorial Development)联合硕士学位项目。该项目汇集了意大利、比利时、法国高等教育机构在可持续领土发展方面的专业知识，以培训来自非洲国家的相关从业人员和管理人员。该项目还认识到非

① European Commission, “VET Mobility Scheme Selects Three Projects for Funding”, 13 January 2020, https://ec.europa.eu/education/news/vet-mobility-results_en.

洲在这一领域面临着移民、水资源管理和土地掠夺等挑战，因此在项目第二阶段，来自埃及开罗、布基纳法索瓦加杜古和南非约翰内斯堡三个非洲城市的高等教育机构通过申请成为项目合作伙伴。该学位项目向非洲国家传输欧洲在可持续领土发展方面的专业知识，培养可持续领土发展领域的专业人员，使其能够在当地组织（如企业、社区、民间社会组织、公共行政部门）中，结合经济、社会、环境、国际和跨文化背景参与制定可持续发展政策。欧盟每年向该学位项目提供15—20个全额奖学金名额；2017年，该项目进一步面向喀麦隆、摩洛哥、埃及、埃塞俄比亚和突尼斯以及欧洲国家进行招生。[①]

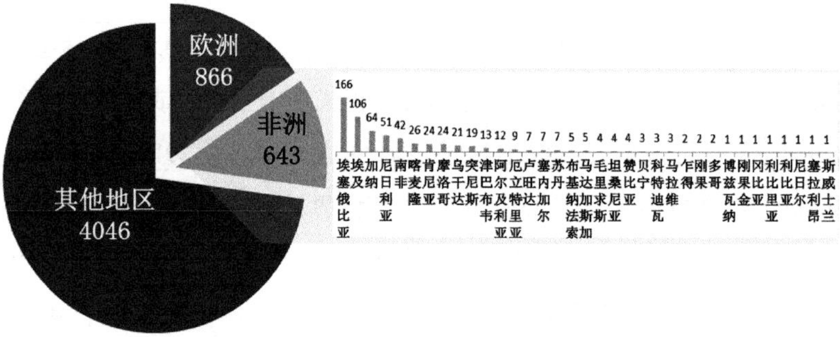

图4-4　2014—2017年非洲国家参与伊拉斯谟世界计划联合硕士学位项目的情况

资料来源：European Commission，"EU-Africa Cooperation through Erasmus +"，2018，https：//ec. europa. eu/programmes/erasmus-plus/sites/erasmusplus2/files/eu-africa-four-pager-2018. pdf。

欧盟还尝试创新和丰富了人文交流的内容和形式，通过推出"让·莫内"项目，深化学术和思想交流，在国际舞台上更好地塑造

① European Commission，"EU-Africa Cooperation through Erasmus +"，2018，https：//ec. europa. eu/programmes/erasmus-plus/sites/erasmusplus2/files/eu-africa-four-pager-2018. pdf.

欧盟身份和欧盟形象。“让·莫内”项目代表了一种有效的人文交流方式，通过发展全球范围内的欧盟研究，支持教育机构和协会积极开展欧洲一体化领域的研究，提高各国学者、学生和公民对全世界范围内有关欧洲一体化方面相关研究的理解和认知，为高等教育、普通教育和培训中的教学和辩论提供更多的机会，提高欧盟相关科目的教学和专业培训质量。“让·莫内”项目鼓励学术界和政策制定者之间的对话，扩散和促进欧洲价值观和欧洲一体化思想。项目开发了模块课程（module）、讲座教授（chair）、项目（project）等具体的活动。2014—2019年，由南非和摩洛哥的非洲协调机构管理推行了五个“让·莫内”活动——一个项模块课程、一名讲座教授和三个项目。其中，摩洛哥认为欧洲的国际关系和历史对摩洛哥的政治、社会和经济轨迹产生了深远的影响，充分意识到进行欧洲研究的必要性，因而在2016年正式启动名为“加强与欧盟有关的多学科教育活动”（Renforcement activités multidisciplinaires d’enseignement afférant à l’Union Européenne）的“让·莫内”模块课程。该课程在学士和硕士教学中实施：本科生将接受有关欧盟的入门必修课，硕士生将接受欧洲研究的经济学、社会科学、法学专业课程。①

（三）玛丽·居里行动

《欧非联合战略》认识到研究和创新是促进非洲社会和经济发展的工具，也是深化和扩大欧盟与非洲大陆之间合作的工具，因而必须加强欧盟对非洲在创新和研究方面的支持，尤其是加强欧非研究人员

① European Commission，“Jean Monnet Activities-Database-Jean Monnet Activities from 1995-2020”，20 January 2022，https：//www. eacea. ec. europa. eu/grants/2021-2027/erasmus/jean-monnet-activities-database_en.

和创新者之间的合作。“地平线2020”（Horizon 2020），尤其是其中的“玛丽·居里行动”，成为吸引非洲研究人员和学者参与的既定工具，使非洲可以从整个欧洲大陆的教育系统中获益。[①] 地平线2020的目标是将直接项目资金、资金杠杆以及政策协调结合起来，以最大限度地提高整个非洲大陆的效率和效益，它还在更大程度上强调了欧盟境外国际化的欧洲价值。而“伊拉斯谟+”计划和玛丽·居里行动，则通过以个人、机构和高等教育系统为中心的行动，实现非洲和欧洲学生、学者、研究人员和教职工的高质量流动。[②]

自2014年以来，地平线2020计划中的玛丽·居里行动提供了新的联合博士课程，并为非欧洲学者提供了奖金，这是先前框架计划的延续。玛丽·居里行动支持跨国家、跨部门和跨研究领域的流动与合作，支持研究人员并促进工业、学术界和创新培训之间的合作，也支持其领域内的优秀研究和知识的转移。玛丽·居里行动支持研究人员职业生涯的各个阶段，所有学科的研究人员都可以参与这项行动。该行动还支持将学术研究与企业工作相结合，以打破企业与大学之间的壁垒。此外，其他提高就业能力和职业发展的创新培训亦在该行动的支持范畴内。随着工作的推进，玛丽·居里行动亦从最初单纯的人员流动奖学金计划演变为如今激励研究人员专业发展合作和人员流动的计划。2014—2020年间，玛丽·居里行动计划投入60多亿欧元，资助65000名研究人员（包括25000名博士），开设1000个合作和跨国博士培训项目。[③] 欧盟也高度重视非洲在研究与创新的发展，在地平线2020项目中预计向非洲投入8.6亿欧元的资助。据统计，至2020

① European Parliament, *The Joint Africa-EU Strategy*, 2017, pp. 41-42.

② European Union, *Forth EU-Africa Summit: Roadmap 2014-2017*, 2014, p. 6.

③ European Commission, *Intra-ACP Academic Mobility Scheme: Enhancing the Quality of Higher Education in Africa*, 2015, p. 18.

年，来自 43 个非洲国家的 1400 余名研究人员参与了玛丽·居里行动。[①]

玛丽·居里行动是欧盟研究人员流动和培训的旗舰计划，通过开发优秀的博士课程、合作研究和奖学金计划，满足培养高技能研究型人才的需求，向决策者和公众传达科学证据，并开展跨学科工作。该项目引发了欧盟对非洲教育发展合作的新动力，在欧盟框架计划的支持下，非洲与欧盟的研发合作日益加强。玛丽·居里行动自 2014 年以来提供了新的联合博士课程，并为非欧盟国家的学者提供了奖金。非洲学生和研究人员可通过多种方式从玛丽·居里行动获得资助：(1)创新培训网络(Innovative Training Networks)，该网络汇集世界各地不同国家的大学、研究中心和公司，培训新一代研究人员，促进科学卓越和商业创新，并通过发展研究人员的创业、创造力和创新技能，确保研究人员的专业发展；(2)个人奖学金(Individual Fellowships)，支持研究人员在国外工作，提高个人专业发展；(3)研究与创新人员交流会(Research and Innovation Staff Exchange)，为员工提供短期交流资金，将发展卓越科学与接触其他国家和部门相结合，使欧洲和世界范围内的学术界和非学术组织之间能够进行更多的互动；(4)国际、区域和国家项目共同资助项目，提供支持博士和博士后候选人的博士和研究金计划。2014—2018 年间，7 个非洲国家(阿尔及利、布基纳法索、埃及、马拉维、摩洛哥、南非和卢旺达)参加了玛丽·居里行动项目，共获得了 454 项个人奖学金。其中最活跃的两个非洲国家是摩洛哥和南非：摩洛哥共参与了 27 个项目，143 名研究员获得资助；南非参与了 40 个项目，113 名研究员获得资助；这两

---

① European Commission, *European Union-African Union Cooperation in Research and Innovation*, 2020, p. 1.

个国家也接待了最多的欧盟成员国研究人员，据统计，分别有 144 名和 159 名欧洲研究员访问了摩洛哥和南非。在玛丽·居里行动的上述四个活动中，最受欢迎的行动是研究与创新人员交流会，非洲研究员的主要目的地是法国、希腊、意大利、西班牙和英国。①

引导非洲国家参与玛丽·居里行动不仅有助于激励当地研究人员的专业发展和流动，而且还具有明显的社会、经济、政治等领域的溢出效应和目的。其中较为典型的案例便是玛丽·居里行动研究与创新人员交流会活动中的“青年人类发展的参与式工具”（Participatory Tools for Human Development with the Youth）项目。该项目获得了欧盟 94.5 万欧元的资助，于 2015 年 2 月至 2019 年 1 月期间实施。这个项目寻求解决发展中国家青年失业问题，着手为转型变革创建参与式工具，帮助青年以积极主动的方式解决失业问题，共同创造解决方案，帮助加强区域民主、增加平等机会并促进人类发展。项目采用参与式方法（participatory methods），遵循从个人赋权到社区参与的明确轨迹，参与者在项目完成后仍在继续采取行动，“这些工具支持了青年参与自身社区发展的动机和能力，帮助他们融入国家社会经济体系”②。

---

① European Parliament Research Service，“EU-Africa Academic Cooperation”，12 December 2019，https：//www. europarl. europa. eu/thinktank/en/document. html？ reference = EPRS_BRI（2019）642810.

② European Commission：“Horizon 2020：Participatory Tools for Human Development with the Youth”，17 March 2021，https：//cordis. europa. eu/project/id/645743/reporting.

第二节 加强非洲的能力建设

一、欧盟加强非洲能力建设的政策举措

“能力建设”（capacity building）是发展合作政策的核心概念。发展中国家的个人和机构的能力对于发展合作政策的成功至关重要。近几十年来，国际社会逐渐引入了基于能力建设概念的发展方法，以弥补自20世纪50年代以来主要国际援助者提供的发展援助和技术援助中的不足——受援国缺乏自主权以及部门间缺乏协调，机构和个人能力有限。[①] 20世纪90年代以来，诸多多边和双边援助机构以及非政府发展组织都将能力建设作为其发展援助政策的核心内容，编制了有关的文件和手册。能力建设和“能力开发”（capacity development）等词语频繁出现在各多边和双边援助机构的政策文本中。这些新趋势受到了发展政策的一些重大转折的启发，如2000年通过的联合国千年发展目标和2005年的《援助有效性巴黎宣言》，后者强调能力开发是援助有效性的基本前提之一——“规划、管理、实施和考虑政策和计划结果的能力对于实现发展目标至关重要”[②]。能力建设是伙伴国

① European Parliament Think Tank, *Understanding Capacity-Building/Capacity Development: A Core Concept of Development Policy*, 2017, p. 2.

② OECD, *The Paris Declaration on Aid Effectiveness and the Accra Agenda for Action*, 2008, p. 4.

家的责任，援助者则起支持作用。能力建设不仅需要基于可靠的技术分析，而且还需要对更广泛的社会、政治和经济环境做出反应。发展中国家和援助国以及多边和双边援助机构通过的《阿克拉行动议程》重申了这种做法，建议“发展中国家系统地确定需要在国家、次国家、部门等级别加强履行和提供服务能力的领域，并设计解决这些问题的战略。援助者将加强自身的能力和技能，更好地响应发展中国家的需要。发展中国家和援助者将在各级共同努力，促进业务变革，使能力开发支持更加有效”[①]。国际多边援助者和双边援助者在对发展中国家进行能力建设援助时，将国家系统视为援助项目的首选，即通过对受援国国家机构和系统的能力建设，加强伙伴国家的可持续能力，提高援助的有效性，这个过程通常包括但不限于公共财政管理、会计、审计、采购、成果框架和监测。[②]

凝结欧盟及其成员国在发展合作方面共识的两份《欧洲发展共识》都明确地呈现出欧盟发展合作对发展中国家能力建设的支持。欧盟及其成员国支持各受援国进行能力建设，愿意协助制定该国国内监管框架，进行质量数据收集、分类和分析，其中包括利用数字监管工具和提高可持续发展政策的一致性等方法。[③]《科托努协定》在社会和人力资本开发领域的发展合作中也明确表示，欧盟及其成员国对非加太国家的发展合作支持社会领域的能力建设，例如社会政策设计培训

---

① OECD, *The Paris Declaration on Aid Effectiveness and the Accra Agenda for Action*, 2008, p. 16.

② OECD, *The Paris Declaration on Aid Effectiveness and the Accra Agenda for Action*, 2008, p. 4.

③ European Parliament, Council & European Commission, *Joint Statement by the Council and the Representatives of the Governments of the Member States Meeting within the Council, the European Parliament and the Commission: The New European Consensus on Development*, 2017, p. 42.

方案和管理社会项目和方案的现代方法、有利于技术创新和研究的政策、建立当地专门知识和促进伙伴关系以及区域和国家层面的讨论。[①] 在教育发展合作中，2002 年《发展中国家减贫背景下的教育和培训通报》支持发展中国家的体制发展和能力建设，加强所有伙伴之间的协调和互补性，将在与所有合作伙伴对话的基础上，通过宏观经济资助，尽可能为教育提供部门资助。[②] 欧洲大学协会提出“能力建设以应对变革”（building capacity to implement change）的核心主张——鉴于非洲国家高等教育系统迅速扩大，机制体制上的善政和管理至关重要，因此需要在各级进行能力建设和人员发展，例如在高等教育机构层面，应由经验丰富的非洲和欧洲大学领导人以“北—南—南”模式提供更多的领导能力培训，加强各机构的国际项目管理能力，确保成功和及时地执行伙伴关系开展的活动。[③]

欧盟委员会明晰了“能力”的概念。“能力（capacity）是指整个社会系统、组织和个体成功管理其事务的本领”，是由外部因素和行动者塑造、适应和反映的，它是由系统、组织、团体或个体的内部驱动的。因此，能力开发是组织和人员内部的一个变革过程，是“整个社会、组织和个体随着时间的推移释放、加强、创造、适应和保持能力的过程”，可能会带来知识、技能、工作流程、工具、系统、模式、管理风格等的变化。欧盟委员会关注能力开发的三层方法，将能力描述为组织系统、机构和个体的属性，其中组织系统是重点。[④] 根

---

① European Commission, *The Cotonou Agreement*, 2010, p. 39.

② Commission of the European Communities, *Communication from the Commission to the Council and the European Parliament on Education and Training in the Context of Poverty Reduction in Developing Countries*, 2002, p. 3.

③ EUA, *White Paper: Africa-Europe Higher Education Cooperation for Development-Meeting Regional and Global Challenges*, 2010, p. 15.

④ European Communities, *Toolkit for Capacity Development*, 2011, pp. 8-9.

据欧盟委员会的界定，能力开发首先需要变革的驱动力，即组织内部的有影响力的参与者认识到当前的能力水平太低；需要一个可信且管理良好的变革过程，激发推动变革的人们的信心，并克服那些抵制变革的人的阻力；最重要的是，能力开发“必须归功于那些能力开发者”，外部合作伙伴不能设计和实现它，而只能支持它，能力开发的受益者必须自己评估其需求、设计变更流程并进行管理。欧盟支持能力开发的措施不仅限于发展合作政策，还包括与发展合作密切相关的领域。[①]

2017年，欧洲议会在题为《了解能力建设/能力开发：发展政策的核心概念》(Understanding Capacity-Building/Capacity Development: A Core Concept of Development Policy)的简报中明晰了能力建设和能力开发的三个层次和维度——广泛的环境、组织和个体。首先，环境是“人们和组织在其中运作的广泛的社会系统，包括所有规范公民参与的规则、法律、政策、权力关系和社会规范，有利的环境决定了能力开发和能力建设的总体范围”。其次，组织层面意味着决定组织有效性的内部结构、政策和程序，组织使有利环境的利益付诸实践。最后，个体层面需具备相应的技能、经验和知识，其中一些是通过教育和培训的正式渠道获得的，而另一些则是通过实践和观察等非正式渠道获得的。获得可以发展个体能力的资源和经验的机会在很大程度上受到上述组织和环境因素的影响，而这些因素又受到每个个体能力开发程度的影响。[②] 本节下述部分主要围绕着广泛的环境、组织和个体三个维度深入详细地阐述和分析欧盟在能力建设方面的实践举措。

---

① European Communities, *Toolkit for Capacity Development*, 2011, p. 9.

② European Parliament Think Tank, *Understanding Capacity-Building/Capacity Development: A Core Concept of Development Policy*, 2017, p. 5.

二、欧盟加强非洲能力建设的实践响应

（一）对教育部门的能力建设

有利的环境决定了能力开发和能力建设的总体范围。教育部门的有利环境可以规范教育体系运作的规则、权力关系、民族文化和社会规范，而有利的环境本身则包括更广泛的公共部门管理和改革，这些改革将影响教育部门内的政策和服务提供，包括如何在不同层面设定责任、自治和问责。在教育系统的每一个层级，政治经济和社会规范都会影响不同行为者的激励、行为和态度。[①] 欧盟在对非洲的教育发展合作过程中，对非洲教育的相关部门进行了强有力的能力建设。2002 年《发展中国家减贫背景下的教育和培训》通报呼吁支持体制发展和能力建设，支持机构能力建设是全部门办法的自然结果，这是引入可行的教育战略的一个关键因素。教育部门的能力建设包括支持政策制定和执行、对政府承诺进行实质性和预算审计、财政限制和选择、发展与援助者对话、与公共服务改革保持一致、发展教师能力和培训、基础设施规划、支持性别问题和地方编制有用统计数据的能力。欧盟委员会认为，对教育系统的支持和资助必须被视为普遍加强各国系统能力的一部分。[②]

---

① European Commission, *Practical Guidance Note 4: Capacity Development for Education Systems Strengthening*, 2020, p. 1.

② Commission of the European Communities, *Communication from the Commission to the Council and the European Parliament on Education and Training in the Context of Poverty Reduction in Developing Countries*, 2002, pp. 18-19.

1. 编制能力开发工具包

欧盟对非洲教育系统进行能力建设，首先就体现在欧盟编制的“能力开发工具包”（Toolkit for Capacity Development）。欧盟基于自身在教育等领域的专门知识和实践经验专门开发了能力开发工具包，借助其全球影响力，在国际社会的发展合作中发挥规范制定者的角色，将欧盟在教育等领域的经验向国际社会、国家政策制定者、教育机构等利益相关者推广和传播。这也是欧盟委员会实施《援助有效性巴黎宣言》和《阿克拉行动议程》承诺的一部分，用以支持欧盟委员会能力建设和项目实施单位改革战略的实施，提高能力建设支持的需求导向和有效性。能力开发工具包常用于培训和研讨会，帮助合作伙伴制定特别是在部门层面的能力开发战略和计划。① 欧盟委员会国际合作与发展总司于 2007 年推出“工具和方法系列”（Tools and Methods Series）文件，详细介绍了内部沟通、知识管理等方面的相关方法，其中不乏与教育相关的工具和文件，例如欧盟工具和方法参考文件《加强教育系统提供全民学习》（Strengthening Education Systems to Provide Learning for All）。该文件阐述了欧盟对教育发展合作的政策承诺以及实践指南，涉及与教育部门的计划设计和实施的主题（如教育预算和财务管理、部门协调和政策对话、教育系统的能力建设等），详细论述了欧盟如何参与和提供教育领域的支持以及良好实践案例。该文件为分析教育系统的能力发展需求提供了有用的方法，为伙伴国家的教育发展提供切实可行的实践指南。

其中最典型的工具包是“职业技术教育与培训工具包”（VET

---

① European Commission, “Reference Document No. 6: Toolkit for Capacity Development (2010)”, 08 April 2020, https://europa.eu/capacity4dev/t-and-m-series/documents/reference-document-nr-6-toolkit-capacity-development-2010.

Toolbox）。许多发展中国家的职业技术教育与培训系统无法使学习者获得劳动力市场所需的技能和能力，特别私营部门在教育和培训系统中的参与尤为匮乏。作为回应，在欧盟委员会（1500 万欧元）和德国政府（50 万欧元）的共同资助下，欧盟开发了职业技术教育与培训工具包，以强化伙伴国家实现其职业教育和劳动力市场改革的能力，增强劳动力市场的所有相关性和就业能力。该工具包主要面向非洲、亚洲、加勒比和太平洋、中东、拉美等 100 余个国家，其中包括安哥拉、贝宁、博茨瓦纳等 49 个非洲国家。职业技术教育与培训工具包支持非洲国家教育部门增强以下能力的需求：（1）使用职业技术教育与培训系统和劳动力市场分析来加强基于证据的政策制定和规划的能力。这包括提供有关使用劳动力市场信息系统、快速劳动力市场评估、差距分析工具、就业劳动力市场评估的专业知识和工具。（2）吸引私营部门参与职业技术教育与培训和劳动力市场活动的能力。这包括提供专业知识，使私营部门参与可持续协商与合作机制、融资、治理、培训提供、职业指导、公私伙伴关系、咨询委员会、课程开发、评估标准定义和培训中心管理。（3）将弱势群体纳入职业教育与培训以及正式和非正式劳动力市场活动的能力。这包括提供有关承认先前学习、职业技术教育与培训系统中的社会对话机制、改善弱势群体的职业教育与培训、对弱势群体的职业教育和培训机会的看法、提升正规和非正规部门的技能等。[①]

2. 强化机构联系和专业知识共享

欧盟对非洲教育系统进行能力建设还体现在欧盟委员会支持非盟委员会的机构联系和建设、人员的专业化发展和专业知识共享上。

---

① VETToolbox, “Get Expertise”, 20 January 2022, https://www.vettoolbox.eu/en/get-expertise.

2006 年，欧盟委员会和非盟委员会签署了谅解备忘录，以强化双方的机构联系，并通过知识转移、学习和直接培训等能力建设行为，将欧盟和非盟的合作扩大到联合培训课程和研讨会的发展、信息交流和委员会间的对话。欧盟委员会将与非盟委员会分享与欧盟机构运营有关的专门知识和技术援助，尤其是促进在政策分析和战略规划、预算编制、审计、合同和财务、会议管理和服务以及人力资源管理等各个领域交流经验和最佳做法。[①] 欧盟委员会还同非盟委员会交流在教育、就业、科学技术和卫生等几个优先领域的经验，专门于 2007 年启动首个 5500 万欧元的大型支持计划，以支持非盟的业务和机构发展，强化这两个机构之间的官员和学员交流，并支持与非盟主题优先事项有关的具体项目，例如机构能力建设、治理、和平建设和预防冲突等，也包括对结对伙伴关系、发起尼雷尔交流计划以及发展非盟委员会的信息通信能力等方面的支持。[②]

2006 年以来，欧盟在不同的伙伴国家任命了高等教育改革专家(Higher Education Reform Experts)团队，配合伙伴国家和机构层面的改革进程。高等教育改革专家团队提供特定领域(质量保障、课程改革、认可等)的专业知识库，并结合伙伴国家的需求，促进实现博洛尼亚进程的目标。在机构层面，高等教育改革专家为高等教育机构提供咨询和建议，充当当地变革的推动者，定期应邀与其他坦普斯计划伙伴国家的同行以及驻欧盟成员国的博洛尼亚进程专家一起参加研讨

---

① African Union Commission & European Commission, *4th College-to-College Meeting Joint Declaration*, 2010, p. 6.

② European Commission, “The European Commission and the Commission of the African Union Meet in Addis Ababa”, 28 September 2006, https://ec.europa.eu/commission/presscorner/detail/en/IP_06_1277.

会，熟悉欧盟高等教育的发展情况，分享交流最佳实践。[①]

3. 提高教育的质量和相关性

“教育部门能力建设和能力开发的最终指标是教育的公平性和质量，组织机构和个体的能力(开发)应该以此为导向……能力开发本身可以是部门战略中的一个目标，并应在现有系统机制(例如绩效管理和员工发展)中制度化，以便可持续和自我更新”[②]。欧盟也围绕着教育的公平性、质量、相关性等展开了一系列对教育部门的能力建设活动。

坦普斯计划通过各种能力建设活动促进伙伴国家的高等教育体系与欧盟高等教育政策和进程(包括博洛尼亚进程)的自愿融合。[③] 该计划中就有专门提供与伙伴国高等教育政策相配套的援助措施，这包括以下几个方面：第一，为支持伙伴国推进高等教育改革进程和推出教育发展战略开展的政策咨询和服务活动。尤其是坦普斯计划中的结构性措施，支持国家层面高等教育系统结构改革和战略框架制定的干预措施，以及发展和改革伙伴国家的国家高等教育结构和系统(包括提高伙伴国家高等教育结构和体系的质量和相关性)的措施。第二，向高等教育机构网络或国家级、部级高等教育改革工作组提供支持。第三，侧重于与高等教育机构治理改革有关的问题，例如资历认可和资历框架、学生入学、质量保障、问责等。“伊拉斯谟+”计划能力建设项目也继续遵循坦普斯计划的上述举措，广泛协助伙伴国家提升高

① European Commission, *Overview of the Programme TEMPUS IV (2007-2013)*, 2010, pp. 16-17.

② European Commission, *Practical Guidance Note 4: Capacity Development for Education Systems Strengthening*, 2020, p. 2.

③ European Commission, *The Main Achievements of the Tempus Programme in the Southern Mediterranean (2002-2013)*, 2013, p. 60.

等教育机构的能力。[①]“伊拉斯谟+”计划高等教育能力建设活动支持合作国家高等教育和教育系统的现代化和发展，将产生长期的结构性影响，其直接影响的对象是教育系统和教育机构，而非个体，教育部门会愈发熟悉国家质量措施、国家资历框架以及在博洛尼亚进程中包含的共同教育标准和原则。[②]

在促进教育质量方面较为典型的案例是“摩洛哥高等教育治理和管理之学生入学和评估的工具”（Graduate's Insertion and Assessment as Tools for Moroccan Higher Education Governance and Management）和“提高摩洛哥高等教育毕业生就业能力的数字能力护照”（Digital Competencies Passport to Improve Employability of Moroccan Higher Education Graduates）。为提高学生的就业能力，在第四期坦普斯计划的资助下，摩洛哥成立一个国家委员会，以制定一个联合技能参考系统，该项目还参照法国高等教育系统（EMaÉval），为每个学生创建数字护照，衡量该倡议对教育项目结构、学生评估和教学监督的影响，并与社会经济伙伴密切合作，确保社会经济行为者认可这些证书。[③] 摩洛哥政府教育部门还建立了一个毕业生系统数据库，为政府机构提供统计数据。数据库不仅是教育系统质量保障和评估的工具，也是促进大学与劳动力市场合作的工具。在摩洛哥高等教育部和当地国家评估机构的支持下，该数据库扩展到该国所有教育机构，以推广和传播信息，如毕业生条件和就业调查报告。为了确保数据库的有效

① National Erasmus Office in Uzbekistan, “TEMPUS IV (2007–2013)”, 10 January 2022, http://www.erasmusplus.uz/Information-about-the-projects/tempus/Tempus-4/index.htm.

② European Commission, *Erasmus+ Capacity Building in Higher Education (CBHE) Action Regional Report: South Mediterranean Region*, 2020, p. 6.

③ European Commission, *Study of the Achievements of Tempus IV Projects in University-Enterprise Cooperation in the Southern Mediterranean Region*, 2016, p. 118.

性和针对性，项目通过与中小企业协会的合作，评估企业需求，调整干预措施和数据库的内容。项目还推出具体的培训课程，指导利益相关者如何使用指标和统计数据。该项目对教育部和教育机构产生了重大影响，对摩洛哥的整个教育系统以及企业人力资源管理部门也产生了长期影响。[①]

欧盟不仅关注非洲国家教育部门提升教育质量的能力，也力求加强非洲伙伴国家教育质量监督的能力。在第三期和第四期坦普斯计划实施期间，欧盟对突尼斯采取了一系列结构性和补充性措施，巩固和增强其国家层面自我评估的能力。坦普斯计划 EVAFOR 项目基于博洛尼亚进程以及欧洲在质量保障方面的经验，为国家和大学质量保障机构的相关人员提供有关质量保障的培训，促进突尼斯引入国际基准系统，这无疑有助于推动突尼斯采用博洛尼亚进程，特别是有助于引入学士、硕士和博士的三级学位制度以及质量保障改革。[②] 除了教育整体质量的评估，欧盟还推动加强非洲国家在某个具体领域的自我监测和评估能力，如欧盟资助劳工组织在赞比亚和尼日尔等非洲国家开展的“监测和评估体面工作进展”（Monitoring and Assessing Progress on Decent Work）项目。该项目支持政府机构（劳动部、国家统计局等）、工人组织和雇主组织以及研究机构之间的合作，以增强非洲等发展中国家监测和评估体面工作进展的能力。该项目有助于国家自主确定国家层面相关的体面工作指标，支持数据收集，并将收集到的数据用于对体面工作的综合政策分析，促进其开展循证决策。[③]

---

① European Commission, *Study of the Achievements of Tempus IV Projects in University-Enterprise Cooperation in the Southern Mediterranean Region*, 2016, p. 91.

② European Commission, *Overview of the Higher Education Systems in the Tempus Partner Countries Southern Mediterranean*, 2011, p. 185.

③ European Commission, *Concept Paper No. 6: Promoting Employment and Decent Work in Development Cooperation*, 2018, p. 28.

另外，欧盟对非洲的教育发展合作对促进实现社会经济发展目标具有重要意义，因此，欧盟也围绕着教育相关性方面着力提升非洲国家教育部门的能力，以增强教育对国家劳动力市场需求的响应能力。在非洲，教育准入、质量和相关性备受关注，欧盟委员会相继面向非洲几个国家在国家职业技术教育与培训政策和战略（尼日尔）、国家资历框架（博茨瓦纳）、基于能力的与劳动力市场相适应的课程（尼日尔、博茨瓦纳）、培训和就业之间的联系（加蓬和科特迪瓦）、与所有利益相关者（即政府、社会伙伴、正规和非正规企业的商业协会）建立伙伴关系（贝宁）、职业技术教育与培训质量（博茨瓦纳、加蓬、几内亚和尼日尔）、非正规部门技能需求评估（贝宁）、预测和规划技能（博兹瓦纳）等方面提供能力建设，支持其制定国家战略框架，使其教育更能响应社会和经济优先事项，更契合社会经济发展的需求。[①] 尤其在职业技术教育与培训方面，使教育与劳动力市场建立更密切的联系变得越发重要。欧盟从加强劳动力市场信息系统、技能需求预测等维度构建了职业技术教育与培训的发展框架（见图4-5），为非洲等伙伴国家将职业技术教育与培训融入国家发展和教育发展议程、提升职业技术教育与培训的相关性提供了参照框架。欧盟鼓励伙伴国家将框架同本国的现实需求相结合，创建以需求为导向、可靠、灵活和具有成本效益的职业技术教育与培训系统。欧盟也围绕上述的职业技术教育与培训的发展框架的系统要素，向非洲国家开设了系列能力建设的项目，协助非洲国家加强劳动力市场信息系统，发展职业指导和咨询服务，减少技能错配；通过更好的管理和更透明的信息，减少技能不匹配的情况；预测技能需求，确定未来的技能要求并将这

① European Commission, *TVET and Skills Development in EU Development Cooperation*, 2013, p. 45.

些信息整合到职业教育与培训计划中。①

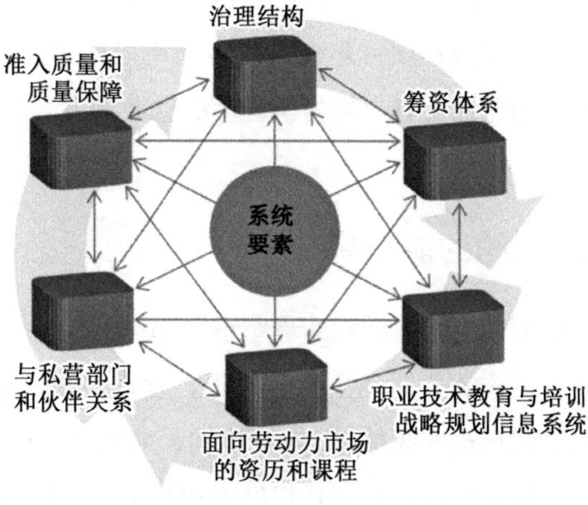

图 4-5 职业技术教育与培训发展的参照框架

资料来源：European Commission, *Tools and Methods Series Reference Document No. 24: Vocational Education and Training for Inclusive Growth in Development Cooperation*, 2017, p. 12。

较具代表性的项目为面向北非国家开设的“有利于北非国家的地中海就业倡议”（Mediterranean Initiative for Jobs Benefiting North African Countries）和“支持劳动力市场和高等教育的工具”（Instruments at Support of Labour Market and Higher Education）。这两个项目旨在协助非洲国家提升教育的相关性，使北非国家的技能与战略发展选择相匹配，以解决技能与劳动力市场需求不匹配的问题。北非国家的青年就业和劳动力市场的区域举措较为零散，迫切需要建立一个全面的业务系统，将培训与市场需求相结合，加强高等教育机构、经济和社会之间的联系。这两个项目在马格里布国家（摩洛哥和突尼斯）

① European Commission, *Concept Note: Vocational Education and Training in European Development Cooperation*, 2014, p. 12.

实施，与地中海倡议(意大利、法国和西班牙)具有强大的协同作用；项目支持建立综合供需匹配模型，用于监测和评估高等教育实践和过程以及劳动力市场需求；项目还在摩洛哥和突尼斯建立国家观测站，开发通用和可比的监测工具，提高毕业生的就业能力，以满足劳动力市场的需求。①

（二）对教育机构的能力建设

组织机构层面的能力建设意味着组织内部结构、政策和程序决定的有效性。组织机构需要明确角色和职责，管理实践、流程和资源，使其能够有效地履行这些职能。② 教育机构，尤其是高等教育机构是使得非洲区域和国家成功过渡到知识经济和社会的关键角色，它们为新一代领导人提供培训，也承担着建立专门知识库和人力资源开发中心的重要责任；同时，高等教育机构也是促进发展和提高竞争力的重要因素，在欧盟成员国和伙伴国的改革议程中发挥着至关重要的作用。③ 为此，欧盟力求加强非洲国家教育机构，尤其是高等教育机构的能力建设。在"伊拉斯谟+"计划下专门推出"高等教育能力建设"活动，支持伙伴国家高等教育和教育系统的现代化，聚焦三个支柱——课程改革、高等教育机构治理和管理的现代化以及基于预先设立的区域和国家层面的优先事项，加强高等教育机构和更广泛的社会经济环境之间的关系，使其能够妥善应对内外部各种挑战，如教育质量保障和认证、适应劳动力市场和社会的需求、机会平等、机构治

---

① European Commission, *Study of the Achievements of Tempus IV Projects in University-Enterprise Cooperation in the Southern Mediterranean Region*, 2016, pp. 119-120.

② European Commission, *Practical Guidance Note 4: Capacity Development for Education Systems Strengthening*, 2020, p. 1.

③ European Commission, *Overview of the Programme TEMPUS IV (2007-2013)*, 2010, p. 7.

理和机构国际化等。高等教育能力建设项目将对教育机构和教育系统产生长期的结构性影响。更具体来讲，“伊拉斯谟+”计划的能力建设项目有以下几个方面的预期目标：第一，支持高等教育的现代化、创新和普及。第二，应对各种挑战，如提高教学质量、适应劳动力市场和社会的需求、机会平等、机构国际化。第三，促进伙伴国与欧盟合作、自愿与欧盟融合、人际交往以及跨文化意识和理解。第四，提升国家当局的能力，实现高等教育系统的现代化。第五，通过联合行动和分享良好实践，促进世界不同区域内部和区域间的一体化和合作。①

欧盟的能力建设项目并非是“单向”的欧盟对伙伴国家高等教育机构的专业知识转移，而是欧盟同项目伙伴国家的高等教育机构之间知识、技能和实践经验的“双向”交流。欧盟可以从伙伴国家的高等教育机构在某个领域的专业知识中学到很多知识和“诀窍”，这些知识和“诀窍”对于欧盟来说亦颇有价值，特别是为欧盟之后在发展中国家开展类似的项目活动提供可移植性经验。②

2015—2017 年间，非洲 22 个国家共获得 89 个“高等教育能力建设”项目的资助，218 个教育机构参与其中(见图 4-6)，其中北非的阿尔及利亚、埃及、摩洛哥和突尼斯四国项目参与最多。“高等教育能力建设”项目主要聚焦三个支柱——课程改革、高等教育机构治理和管理的现代化以及加强高等教育机构和更广泛的社会经济环境之间的关系，本节也在这三个方面探究欧盟对非洲教育机构的能力建设。

---

① European Commission, *Erasmus+ Capacity Building in Higher Education (CBHE) Action Regional Report: South Mediterranean Region*, 2020, pp. 4-5.

② National Erasmus+Office, “Capacity Building in the Field of Higher Education (CB-HE)”, 10 January 2022, https://erasmusplus.kg/en/for-heis/key-action-2/cbhe/.

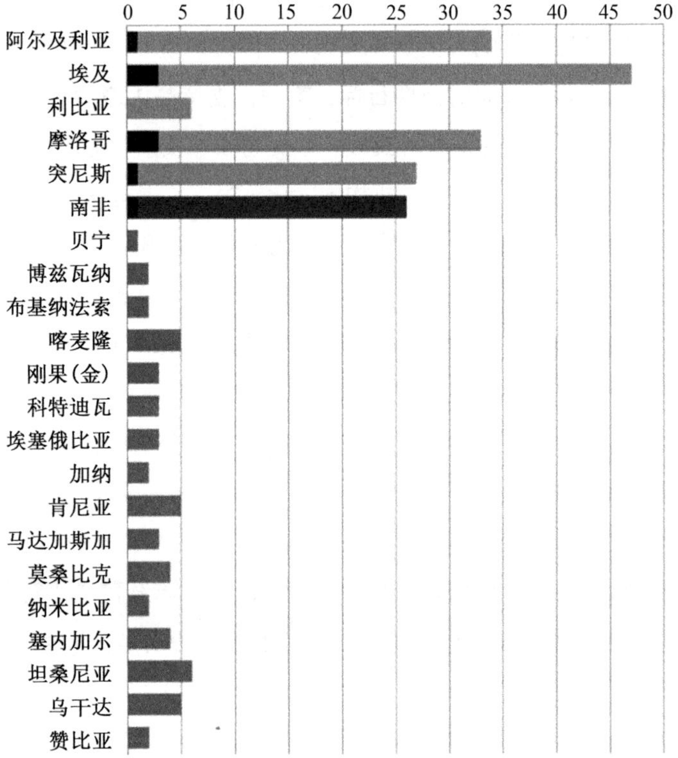

图4-6　2015—2017年非洲国家参与“伊拉斯谟+”计划高等教育能力建设项目的情况

注：图中深色的为协调机构。

资料来源：European Commission，“EU-Africa Cooperation through Erasmus+”，2018，https：//ec. europa. eu/programmes/erasmus-plus/sites/erasmusplus2/files/eu-africa-four-pager-2018. pdf。

1. 课程改革

“高等教育能力建设”项目的主要目标之一是课程改革。伙伴国家的高等教育机构与高质量的国际伙伴合作，修订学习计划或开发新的学习计划，引入新的学习和教学方法，并为学生提供新的和更好的技能，以适应不断变化的就业市场和发展中经济的诉求。据统计，撒哈拉以南区域推行的近半数“高等教育能力建设”项目是用来资助课程改革的，治理现代化或加强与社会联系领域的其他项目亦往往包含了课程改革的相关内容。[①] 现代化和新学习项目的启动，以及创新学习和教学方法的引入，极大地改变了高等教育机构的面貌。课程改革项目具有高度可持续性，所有新创建的研究生学习课程都已成为非洲高等教育机构常规学位课程的组成部分。例如欧盟 2016 年资助的“西非工程培训的国际标准”（Appropriation des Standards Internationaux pour la structuration de formations d’Ingénieurs en Afrique de l’Ouest）项目推动西非（尤其是塞内加尔和多哥）的工程培训符合国际标准。在该项目中，欧洲高等教育机构支持塞内加尔和多哥的院校设计可共享的在线培训项目，提升了工程培训的质量，使这些院校能获得法国工程师职衔委员会（CTI）认证和欧洲工程教育（EUR-ACE）认证，达到国际标准。[②] 2016 年资助的“北非和西非可再生能源高等教育质量”（Qualité en enseignement supérieur pour les énergies renouvelables en Afrique du Nord et de l’Ouest）项目则面向阿尔及利亚、布基纳法索、科特迪瓦、摩洛哥、塞内加尔和突尼斯等非洲国家，支持其开发 11 个硕士和博士级别的可再生能源领域培训模块与可再生能源硕士学位课程，在欧非高等教育机构建立网络，利用欧洲的可持续发展的专业知识和经验共享云平台，向非洲国家和高等教育机构进行分

---

① European Commission, *Erasmus+Capacity Building in Higher Education (CBHE) Action Regional Report: African Caribbean and Pacific Countries (ACP)*, 2020, p. 7.

② European Commission, “Appropriation des Standards Internationaux pour la structuration de formations d’Ingénieurs en Afrique de l’Ouest”, 15 January 2019, https://ec.europa.eu/programmes/erasmus-plus/projects/eplus-project-details/#project/599030-EPP-1-2018-1-FR-EPPKA2-CBHE-JP.

享，为北非和西非的可持续发展和可再生能源的开发做出贡献。①

对非洲国家的高等教育机构来说，与欧洲大学在课程开发方面的合作意味着接触博洛尼亚进程的方法和工具。非洲高等教育机构在开发新课程和考虑学生流动机会时，会间接引入欧洲学分累积与转换系统，采用以学生为中心的教学理念和教学方法。许多高等教育机构已接受博洛尼亚进程，将其作为支持同欧洲高等教育机构流动的一种手段，一些非洲国家还成立了全国性的工作组，促进博洛尼亚进程工具和方法的使用。②

2. 高等教育机构治理和管理

非洲区域和国家的高等教育机构仍需要提高其治理过程和结构的效率，提供高质量的学习课程，吸引学界、学生和整个社会的兴趣，这需要可持续的战略和法规、认可国际和欧洲标准的质量保障单位、财务自主权、与劳动力市场合作的结构以及强大的校友会等作为强有力的基础。“高等教育能力建设”项目显然有助于创建或加强高等教育机构层面的变革，促进质量保障文化，制定高等教育机构之间可比的标准和方法。在伊拉斯谟世界计划的资助下推行的“欧非质量连接试点项目”（Europe-Africa Quality Connect Pilot Project）意在推动五个撒哈拉以南非洲机构的发展并强化其质量保障，非洲大学协会与欧洲大学协会等伙伴合作实施了这一项目。该试点项目采用了欧洲大学协会推行的“机构评估计划”（Institutional Evaluation Programme）方

---

① European Commission, “Qualité en enseignement supérieur pour les énergies renouvelables en Afrique du Nord et de l’Ouest”, 15 October 2016, https://ec.europa.eu/programmes/erasmus-plus/projects/eplus-project-details/#project/573852-EPP-1-2016-1-FR-EPP-KA2-CBHE-JP.

② European Commission, *Erasmus+Capacity Building in Higher Education (CBHE) Action Regional Report: African Caribbean and Pacific Countries (ACP)*, 2020, p.7.

法，该方法具有普遍的开放性和灵活性，其目的不是将新的质量保障程序强加给非洲的大学，而是鼓励它们利用机构评估计划的工具评估其机构的目标和使命，并分享欧洲在该领域的良好实践。该试点项目于2012年成功完成，确认了在非洲开展机构评估的必要性，试点项目证明机构评估方案适用于非洲的高等教育环境。非洲大学协会承诺会调动资源，将欧洲大学协会的“机构评估计划”推广至非洲的其他高等教育机构。①

另外，“高等教育能力建设”项目也力求在高等教育机构层面解决教育、研究和创新的“知识三角”问题。颇具代表性的“伊拉斯谟+”计划中的高等教育能力建设活动为“非洲高等教育在推动包容性创新促进发展方面的领导地位”（African Higher Education Leadership in Advancing Inclusive Innovation for Development）。该项目由罗马尼亚、波兰、英国、意大利、肯尼亚、坦桑尼亚和乌干达等国的若干所高校推动实施，其总体目标是加强伙伴国家高等教育机构的管理、治理、教学、研究和评估能力，使其能更好地整合研究、教育和创新职能，促进可持续发展和包容性增长。该项目的主要活动包括：分析国家创新系统和制度创新能力，开发创新管理学习材料，为培训师和研讨会提供包容性创新培训；改善提供社会创业教育的良好实践和证据基础，为高等教育机构和关键利益相关者之间的结构化合作创建虚拟知识门户；加强利益相关者的协作和协商，建立创新促进发展中心，鼓励地方和区域发展以及利益相关者在创新方面的共同创造。②

① EUA, *Europe-Africa Quality Connect: Building Institutional Capacity through Partnership-Project Results and Future Prospects*, 2012, pp. 6-8.

② European Commission, “African Higher Education Leadership in Advancing Inclusive Innovation for Development”, 15 October 2017, https://ec.europa.eu/programmes/erasmus-plus/projects/eplus-project-details/#project/585919-EPP-1-2017-1-RO-EPPKA2-CBHE-JP.

3. 高等教育机构和经济以及社会环境的相关性

欧盟还通过高等教育能力建设项目增强非洲高等教育机构与劳动力市场和社会的联系与相关性，提高非洲学生在就业市场中的竞争力。例如，2016 年资助的“促进莫桑比克和南非大学与经济关系的教学工具”（Learning and Teaching Tools Fuelling University Relations with the Economy in Mozambique and South Africa）项目，便有助于消除莫桑比克和南非的大学教育同社会需求之间的差距。双元学习计划结合了大学和工作场所的学习阶段，通过雇主和教授之间的密切合作，使得理论和实践不断结合，提高了毕业生的就业能力、研究的社会相关性和创新能力，促进了经济和社会的发展。[①]

事实上，在“伊拉斯谟+”计划实施之前，欧盟就已对非洲高等教育机构进行该方面的能力建设，颇具代表性的项目是“教育链接”计划。该计划前后共启动两期，2006 年启动的第一期获得 3000 万欧元的资助，开设了 66 个子项目，吸引 340 所高等教育机构参与，其中 260 所来自非加太国家；2012 年启动的第二阶段投入 2000 万欧元，开设了 47 个子项目，涵盖广泛的主题。[②]“教育链接”计划的总体目标是通过机构网络以及支持符合劳动力市场需求和非加太国家社会经济发展优先事项的高质量高等教育体系，促进非加太国家高等教育领域的能力建设和区域一体化；该计划的具体目标是加强非加太高等教育机构在机构、学术相关性、研究和技术开发（教育链接第二期不包

---

① European Commission, “Learning and Teaching Tools Fuelling University Relations with the Economy in Mozambique and South Africa”, 15 October 2016, https://ec.europa.eu/programmes/erasmus-plus/projects/eplus-project-details/#project/573579-EPP-1-2016-1-AT-EPPKA2-CBHE-SP.

② Wieke, W., “EU Support to Education in the ACP Region”, 04 June 2013, http://www.unica-network.eu/sites/default/files/ACP-EU.pdf.

括该维度的内容）等方面的能力。计划意在取得以下成果：（1）加强对高等教育区域合作的国家和区域政策和执行计划的贡献；（2）加强非加太国家高等教育机构和欧盟高等教育机构之间的机构间网络；（3）创造更好的区域条件，使高等教育机构在研究和科学技术创新方面建立有效的网络；（4）加强高等教育机构的管理能力；（5）促使高等教育机构成为区域和国际吸引力的中心；（6）追求高等教育方面的学术成就；（7）非加太国家能够发展或加强它们在与国家和区域的社会经济发展有关的领域的战略性专门知识。①

“教育链接”计划由欧洲基金资助并由非加太集团秘书处负责实施。该计划给非加太高等教育提供“一种能影响教育政策、支持区域合作和创新并能创造可持续性的联合系统方法，这是欧盟与非加太集团在高等教育对话中缺失的。它代表了在非加太集团实施欧盟资助项目的协调方法，能提高效率、管理和创新能力，以及欧盟同非加太在高等教育领域合作的可视性和影响”。该计划在实施过程中使用“分散管理”方式（decentralised management），这是一种基于非加太国家和欧盟高等教育机构采取的主题伙伴关系倡议的方法，不受欧盟代表团的干预，更响应当地的实际需求。② 2014 年后，该项目被并入“伊拉斯谟+”计划。

（三）对个体的能力建设

个体层面的能力建设包括培养个体具备必要的技能、经验和知

---

① European Commission, “Supporting Regional Integration and an African Higher Education Space”, 03 May 2010, , http://www.aic.lv/bolona/2010/sem09-10/ghana_2020/workshop.

② European Commission, *Evaluation of the EU Development Cooperation Support to Higher Education in Partner Countries (2007–2014) Final Report Volume III-Desk Phase Analysis*, 2017, p. 57.

识，其中一些是通过教育和培训等正式渠道获得的，而另一些则是通过实践和观察的非正式渠道获得的。教育系统的能力取决于其内部人员（包括教职工和学生等）的技能、知识、动机、态度和行为。系统中的个体参与者需要知道他们的目标，并理解他们的责任。[①] 其中最具代表性、最备受关注的群体便是青年，本节主要聚焦欧盟对非洲教育发展合作中对青年群体的能力建设。

欧盟意识到青年是非洲的未来，也是非洲和欧洲合作的重要参与者，更是《2030年可持续发展议程》的关键贡献者，忽略青年人的教育、就业、社会需求，将会危害可持续发展目标的达成。为此，欧盟及其成员国采取行动，推出一系列青年能力建设项目，支持教育、职业培训、技能开发、数字技术和服务等方面的政策，满足青年人尤其是年轻女性的特定需求。欧盟及其成员国还致力于巩固青年人的权利以及青年人在公共事务中的赋权，包括支持青年人通过青年组织等渠道参与当地经济、社会和决策。[②] 在“伊拉斯谟+”计划的支持下，非洲参与了青年领域的能力建设项目，该建设项目鼓励世界不同区域的伙伴国积极参与青年赋权、青年教育、青年培训和其他相关社会经济部门的组织开展合作，着重关注青年政治参与、就业能力、性别平等、数字和创业技能等议题。2014—2017年，非洲的贝宁、津巴布韦等32个国家共获批136个“伊拉斯谟+”青年能力建设项目，涵盖了人权、性别平等、迁徙、创业等主题；209个非洲相关机构参与

---

① European Commission, *Practical Guidance Note 4: Capacity Development for Education Systems Strengthening*, 2020, pp. 1-2.

② European Parliament, Council & European Commission, *Joint Statement by the Council and the Representatives of the Governments of the Member States Meeting within the Council, the European Parliament and the Commission: The New European Consensus on Development*, 2017, p. 13.

其中，6650 名欧洲和非洲青年及青年工作者从中获益。[①]

整体来说，青年能力建设项目包括以下三类：第一类是着力提升青年群体政治参与能力和素养的能力建设项目。青年赋权和政治参与一直以来都是青年能力建设的核心议题之一。欧盟将青年视为欧非的未来，通过青年能力建设项目影响和塑造非洲青年的意识形态和价值观，使其具备民主、善治、法治等理念，将为欧非伙伴关系注入新的动力。[②] 欧盟也力求提升青年参与民主决策的能力，进而推动非洲区域和国家实施欧洲倡导的“民主革命”，按照“欧洲模式”进行政治、经济和社会领域的变革和转型。早在 21 世纪初，欧洲委员会南北中心即开设长期的欧非青年合作培训班，对青年领导人进行能力建设，在发展过程中提升其组织能力，加强他们在消除贫穷和增强社会凝聚力方面的政治参与，加强青年组织作为民间社会行动者的作用，加强青年组织和采取行动的能力，促进欧非青年的全球公民身份认知。[③]

除了对青年领导人的能力建设之外，欧盟也针对广大的青年群体开展了能力建设活动。其中最具代表性的便是针对包括北非国家在内的地中海区域开展的“欧洲—地中海青年计划”（Euro-Med Youth Programme）。该计划支持和加强欧洲—地中海区域青年和青年组织对社会与民主发展的参与和贡献，促进对话和理解，使青年融入社会

---

① European Commission, “EU-Africa Cooperation through Erasmus +”, 2018, https://ec.europa.eu/programmes/erasmus-plus/sites/erasmusplus2/files/eu-africa-four-pager-2018.pdf.

② Africa-Europe Youth Summit, *4th Africa-Europe Youth Summit Abidjan Youth Declaration and Youth Agenda*, 2017, p. 24.

③ North-South Centre of the Council of Europe, *Africa-Europe Youth Cooperation Programme: Collection of the Declarations and Main Document Adopted by the Youth Movement since 2007*, 2011, p. 14.

和职业生活，并为公民社会的民主化进程做出贡献。欧洲—地中海青年计划呼吁反对种族主义、歧视和仇外心理，为处于边缘地位的青年提供便利机会，与其他世界文化进行对话，促进欧洲国家与世界其他区域之间的相互了解；支持欧洲—地中海的青年工作，提高欧洲—地中海跨文化青年项目的质量和数量，发展青年工作者和领导者处理共同关心的问题的技能和能力。该计划通过在国家层面绘制青年组织、培训青年游说和倡导国家青年政策、监督青年在媒体中的代表性以及促进青年参与全国就业和培训等能力建设活动，使得欧盟成功向包括北非国家在内的地中海国家输出青年政策话语，实现“通过青年参与和行动来培养民主公民的欧洲愿景”①。

第二类是提升青年人就业能力和竞争力的能力建设项目。非洲拥有世界上最年轻的人口，青年人口正在迅速增长，预计到2050年将翻一番，达到8.3亿人以上。然而，青年失业是许多非洲国家面临的重大社会问题，青年失业人口占总失业人口的60%。② 青年需要具备与劳动力市场当前和未来的需求与机会相匹配的技能和能力来应对失业问题。“伊拉斯谟+”计划于2016年面向20个国家（包括喀麦隆、埃塞俄比亚、加纳、肯尼亚、索马里、多哥和乌干达等非洲国家）启动名为“包容性社会青年创业精神，促进更好的社会变革”（Inclusive Social Youth Entrepreneurship for Better Social Change）的青年能力建设项目，以促进青年在社区、社会和经济方面的包容性参与，提高

---

① Murphy, E. & Sika, N., “Euro-Mediterranean Partnership and Youth Policies in the MENA: Why Policy Discourse Travels but Implementation Doesn’t”, *Mediterranean Politics*, Vol. 26, No. 3, 2021, pp. 393-406.

② African Union Commission & European Commission, “AU-EU Skills for Youth Employability Programme”, 30 April 2020, https://www.africa-eu-partnership.org/en/projects/au-eu-skills-youth-employability-programme.

青年的社会责任感和创业技能。[①]

第三类是响应数字化发展需求，提升青年数字技能的能力建设项目。数字技能是2019—2023年欧盟委员会的优先事项之一，该技能的开发也逐渐成为欧盟对非洲发展合作的重点议题。欧盟强调必须抓住数字化教育的机会，将知识和现代教学方法带给发展中国家，输出欧盟在数字化领域的规范标准，也在发展中国家引入数字扫盲，使学生能够掌握获取信息的能力。[②] 数字技能是数字经济和社会的先决条件，填补这一教育和技能开发领域的数字空白将为青年提供更好的就业和创业机会。基于非洲对数字技能的现实需求，欧盟推动实施相应的青年能力建设项目，特别是战略性地使用开放和灵活的学习、虚拟合作、开放式教育资源，更好地开发信息技术的潜力。

2019年，欧盟在“伊拉斯谟+”计划的支持下联合南非、尼日利亚、荷兰和立陶宛四国的五个合作伙伴共同推动实施名为“数字青年一代”(Digital Generation Youth)的青年能力建设计划，以提高南非、尼日利亚、荷兰和立陶宛青年工作的质量和对青年工作的认可，发展青年工作者的数字技能。该计划主要包括四个方面的内容：第一，增加合作伙伴的共享知识，了解合作伙伴所在区域如何实施有关数字素养和21世纪技能开发的非正规教育计划；第二，根据最佳实践和具体环境，调整、开发和试点青年数字识字和数字技能开发的方法；第三，开发基于数字开放徽章的识别系统，使青年工作者和合作伙伴组织的青年能够收集和分享他们学习经验的证据，寻求更广泛的

---

① European Commission, “Inclusive Social Youth Entrepreneurship for Better Social Change”, 01 September 2016, https://ec.europa.eu/programmes/erasmus-plus/projects/eplus-project-details/#project/573203-EPP-1-2016-1-BE-EPPKA2-CBY-ACPALA.

② European Parliament, *European Parliament Resolution of 13 November 2018 on EU Development Assistance in the Field of Education (2018/2081(INI))*, 2018, p. 6.

认可；第四，确保开放式徽章系统的广泛应用和使用，将其作为开放式教育资源向社会进行推广。该项目预计将惠及1.3万名青年。①

① European Commission, “Digital Generation Youth”, 01 December 2019, https://ec.europa.eu/programmes/erasmus-plus/projects/eplus-project-details/#project/608393-EPP-1-2019-1-NL-EPPKA2-CBY-ACPALA.

第五章　规范性效果：欧盟对非洲教育发展合作的评价

规范力量视阈下，欧盟通过程序性扩散、传递性扩散和“文化过滤”扩散的方式，将构成性规范和约束性规范向非洲区域和国家进行推广和传播，扩大欧盟的国际影响力。规范力量借助价值观、标准等观念性因素发挥作用，使欧盟规范力量的效果取决于规范在何种程度上激发了欧盟的外部行动，并被非欧盟的行为体所认可。[①] 换言之，就是评估欧盟对外政策的实施如何引起第三方制度、政策和法律的变化及其程度，以此来判断规范力量是否发挥了作用、是否得到了传播和扩散。[②]

考察欧盟规范力量的效果需要将“自我”和“他者”两个层面结合起来，既要考察欧盟内部建构和推广规范的能力，也要考察非欧盟行为体对欧盟规范的响应。在此基础上，对规范力量效果的考察涉及三个维度：首先是规范绩效，即欧盟自身规范扩散的真诚性和连贯性；其次是规范竞争，即欧盟规范在特定区域或国家内同其他国际行为体规范的竞争情况；最后是规范共鸣，即非欧盟行为体对欧盟规范

---

① Manners, I., *Normative Power Europe Reconsidered*, CIDEL Workshop, 2004, p. 6.

② Tocci, N., *Profiling Normative Foreign Policy: The European Union and Its Global Partners*, CEPS Working Document No. 279, 2007, pp. 6-7.

的认可和响应程度。[①] 本章主要围绕上述三个维度，对欧盟对非洲教育发展合作的效果进行探讨，力求剖析欧盟对非洲的教育发展合作如何引起非洲区域和国家教育领域的变化及其变化程度。

第一节　欧盟对非洲教育发展合作的成效

一、欧盟教育发展合作同发展战略的契合

规范绩效意在考察欧盟自身规范扩散的连贯性以及在实践过程中同战略考虑之间的契合情况。欧盟对非洲教育发展合作中最典型、最突出的绩效便是其教育发展合作同发展战略的契合，也就是欧盟强调的"发展政策一致性"（Policy Coherence for Development）。发展政策一致性是欧盟力争增强发展合作影响力和有效性的关键，这意味着"在可能对发展中国家产生影响的政策中考虑发展目标，最大限度地减少欧盟不同政策之间的矛盾，建立协同效应，提高发展合作的有效性"[②]。发展政策一致性最初由《马斯特里赫特条约》正式引入欧盟法律，并由《里斯本条约》进一步加强。2017年新的《欧洲发展共识》在《2030年可持续发展议程》的基础上重申了欧盟对发展政策一致性的承诺，承诺将发展政策一致性应用于《2030年可持续发展议程》涵盖

① 曾向红："'规范性力量'遭遇'新大博弈'：欧盟在中亚推进民主的三重困境"，《欧洲研究》2020年第2期。

② European Commission, "Policy Coherence for Development", 01 February 2022, https://ec.europa.eu/international-partnerships/policy-coherence-development_en.

的所有政策和领域。

欧盟加强发展合作政策的连贯性和一致性的行动主要体现在以下四个方面：第一，欧盟对非洲的教育发展合作同国际教育援助保持一致。欧盟对非洲的教育发展合作立足于合法性，建立在《科托努协定》和《欧非联合战略》的基础上，且追随国际教育援助的战略步伐。欧盟对非洲的教育发展合作同国际教育援助的发展目标保持一致，承诺支持实现国际商定的全球教育发展目标（如千年发展目标、可持续发展目标和全民教育目标等）。欧盟将全球教育发展目标中的核心议题融入欧非教育对话和议程中，例如教育普及、技能开发、教育平等和人员流动等。欧盟也积极促进区域和全球政策对话以及全球教育倡议，例如承诺2014—2020年间向全球教育伙伴关系提供4.75亿欧元的资助；2018—2020年间向“教育不能等待”项目提供1600万欧元的资助；2018—2019年间通过其人道主义援助向全球教育集团（Global Education Cluster）提供100万欧元的资助。[①] 欧盟还依托“全球教育伙伴关系”“教育不能等待”等国际多边教育援助机构和国际教育援助项目向非洲区域和国家的教育发展提供资助和支持。

第二，欧盟对非洲教育发展合作同非洲区域和国家发展战略保持一致。教育发展合作并非是简单的转移支付，教育规范的扩散和传播并非是单纯的迁移和“照搬”，必须适应当地的社会、文化和经济情况。欧盟对非洲的教育发展合作同非洲区域和国家的制度改革与长期发展目标相捆绑，与非洲国家自身的发展需求高度相关。在区域层面，欧盟对非洲的教育发展合作同非盟深化非洲大陆教育一体化的诉求不谋而合；欧盟也在教育发展合作过程中通过坦普斯计划、泛非计

---

① European Commission, *Communication from the Commission to the European Parliament and the Council on Education in Emergencies and Protracted Crises*, 2018, p. 2.

划、调整非洲项目、“非洲高等教育质量保障和认证协调”倡议等向非洲推广欧盟在教育一体化方面的模式和经验，例如资历框架、资历认可、质量保障、信息交流等区域教育一体化的运行机制和规则。在推行欧洲的教育一体化模式过程中，欧盟也根据非洲的需求和环境加以调整和改进，如调整非洲项目就在欧洲“调整方法”的基础上，根据非洲的需求和环境，对学位课程的通用能力、特定学科所需的能力、学生每学年工作量等方面进行协商和调整。在国家层面，非洲教育准入和质量堪忧，非洲国家迫切需要解决准入和质量问题，欧盟关注到了非洲国家教育发展现状与实际需求，明确表示将重点关注非洲教育准入和质量方面，提升初等教育的准入和质量。① 实践证明，欧盟对非洲的教育发展合作与非洲国家发展需求相契合，取得了不错的成绩。2013—2018年期间，欧盟对非洲的教育发展合作明显促进了撒哈拉以南非洲国家教育事业的发展，增进了民众尤其是边缘性群体平等获得教育等基本社会服务的机会。特别是欧盟给予莫桑比克、乌干达、布基纳法索、塞拉利昂、赞比亚和坦桑尼亚等国政府教育部门的预算支持，显著提高学龄儿童的入学率。以莫桑比克为例，2004—2012年间，莫桑比克小学入学人数增加了近40%，中学入学人数增加了65%。此外，欧盟的教育发展合作也在一定程度上缓解了非洲地区教育不平等的问题，增加了妇女和女童接受教育的机会，缩小了教育中的性别差距。在塞拉利昂、坦桑尼亚、乌干达、布隆迪、赞比亚和莫桑比克等国家，女童的小学和中学的入学率得到了提升。②

欧盟在制定国家层面的具体教育发展合作项目时，按照区域和伙

① European Commission, *Intra-ACP Cooperation-11th European Development Fund: Strategy Paper and Indicative Programme (2014-2020)*, 2014, pp. 14-15.

② ECDPM, *EU Development Cooperation with Sub-Saharan Africa 2013-2018: Policies, Funding and Results*, 2020, pp. 62-78.

伴国家的优先事项设计和实施，以对接伙伴国家高等教育的需求。如欧盟在对喀麦隆进行教育发展合作时，便对该国的高等教育政策做出了回应："欧盟委员会资助的项目和干预措施尊重喀麦隆的优先发展事项，与喀麦隆国家教育和培训部门战略文件中提出的高等教育优先事项保持一致，并基于此为其高等教育制定了 4 个相关的项目"。[①] 欧盟的教育发展合作不仅寻求同非洲区域和国家发展战略之间的一致性，也寻求欧盟教育发展合作项目同非洲本土教育项目的协同和互补。非盟高度重视泛非质量保障和认证框架，该框架由若干个工具和行动路线组成，如非盟制定的非洲质量评级机制以及联合国教科文组织推动的《亚的斯亚贝巴公约》，欧洲对非洲教育发展合作的系列倡议以及生成的工具和准则也是该框架的重要组成部分，如"非洲高等教育质量保障和认证协调"倡议以及基于该倡议制定的《非洲高等教育质量保障标准和指南》、调整非洲项目及其推进构建的非洲学分转换系统等。欧盟实现了欧洲项目同非洲本土项目的互补和连贯，这也彰显出欧盟对非洲的教育发展合作是立足于非洲区域和国家的现实诉求开展和推进的，和非洲自身的发展需求是高度契合和相关的。

第三，欧盟对非教育发展合作同其他双边和多边援助者对非教育发展合作保持一致性和协同性，这也是欧盟对《援助有效性巴黎宣言》承诺的响应。《援助有效性巴黎宣言》呼吁降低援助的碎片化，主张援助者协调、简化程序并共享信息，减少援助的分散性和重复性。欧盟出台的系列政策文件，如《发展政策中的互补性和劳动分工行为

---

① European Commission, *Evaluation of the EU Development Cooperation Support to Higher Education in Partner Countries (2007 - 2014) Final Report Volume IV-Field Phase Analysis*, 2017, p. 2.

守则》(Code of Conduct on Complementarity and the Division of Labour in Development Policy)、《劳动分工的操作框架》(Operational Framework on Division of Labour)和《增加欧盟发展政策的影响：变革议程》，寻求加强与其他援助者尤其是欧盟成员国在发展合作领域的分工和合力，促使发展合作聚焦重点国家和重点区域，在“援助的宠儿”和“援助的孤儿”之间建立更好的平衡。① 在分工方面，欧盟对非洲的教育尤其是高等教育领域的发展合作，聚焦在非洲大陆或者次区域层面的项目，同欧盟成员国对非洲国家的双边援助形成互补。在合力方面，欧盟在推行教育发展合作项目过程中，寻求具有专业经验的成员国相关机构的合作和参与，实现合力增效。例如，在推动实施技能开发、职业技术教育与培训、质量保障等方面的项目中，欧盟推动同德国国际合作机构、德国学术交流中心等机构的合作，发挥德国在这些领域丰富的专业经验和强大的伙伴网络关系等优势，寻求提质增效。欧盟委员会启动的“非洲高等教育质量保障和认证协调”倡议吸引了德国学术交流中心的参与，该中心凭借其在高等教育质量保障领域基于伙伴关系的能力建设方面的长期经验和专业知识，以及与非洲已有的长期合作关系，向非洲利益相关者提供高等教育质量保障和认证方面的培训研讨会和课程。② 另外，“非洲高等教育质量保障和认证协调”倡议还考虑吸引世界银行等多边援助者的参与和合作。世界银行一直以来大力推动非洲建立高等教育卓越中心，可以为该倡议推动在西非建立区域质量保障和认证机构提供技术支持。

第四，欧盟也寻求对非洲教育发展合作项目之间的一致性、协调

---

① 斯蒂芬·柯克莱勒、汤姆·德尔鲁：《欧盟外交政策》，刘宏松译，上海人民出版社 2017 年版，第 235 页。

② DAAD：“HAQAA”，26 August 2021，https：//www. daad. de/en/information-services-for-higher-education-institutions/further-information-on-daad-programmes/haqaa/.

性和互补性，加强欧盟对非洲教育发展合作项目的协同效应，避免援助的分散和浪费，从而有效地整合了援助资源，提高了援助效率。调整非洲、“非洲高等教育质量保障和认证协调”倡议、“伊拉斯谟+”计划等项目之间有很强的协调性和互补性。三个项目聚焦在不同的议题领域上，相互补充、相辅相成，共同促进非洲教育事业的发展以及非洲教育一体化。其中，“伊拉斯谟+”计划支持欧盟与非洲伙伴国家之间的流动以及欧洲和非洲高等教育机构之间的能力建设项目；调整非洲项目侧重改进教学和评估的方法支持、基于学习成果和能力的联合课程开发以及非洲学分转换系统的建设；“非洲高等教育质量保障和认证协调”倡议支持在泛非、次区域、国家和机构层面建立协调的质量保障和认证系统。参与调整非洲项目的大学通过申请“伊拉斯谟+”计划来实施新的课程开发项目，这也能帮助非洲大学在“伊拉斯谟+”计划的支持下加强同欧洲大学的流动和交流。“伊拉斯谟+”计划的能力建设项目为非洲国家和高等教育机构在质量保障方面的改革提供支持，补充“非洲高等教育质量保障和认证协调”倡议在大陆层面开展的工作。非洲内部学术流动计划同上述项目也产生了协同作用，这些内部学术流动计划增加了协调和认证工具开发的迫切性和必要性，高等教育机构对参与流动计划的兴趣突出了统一课程、质量保障和认证系统方面的重要性；部分参与调整非洲项目的大学正在申请非洲内部学术流动计划，以期在开发的联合学位框架内加强流动。[①]

---

① European Commission, *Annex 6 of the Commission Implementing Decision on the Annual Action Programme 2018 of the DCI Pan-African Programme: Action Document for AU-EU Higher Education Programme*, 2018, pp. 8-9.

二、欧盟在非洲比较优势的形成

规范竞争是对欧盟在特定区域和国家发挥规范力量时面临的竞争情况加以研判，这会直接或间接影响到欧盟政策和实践的成效。非洲因在地缘政治、能源储备等方面的重要性日益得到国际社会的关注，日益成为欧盟、美国等传统援助者和中国、印度等新兴援助者的优先援助对象，已然成为双边援助者和多边援助者的活动场。在此背景下，探究欧盟相较于其他行为体的规范竞争力和规范吸引力至关重要。从这个角度来说，欧盟对非洲的教育发展合作具有明显的比较优势和较强的规范竞争力；欧盟也通过对非洲教育发展合作构建起自身的“软实力”资源，形成在非洲的比较优势，以维持甚至增强欧盟在非洲的主导权和影响力。

从欧盟对非洲发展合作的整体情况来看，非洲是欧盟对外发展合作长期关注的对象和重点援助区域，欧盟及其成员国也是全球范围内对非洲发展合作最大的提供者，在对非洲发展合作方面有着其他国家以及国际组织无可比拟的传统优势和地域优势。此外，在发展合作方面，欧盟机构的独特之处在于它们为发展中国家提供直接支持，在27个成员国间发挥“27+1”的“联合作用”（federating role）——协调成员国更好地发挥其在发展合作中的作用，并在国际舞台上加强欧盟的声音，增强协同效应。[①] 欧盟也在对非洲的发展合作中整合资源，避免援助资源的分散和碎片化，将发展合作集中于若干个重点领域和重点部门，重点关注欧盟可以根据自身成功经验（如区域一体

---

① OECD, *Development Assistance Committee (DAC) Peer Review: European Union 2012*, 2012, p. 13.

化）提供有用支持的领域，并根据所有权原则在伙伴国家主导的对话中尽可能利用欧盟自身的比较优势。①

事实上，欧盟的比较优势和竞争力不仅仅体现在上述的历史和地缘等方面的优势，也源于欧盟在教育等社会领域成熟的发展模式、专业能力以及丰富的知识和经验。这些都对非洲产生了强烈的吸引力，非洲也坦率地表示，“在区域一体化模式、包容性发展、社会保护等方面，非洲更倾向于选择欧盟而非其他伙伴”②。这类似于美国著名政治学家约瑟夫·奈提及的“软实力”资源。在约瑟夫·奈看来，欧盟虽然在军事上不如美国强大，但在“软实力”的运用上更胜美国，前者通过贸易和发展援助等外交政策为全球公共利益做出贡献，从而施加其影响力。③ 欧盟拥有丰富的“软力量”资源，例如在区域一体化领域以及社会发展领域都有较为成熟的发展模式和备受认可的规则标准，尤其是区域一体化，这是欧盟的特殊优势和资源，也恰恰是其他国际行为体所不具备的。因此，欧盟能凭借这些软实力资源产生吸引力，对其他行为体的行为施加影响以达到自身所期望的结果。

聚焦到教育发展合作领域，欧盟拥有丰富的“软实力”资源，这包括欧盟在教育领域成熟的教育发展模式以及丰富的专业知识和经验，尤其是欧洲教育一体化机制和共享的质量标准已在国际舞台上创建了具有战略影响力的欧洲品牌，已然形成了标杆和品牌效应。欧盟以博洛尼亚进程为典型代表的区域教育协调和一体化方法，在保持欧洲各国教育特色的同时，提升了教育的可比性、透明性和流动性，提

① European Commission, *Increasing the Impact of EU Development Policy: An Agenda for Change*, 2011, p. 30.

② African Union & European Union, *The Future of the Africa-EU Partnership: Key Messages for the IV Summit*, 2014, pp. 5-6.

③ 约瑟夫·奈：《软力量：世界政坛成功之道》，吴晓晖、钱程译，东方出版社2005年版，第88页。

高了欧洲高等教育的竞争力，对非洲以及世界其他区域都产生了强烈的吸引力，促使非洲区域和国家主动合作和模仿学习。[①] 非洲乃至整个国际社会都将欧洲博洛尼亚进程视为推进区域高等教育协调和一体化的典范，尤其是“在不过度损害主权和多样性的情况下实现融合”的理念[②]。欧盟教育发展合作的评估报告强调，欧盟推进高等教育协调和标准化的区域方法，为推进区域一体化做出了重大贡献，借鉴欧洲博洛尼亚进程发展起来的举措有助于高等教育的协调、资历认可和透明度的提高，这对非盟的大陆教育议程以及其他区域的教育议程至关重要。[③]

欧盟为国际教育发展尤其是在推进区域教育一体化和协调方面，提供了可参照的框架和较为成熟的工具机制；但与此同时欧盟也意识到，不能“一刀切”地开展教育发展合作：教育发展合作并非是将其社会发展模式单纯地迁移或“照搬”至非洲区域和发展中国家。如在推进坦普斯计划的过程中，欧盟就指出：欧盟模式不能不加区别地复制到坦普斯计划的伙伴国家和伙伴高等教育机构中，欧盟以及利益相关者需采取灵活的方式，适应不断变化的政治、经济、社会和地理环境，并满足其利益相关者的需求。[④] 在调整欧盟及其成员国的方法以适应伙伴国的本土情况时，欧盟也显示出其过硬的比较优势。如

---

① Nyircsák, A., *Exporting European Quality Structures in Higher Education-Normative Attempts to Secure the Southern Neighbourhood?*, Academic Association for Contemporary European Studies, 2015, p. 1.

② University World News, “EU Backs Pan-African Quality Assurance Initiatives”, 08 June 2013, https: //www. universityworldnews. com/post. php? story = 20130607123302984.

③ European Commission, *Annex 6 of the Commission Implementing Decision on the Annual Action Programme 2018 of the DCI Pan-African Programme: Action Document for AU-EU Higher Education Programme*, 2018, p. 8.

④ European Commission, *Linking the Worlds of Work and Education through Tempus*, 2007, p. 49.

在推进职业技术教育与培训的相关项目活动中，欧洲培训基金会具备丰富的技术专业知识，熟悉不同国家职业教育和就业政策及战略的优缺点，对伙伴国家的国情和教育领域发展情况、政策需求和优先事项等有清晰的全景式认知，也拥有使欧盟工具“本土化”的能力，使其更适合伙伴国家的情境。①

三、欧盟规范的成功外溢

规范力量期待非欧盟行为体对欧盟所倡导和践行的规范产生高度的共鸣，认可欧盟的身份定位，认可、主动接受并持续内化欧盟的规范。规范共鸣意在考察非欧盟行为体对欧盟规范的认可、接受和响应程度，这也是考察欧盟规范力量最核心的维度。非欧盟行为体会对欧盟的规范产生多大程度的共鸣，取决于后者的规范在多大程度上能满足前者的功利性目标以及同本土发展情况的契合情况。如前所述，在欧盟对非洲的教育发展合作语境下，欧盟的教育发展合作同非洲区域和伙伴国家的发展战略、优先事项和需求保持一致，欧盟的教育发展模式也符合非洲区域和国家的诉求，并通过程序性扩散、传递性扩散、“传染性”扩散和“文化过滤”扩散的方式，加速欧盟教育规范的外溢。欧洲是区域一体化和政策协调进程的领先典范和开拓者，特别是博洛尼亚进程成功地吸引了包括非洲在内不同区域的注意力——博洛尼亚进程已成为非洲区域高等教育区建设以及国家资历框架、质量保障建设等方面的范本，欧盟正逐渐成为非洲推进社会改革的规范标杆。

---

① European Commission, *TVET and Skills Development in EU Development Cooperation*, 2013, p. 67.

教育发展合作相较于政治和经济援助，虽其形式较为温和，效果较为隐秘，但更具感召力和同化力，作用也更为深远持久。从非洲大陆层面来看，欧洲已然成为非洲推进区域教育一体化的模版，欧盟对非洲的教育发展合作无疑加速欧盟规范的成功外溢，推动博洛尼亚进程、哥本哈根进程和都灵进程等欧洲模式的南渐，成功将欧洲教育模式和标准引入和内化至非洲区域教育系统内。欧盟通过程序性扩散、传递性扩散和“文化过滤”扩散的方式积极主动将自身教育规范进行传播和扩散。非洲区域和国家也通过“传染性”扩散模仿学习、主动推进欧洲模式的迁移和扩散传播，成为欧盟规范的追随者。博洛尼亚进程的相关要素和工具，如三级学位制度、资历框架、质量保障、学分转换系统等，以理念和实践的方式在非洲等区域逐步推进。①

非洲区域和国家对欧盟规范的认可和接受度较高，实现了以欧洲教育模式和经验为蓝本改革非洲教育的目标。特别是博洛尼亚进程在高等教育区域化中的转移和扩散不仅促进了欧洲教育政策迁移和扩散的进程，也在一定程度上促进了教育政策的趋同性。② 非洲在一定程度上也借鉴了欧盟的规范和实践，通过社会化和效仿的方式主动地接受和推进欧盟规范，这使得欧非在区域教育一体化的政策和工具方面具有明显的趋同性（见表 5-1）——非洲参照欧洲教育一体化政策和工

---

① Woldegiorgis, E. T., "Policy Travel in Regionalisation of Higher Education: The Case of Bologna Process in Africa", in A. Curaj, L. Deca & R. Pricopie (eds.), *European Higher Education Area: The Impact of Past and Future Policies*, Cham: Springer International Publishing, 2018, p. 46.

② Woldegiorgis, E. T., "Policy Travel in Regionalisation of Higher Education: The Case of Bologna Process in Africa", in A. Curaj, L. Deca & R. Pricopie (eds.), *European Higher Education Area: The Impact of Past and Future Policies*, Cham: Springer International Publishing, 2018, p. 46.

具，推出了一系列类似的政策和工具。在非洲的一系列政策和工具中也能明显看到欧盟主动参与的痕迹，如泛非质量保障和认证框架、调整非洲项目、《非洲高等教育质量保障标准和指南》等。由此可见，非洲对欧洲的规范产生了高度的共鸣，实现了欧洲专业知识和工具、专业技能、实践经验等方面的迁移、扩散和外溢。欧盟在区域教育一体化等方面的规范已经被非洲吸收纳入到其自身内部的政策和法律中，非洲也将会在后续行动和实践中继续促进欧洲规范的内化和应用，这将产生深远且持久的影响。这种规范的持续内化和应用可被视为规范力量最深层次的影响。①

表 5-1　欧非教育一体化政策和工具的对比

欧洲	非洲
《里斯本公约》(欧盟、欧洲委员会、联合国教科文组织)	《亚的斯亚贝巴公约》(非盟、联合国教科文组织)
博洛尼亚进程(欧洲高等教育区)	非洲高等教育协调战略(非洲高等教育和研究区)
欧洲质量保障登记处以及各成员国质量保障和认证机构	泛非质量保障和认证框架，建立大陆机构、区域和成员国质量保障和认证机构
调整欧洲项目、欧洲学分转换与累积系统、“测量和比较欧洲高等教育学习成果的成就”项目	调整非洲项目、非洲学分转换系统(制定中)
欧洲教育质量保障和认证的标准和准则，如《欧洲高等教育区质量保障的标准和指南》	泛非质量保障和认证框架、《非洲高等教育质量保障标准和指南》

① Lavenex, S. & Schimmelfennig, F., “EU Rules beyond EU Borders: Theorizing External Governance in European Politics”, *Journal of European Public Policy*, Vol. 16, No. 6, 2009, pp. 791-812.

（续表）

欧洲	非洲
机构评估计划	质量评级机制、质量连接机构评估
	非洲内部流动
“传统”的伊拉斯谟计划（欧盟内部）	尼雷尔流动计划
	泛非大学

资料来源：European Commission, *Annex 1 of the Commission Implementing Decision on the Annual Action Programme 2016 of the DCI Pan-African Programme Action Document for Intra-Africa Academic Mobility Scheme II*, 2014, p. 9。

从国家层面来看，欧洲也已成为非洲国家教育改革的标杆，部分非洲国家将欧洲在质量保障、资历认可、课程改革和开发、学分累积和转移等方面的规范内化并持续使用，产生可持续的后续影响。欧盟对非洲的教育发展合作在一定程度上直接或间接地引发了非洲国家层面相关教育政策框架和立法的变化。如在阿尔及利亚、摩洛哥和突尼斯等非洲国家，博洛尼亚进程已正式融入其教育体系并被纳入国家法律，正式成为国家战略的一部分。① 博洛尼亚进程在大多数非洲国家都被视为一个成熟的参照标准，通常被视为加强机构合作以及与欧盟同行交换学生和工作人员的先决条件。在许多国家，博洛尼亚进程也被视为更广泛改革的推动力以及促进高等教育国际化的重要工具。在这方面，坦普斯计划和“伊拉斯谟+”计划等教育发展合作项目已被证明是推广博洛尼亚工具和方法的重要渠道。参与这些计划的某些伙伴国家在参与过程中开始反思其高等教育体系并启动改革，使用博洛尼亚进程及其工具作为灵感来源（尽管这些国家尚未签署《博洛尼亚

① European Commission, *State of Play of the Bologna Process in the Tempus Partner Countries (2012)*, 2012, p. 11.

宣言》)。在大多数坦普斯计划参与国家，学士、硕士和博士课程的博洛尼亚三级学位制度已在大多数机构和课程中全面或广泛实施，签署《博洛尼亚宣言》的所有坦普斯国家都是如此，一些非签署国(如阿尔及利亚、摩洛哥、突尼斯)亦然。[①] 欧盟参与了埃及、利比亚和突尼斯等北非地中海邻国的高等教育改革，将欧洲模式的基本概念和相关政策工具引入到这些国家的高等教育中。[②] 例如，阿尔及利亚虽然不是《博洛尼亚宣言》签署国，但是已将博洛尼亚进程正式嵌入其教育系统，博洛尼亚结构在该国大部分研究领域得到全面实施。在坦普斯计划第四期中，超过75%的阿尔及利亚教育机构和项目使用欧洲学分累积与转换系统，超过75%的机构引入博洛尼亚进程的文凭补充机制。[③]

对非洲高等教育机构而言，欧盟对非洲教育发展合作促进了现代化和新学习项目的启动、创新教学方法的引入、教育机构的治理和管理、教育机构的质量保障文化增强等，极大地改变了教育机构的面貌。[④] 在坦普斯计划、伊拉斯谟世界计划、“伊拉斯谟+”计划等支持下创建的新的学位课程已成为非洲高等教育机构常规学位课程的组成部分，具有高度可持续性。高等教育机构中也融入了不少的博洛尼亚进程的元素，比如欧洲学分累积与转换系统、以学生为中心的教学理念和方式等。在教育机构的管理和治理上，欧盟对非洲教育发展合作

---

① European Commission, *State of Play of the Bologna Process in the Tempus Partner Countries (2012)*, 2012, pp. 10-11.

② Nyircsák, A., *Exporting European Quality Structures in Higher Education-Normative Attempts to Secure the Southern Neighbourhood?*, Academic Association for Contemporary European Studies, 2015, p. 1.

③ European Commission, *Overview of the Higher Education Systems in the Tempus Partner Countries Southern Mediterranean*, 2011, p. 25.

④ European Commission, *Erasmus+ Capacity Building in Higher Education (CBHE) Action Regional Report: African Caribbean and Pacific Countries (ACP)*, 2020, p. 7.

项目改进了教育机构的行政体制和财务惯例，推行更有效、更专业和更透明的教育机构管理方式，加强教育机构同劳动力市场的互动和联系。这些都对非洲高等教育的发展产生长远的影响，并将在项目结束后持续下去。

毋庸置疑，欧盟通过教育发展合作这种较为软性的介入方式，向非洲区域、国家和高等教育机构传递和扩散欧盟的规范，促进非洲区域和国家教育的发展。非洲区域、国家和高等教育机构对欧盟规范的认可、接受程度和响应度较高，实现了以欧洲教育体制为蓝本改革非洲教育体系的目标。从这个角度来看，欧盟已经在非洲树立了国际规范塑造者和扩散者的角色定位和身份形象，且取得了不错的规范成效。

第二节　欧盟对非洲教育发展合作的挑战

一、欧盟发展合作的“形式主义”陷阱

规范绩效衡量欧盟在推广规范过程中是否能做到言行如一。在此方面，欧盟对自身在国际社会上期望的角色定位与其实际能力之间存在着显著的差距，这种“能力—期望差距”（capabilities-expectation gap）使得欧盟的对外政策并没有达到预期的目标。[①] 在对非洲的教育

① Larsen, H., “Normative Power Europe or Capability-Expectations Gap? The Performativity of Concepts in the Study of European Foreign Policy”, *Journal of Common Market Studies*, Vol. 58, No. 4, 2020, pp. 962–977.

发展合作方面，欧盟就发展政策一致性做出了高度政治承诺。虽然在执行过程中一定程度上做到了发展政策一致性，但从整体来说，执行方面的力度不强，规范绩效欠佳，深陷“形式主义”的泥潭。在2010年第三届欧非首脑峰会上，时任利比亚领导人的穆阿迈尔·卡扎菲(Muammar Gaddadi)便表达了对近年来欧盟对非洲发展合作的不满，甚至称欧非双方自2007年以来签署的协议是“一纸空文”，并直言如果欧盟继续加强合作条款，“非洲将会求助于其他国际行为体，例如中国、印度或俄罗斯”。[①] 时任非盟秘书长让·平(Jean Ping)也在峰会上表示，欧非间停滞不前的协议是“一个必须尽快解决的重要问题”[②]。

首先，由于地缘、历史联系和利益诉求等多方面缘故，欧盟对非洲的发展合作呈现分散化和碎片化的现实，这与非洲不断上升的一体化需求产生了脱节和错位，也直接影响了欧盟对非洲发展合作的成效。长期以来，欧盟对非洲的发展合作分散在睦邻政策、欧盟—非加太发展合作政策和欧盟—南非贸易发展合作协议三个不同的发展合作政策和机制体系中，由不同的金融工具提供资金支持，并由不同的机构负责实施，难以形成合力。欧盟意识到这个问题，自首届欧非首脑峰会和《欧非联合战略》以来，就将非洲作为一个整体来对待，探索对非洲的统一方法，寻求创建以欧盟和非盟为中心的统一的合作机制。在此思路下诞生的《欧非联合战略》并非欧非间睦邻政策、非加太《科托努协定》等合作框架的替代品，而是在非洲大陆层面对既有合作框架的“补充”和完善；然而这些在一定程度上重叠的框架仍

① Lowe, C., “Gaddafi Issues Warning to EU over African Trade”, 29 November 2010, https://www.reuters.com/article/us-eu-africa-summit-idUSTRE6AS3EV20101129.

② Lowe, C., “Gaddafi Issues Warning to EU over African Trade”, 29 November 2010, https://www.reuters.com/article/us-eu-africa-summit-idUSTRE6AS3EV20101129.

可能会影响合作的最终效果。[①] 目前欧盟对非洲发展的合作仍被割裂为北非、撒哈拉以南非洲以及南非三个相对独立的区域[②]，与非洲的发展合作的资金和政策的分散性问题仍未得到很好的解决，这种分散的合作机制仍十分容易导致不同政策工具之间沟通和协调不畅。[③] 对此，非洲方面颇有微词，抱怨欧洲缺乏统一的对非政策，忽视了非洲作为整体在国际舞台上的重要性。[④] 毋庸置疑，欧盟对非洲的教育发展合作也受欧盟的预算和政策划分影响，分散在睦邻政策、欧盟—非加太发展合作政策和欧盟—南非贸易发展合作协议三大政策中，尤其是2014年前推行的坦普斯计划、教育链接计划、非加太内部流动计划等，都仅面向部分非洲国家，项目的覆盖面受限，这与非洲教育一体化的诉求有一定程度的脱节。

其次，聚焦到教育领域，教育发展合作虽然是欧盟对非洲发展合作的优先事项之一，但并非最优先和最受重视与关注的领域，其受重视程度仍有待加强。共同体层面的顶层战略设计是推进非洲教育发展合作实施的关键所在，但目前欧盟对非洲的教育发展合作缺乏明确的统领性战略纲领，在共同体层面并没有单独的对非洲教育发展合作的政策、机构或制度。目前，欧盟对非洲教育发展合作的相关内容主要嵌含在一系列对非发展合作的协定、条约和政策中，由若干个部门共同推进，这在很大程度上会影响和束缚欧盟对非洲教育发展合作的最

① 陈水胜：“冷战后欧盟对非洲政策调整析论”，外交学院博士学位论文，2015年，第70页。

② 王涛、鲍家政：“‘多边—多边’机制视域下的欧非峰会探析”，《西亚非洲》2018年第4期。

③ 陈水胜：“冷战后欧盟对非洲政策调整析论”，外交学院博士学位论文，2015年，第56页。

④ 金玲：“欧盟的非洲政策调整：话语、行为与身份重塑”，《西亚非洲》2019年第2期。

终成效和影响力。另外，在欧盟已有的对非洲教育的发展合作中，教育专业知识也并未得到最佳分配和发展，这削弱了委员会维持欧洲同非洲教育部门对话的能力，以及在与其他援助者的工作组中充分发挥作用的能力，也在一定程度上对欧盟在执行过程中发挥有效影响力造成阻碍，进而使其无法按照预期发挥作用。① 虽然欧盟对非洲的教育发展合作已取得一定的进展，但对照项目融资协议中的预期目标来看并不理想，以欧盟对非洲基础教育领域的发展合作为例，融资协议中的预期目标仅实现了 45%。②

最后，虽然欧盟致力于实现发展一致性，强调欧盟的教育发展合作同非洲区域和伙伴国家的发展战略、政策、需求相对接，但完全和充分的对接并没有实现。尤其是在高等教育领域的发展合作上，欧盟以全球和区域教育项目为主的发展合作办法限制了直接回应个别伙伴国家的需求和优先事项的潜力。墨守统一的区域教育发展合作的范式，并未综合考虑非洲国家的多重历史、政治、经济、社会和文化背景和价值观，导致了区域统一发展合作框架同非洲各国具体需求不完全契合。欧盟对发展合作伙伴国家高等教育支持的评估报告指出，欧盟主要通过全球和区域项目支持高等教育的战略虽然是有效的，但不可否认的是，欧盟对高等教育的正式协调仍存在于较高的政治层面，在伙伴国家层面是缺失的。③ 自 2010 年以来，高等教育援助者协调小组每年就成员各自对高等教育的支持政策、策略和计划交换信息，但是实际上，欧盟仅着手少数几个资助计划。据统计，2007—2014 年

---

① European Court of Auditors, *EU Development Assistance for Basic Education in Sub-Saharan Africa and South Asia*, 2011, p. 45.

② European Court of Auditors, *EU Development Assistance for Basic Education in Sub-Saharan Africa and South Asia*, 2011, p. 17.

③ European Commission, *Evaluation of the EU Development Cooperation Support to Higher Education in Partner Countries (2007-2014) Executive Summary*, 2017, pp. iii-iv.

间，欧盟对发展合作国家高等教育支持的九成资金是通过几项主要的全球和区域项目提供，欧盟仅将总资金的10%通过双边合作计划直接用来支持和资助伙伴国家。[①] 因此，部分国家无法直接获得欧盟提供的双边教育发展合作的项目，而是仅基于欧盟对非洲整体需要开设的教育发展合作项目（如教育链接、非加太内部流动、非洲内部学术流动项目、坦普斯计划等），或是面向全球需要开设的教育项目（如伊拉斯谟世界计划/“伊拉斯谟+”计划），在上述项目下开启面向本国的教育部门和教育机构的子项目。从一定程度上来说，欧盟的教育发展合作项目对部分国家教育发展合作的促进效应有限。以肯尼亚为例，2007—2014年间，欧盟对肯尼亚高等教育的所有支持都是通过区域项目（教育链接、调整非洲项目、非加太内部流动等）提供的，并没有单独的针对肯尼亚的双边项目。全球和区域教育项目仅对肯尼亚教育优先事项中同区域教育优先事项的共同事项做出了一定程度上的回应，这限制了它们对肯尼亚的需求和优先事项做出战略反应的潜力，欧盟的教育发展合作也并未对肯尼亚的国家高等教育改革产生明显的直接影响，绩效欠佳。[②]

二、传统和新兴援助者的活动

在规范的扩散过程中会出现不同规范相互竞争的现象。非洲日益成为多元政治力量角逐激烈的地缘板块，美、日等国际主要行为体在

---

① European Commission, *Evaluation of the EU Development Cooperation Support to Higher Education in Partner Countries (2007－2014) Final Report Volume I-Main Report*, 2017, p. 90.

② European Commission, *Evaluation of the EU Development Cooperation Support to Higher Education in Partner Countries (2007－2014): Country Note Kenya*, 2017, p. 7.

非洲存在不同的利益诉求，分别推出“新非洲战略”、“非洲战略”等战略举措，教育发展合作也成为国际行为体对非洲政策的重要支点。欧盟深化在非洲区域的规范效果面临挑战，在非洲的影响力也受到了一定削弱。

美国是颇具代表性的传统双边援助者，也是非洲发展援助的最大提供者[①]，一直以来便将对外发展合作援助视为提升美国教育国际影响力的有效途径之一。截至 2019 年，美国国际开发署主要针对非洲的 32 个国家开展教育发展合作，重点关注管理与高端人才的培养，以期培育“亲”美人才，发挥其辐射影响力，以更好地传播和扩散美国的教育标准、价值观和文化色彩。[②] 虽然非洲在美国的全球战略中并不占据至关重要的地位，但美国的“新非洲战略”仍可谓毫不掩饰自身对非洲大陆的战略意图。美国对非洲的教育发展合作也因其强大的国际影响力、雄厚的经济实力、悠久的对非洲发展援助历史等因素，在非洲教育发展合作方面仍保留着一定的竞争优势。

日本是另一具有代表性的传统双边援助者，教育发展合作是日本实施其全球发展战略的重要举措之一。日本将对非洲的教育援助纳入东京非洲发展国际会议的各个方面，依托各类教育援非项目扩大在非的影响力，也构建起政府、企业等多维发展合作渠道。日本重视将“日本特色”（Japaneseness）融入到对非教育援助中，增强对非教育援助的“可见度”（visibility）或者称之为“能看到日本的援助”（aid with a Japanese face）。[③] 日本构建起同欧美传统双边援助者一致又带

---

① OECD, *Development Aid at A Glance Statistics by Region: Africa*, 2019, p. 2.

② 苟鸣瀚：“公共外交视域下美国通过教育援助提升教育国际影响力研究——以 USAID 对非教育援助项目为例”，西南大学硕士学位论文，2021 年，第 37—39 页。

③ 土居健市：“‘日本特色’的对非教育合作及其对中国的借鉴——东京非洲发展国际会议回顾与展望”，《清华大学教育研究》2021 年第 3 期。

有自身特色的援非体系，其“非洲自主发展”和“发展国际伙伴关系”的教育援非理念赢得了国际社会的关注，也受到了部分非洲国家的欢迎。[①] 总体而言，其他传统援助者对非洲的教育援助，对欧盟一直以来在非洲的优势地位构成了一定的挑战和竞争。

进入21世纪以来，伴随着世界政治经济格局的变迁，国际援助主体愈发呈现出多元化的趋势，远超出传统的发达国家行为体和国际组织的范畴。特别是随着新兴国家崛起，其对外援助规模有了实质性的扩大。据统计，由新兴援助者提供的援助资金总量早在2005年就已经等同于甚至超过了传统发达国家援助者。[②] 新兴援助国不附加政治条件的援助受到了非洲国家的普遍欢迎，这削弱了欧盟在非洲的影响力。[③] 中国被视为南南合作的重要参与者，中非关系同欧非关系有本质上的区别：虽然欧盟一直倡导要超越传统的“援助—受援助”的南北关系、构建平等的合作伙伴关系，但不少学者批判欧非关系实质上并未发生明确的本质性变化，欧盟在对非发展合作中附加政治条件[④]，其勾勒出的“平等的战略伙伴关系”仍是“现实主义胜于理想主义”。[⑤] 相比之下，中非同为发展中国家，两者具有平等的南南合作关系，在本质上同西方传统援助者“施于人”和受援者的“受于

---

① 俞丹丰、楼世洲：“令和时代日本对非教育援助研究——基于第七届东京非洲发展国际会议的分析”，《浙江师范大学学报(社会科学版)》2021年第5期。

② 张超：“全球视野下的欧盟与美国发展援助政策论析”，《国际政治研究》2019年第4期。

③ Men, J. & Barton, B., “China and the EU in Africa: Changing Concepts and Changing Policies”, in J. Men, B. Barton (eds.), *China and the European Union in Africa: Partners or Competitors?*, Surrey: Ashgate, 2011, p. 1.

④ Hurt, S., “Cooperation and Coercion? The Cotonou Agreement between the European Union and ACP States and the End of the Lomé Convention”, *Third World Quarterly*, Vol. 24, No. 1, 2003, pp. 161-176.

⑤ Farrell, M., “A Triumph of Realism over Idealism? Cooperation between the European Union and Africa”, *European Integration*, Vol. 27, No. 3, 2005, pp. 263-283.

人”的“援助—受援助”不平等关系存在显著差异。中国寻求的是南南双向互助互援，旨在实现发展中国家的自主发展和共同发展，尊重受援国主权，不添加任何政治条件，也从不对其内政做出任何干涉。[①] 尤其是2013年中国提出“一带一路”倡议以来，“构建人类命运共同体”理念成为中国对非洲教育援助的新理念[②]，强调实现人类社会的共同进步与和谐发展，这是对传统南北合作模式的反思、突破和超越。[③] 中国与非洲一直以来都有密切的经济以及民间联系和往来，这为中国对非洲的教育发展合作奠定了良好的基础。在对非洲的教育援助中，中国秉持着“团结互信、平等互利”的理念和互惠互利、平等、不干涉内政的发展合作原则，倡导不同于传统援助者的“发展引导型援助”、基于受援国需求的实用型援助，重点关注非洲国家迫切需要的人力资源、经济发展、就业等直接目标，力求实现“授人以渔而不是授人以鱼”的教育援助，在过程中同非洲国家分享中国教育发展的经验和专业技术知识。[④]

在八届中非合作论坛上，中非通过了《亚的斯亚贝巴行动计划(2004—2006年)》《沙姆沙伊赫行动计划(2010—2012年)》《中非合作论坛—北京行动计划(2013—2015年)》《中非合作论坛—约翰内斯堡行动计划(2016—2018年)》《北京行动计划(2019—2021年)》等一系列行动计划，勾画了中非合作共赢、共同发展的蓝图，也明确了中国

① 罗建波：“中国对外援助模式：理论、经验与世界意义”，《国际论坛》2020年第6期。

② 徐辉：“改革开放以来我国教育援助的政治理念与实践策略”，《比较教育研究》2021年第8期。

③ 张永富、徐辉：“人类命运共同体视域下国际教育援助的核心内涵、理论特征与时代价值”，《西南大学学报(社会科学版)》2021年第5期。

④ 任莺、万秀兰：“中西教育援助政策话语与客观实践一致性的比较——对西方学者质疑我国教育援助政治性的回应”，《浙江师范大学学报(社会科学版)》2020年第5期。

对非洲援助的内容。上述行动计划涉及中国对非洲在人员交流和培训、科技合作与知识共享方面的教育援助和支持，提出了一系列具体的计划举措，如中非人文合作计划、南南合作与发展学院、头雁计划、孔子学院、中非减贫惠民合作计划、“一带一路”科技创新行动计划、中非科技伙伴计划 2.0 等。中国也在上述行动计划和对非教育发展合作实践中分享中国在教育减贫和治国理政等方面的成功经验，并基于非洲国家的现实诉求，向非洲国家提供减贫与发展专业学位教育项目，帮助非洲国家培养专业人才，创新培训模式，积极构建中非减贫学习交流网络，合作开发减贫知识产品，为非洲国家提供减贫政策咨询，大力支持非洲减贫事业的发展。[①] 此外，中国还在探索对非教育援助新模式，已成功通过联合国教科文组织启动一项用于支持非洲国家教师教育发展的“中国—联合国教科文组织信托基金项目”（UNESCO-China Funds-in-Trust）。这是中国首次通过国际组织实施的多边教育援助项目，也是联合国系统首次收到来自中国、用于促进非洲教师培训的大笔资助，标志着中非新型教育合作关系的开端。2012—2018 年间，该项目取得了令人瞩目的成效，得到了非洲国家以及联合国教科文组织的广泛认可和由衷好评。[②] 为此，中国继续资助该项目的实施，目前该项目第三期于 2021 年 10 月正式启动，将于 2025 年完成。

中国对非洲教育发展合作的理念得到了非洲受援国、国际组织以及西方学者的认可。联合国教科文组织赞扬中国的教育发展合作很好

① 中华人民共和国外交部：“中非合作论坛—北京行动计划（2019—2021 年）”，2019 年 9 月 5 日，https：//www. mfa. gov. cn/ce/cesg/chn/jrzg/t1592067. htm。

② 薛莲：《中国对非洲教育援助研究：以中国—联合国教科文组织信托基金为例》，社会科学文献出版社 2020 年版，第 216 页。

地做到了对受援国的尊重，支持受援国的自主选择和自主发展。[①] 塞内加尔前总统阿卜杜拉耶·瓦德(Abdoulaye Wade)曾明确表示，“与欧洲投资者、援助组织和非政府组织采取的缓慢且有时是后殖民主义的方法相比，中国的方法更符合我们的需求”[②]。博茨瓦纳前总统费斯图斯·莫哈埃(Festus Mogae)亦表示，“中国人对我们一视同仁，西方把我们当作从前的奴隶，这是现实。与西方援助者相比，我更喜欢中国的态度”[③]。西方学者肯尼斯·金(Kenneth King)也明确表示，作为新兴援助国的中国虽然由于缺乏管理经验，在对非洲的教育援助上存在一些不足，但不可否认的是，中国对非洲的教育援助明显地表现出尊重受援国意愿和重视实际的一面，获得了非洲国家真切的认可。他引用了非洲债务和发展论坛网络(African Forum and Network on Debt and Development)上的一段话来进一步表达其观点：“关于中国对非洲援助是不负责任的论述，掩盖了所有援助者在提供外国援助时的现实议程，这无非是标榜西方援助在思想和道德上更为优秀，这对非洲没有任何益处。这种论述不仅是自私和机会主义的，而且忽视了中国与非洲团结的悠久历史，尤其是双方共同反对殖民主义斗争的历史。”[④]

---

① UNESCO, *Background Paper Prepared for the Education for All Global Monitoring Report 2015: the Role of China as An Education Aid Donor*, 2015, p. 1.

② Hanauer, L. & Morris, L., *Chinese Engagement in Africa: Drivers, Reactions, and Implications for US Policy*, Rand Corporation, 2014, p. 57.

③ Carbone, M., “The European Union and China's Rise in Africa: Competing Visions, External Coherence and Trilateral Cooperation”, *Journal of Contemporary African Studies*, Vol. 29, No. 2, 2011, pp. 203-221.

④ King, K., *China's Cooperation in Education and Training with Kenya: A Comparative Analysis*, UKFIET Conference on International Education and Development , 2009, pp. 1-22.

三、教育发展合作的新殖民主义色彩

欧盟对非洲教育发展合作还带有明显的新殖民主义色彩，这主要体现在以下几个方面。首先，新殖民主义体现在欧非双方非对称发展合作模式上。在当今世界中，权力的本质便是设定国际政治议程，使其他行为体改变自身特定立场的能力。[①] “规范与权力密切相关，只有强有力的国际行为者才有权力塑造或决定什么是‘规范’”，才有能力向其他行为体传播和扩散自身的特定规范。[②] 而两个行为体之间的权力关系一般来说存在着“非对称性”（asymmetries）的情况——二者并非是均等的相互依赖，而是不对称、不平等的，只要双方看重相互依赖的关系，依赖性较小的一方就拥有了某种权力，使其能够向另一方施加影响，也因此可以操纵非对称的依赖关系，使其成为权力工具。[③] “非洲大陆及其人民仍然被困在以欧洲中心主义和殖民主义为基础的现有全球权力矩阵中”[④]，在欧盟对非洲的发展合作中，欧非双方在综合实力、权力关系、谈判地位等方面明显不均衡，从而催生出“单边进程”和非对称性依赖。在此情况下，欧盟对非洲的发展合作是“价值导向的发展政策”（value-based development policy），

---

① Nye, J. S., “Soft Power”, *Foreign Policy*, Vol. 80, 1990 (Oct), pp. 153-171.

② Tocci, N., *Profiling Normative Foreign Policy: The European Union and Its Global Partners*, CEPS Working Document No. 279, 2007, p. 2.

③ 罗伯特·基欧汉、约瑟夫·奈：《权力与相互依赖》，门洪华译，北京大学出版社2012年版，第12—13页。

④ Ndlovu-Gatsheni, S. J., *Coloniality of Power in Postcolonial Africa*, African Books Collective, 2013, p. 332.

带有“家长式作风”（paternalistic overtones）。[①] 尽管欧盟对非洲的发展合作是广泛协商过程的结果，理论上是基于“欧非双方关于价值观、共同利益和共同战略目标的共识”，但谈判的过程中仍然是存在着非对称关系。特别是在政策的设计和实施过程中，欧盟处于主导地位，较为强势，倾向于利用规范的方式将其偏好的模式强加给非洲区域和国家，没有充分尊重非洲区域和国家的自主发展，而非洲国家更多的是被动参与和接受，话语权不高。这种状况使得欧盟对非洲的发展合作难以摆脱外界对其欧洲中心主义和新殖民主义的质疑。

聚焦到教育发展合作，欧非在教育领域同样存在着明显的“非对称性”权力关系。因其财政和专业技术实力，欧盟通常在利益谈判过程中具有更大的讨价还价能力。相较之下，作为全球最薄弱的高等教育体系所在地，非洲基础设施不完善、缺乏资金且制度环境较差，严重依赖欧盟所设定的话语体系、范式和标准，通常在利益谈判过程中处于弱势地位。因此，在利益谈判过程中，非洲并没有太多选择和回旋的余地，只能依靠并遵守欧盟设定的发展议程。[②] 在欧盟对非洲的教育发展合作中，欧洲中心主义和新殖民主义的色彩格外鲜明。非洲国家依赖欧盟的教育规范和经验以及资金技术支持，目前不论是从议程设置还是项目运行管理来看，整体呈现出由欧盟牵头推进、非洲区域和国家响应参与的非对称发展合作模式，后者在教育发展合作过程中缺少话语权和自主权。

---

① Carbone, M., “The European Union and China’s Rise in Africa: Competing Visions, External Coherence and Trilateral Cooperation”, *Journal of Contemporary African Studies*, Vol. 29, No. 2, 2011, pp. 203-221.

② Woldegiorgis, E. T., “Policy Travel in Regionalisation of Higher Education: The Case of Bologna Process in Africa”, in A. Curaj, L. Deca & R. Pricopie (eds.), *European Higher Education Area: The Impact of Past and Future Policies*, Cham: Springer International Publishing, 2018, pp. 57-58.

其次，发展合作带有政治倾向和意识形态，欧盟通过教育发展合作的软性方式将其价值观、社会发展模式等规范要素向非洲区域和国家进行渗透、扩张和移植，促使其按照欧盟所期待和塑造的“欧洲模式”进行社会改革，向非洲人民灌输欧洲的主流价值观和思想，这背后其实也蕴含着教育殖民主义的色彩。部分学者认为，欧盟通过教育、文化、政治、经济以及其他形式的压力来控制和影响其他国家，尤其是欧盟成员国的前殖民地和附属国，这是殖民主义在新时期的继承和发展，可谓是“新殖民主义”，即采用发展合作的软性方式，在过程中逐渐用“欧盟模式”取代受援国原有的模式，用欧盟的价值观和文化同化其本土价值观和文化，以增强欧盟在当地的存在感，赋予其欧洲意识，逐渐将这些受援国转变为新形势下欧盟的“附属国”。[①] 非洲在发展过程中受到明显的外部力量参与和干预，仍难以摆脱依附发展的地位，其独立自主发展受到桎梏。由于历史原因，欧洲高等教育体系的变化对非洲高等教育产生了直接影响，非洲高等教育机构也感受到了使其体系与欧洲改革保持一致的压力，这成为禁锢非洲国家教育发展的“无形枷锁”。比如在学位制度方面，三级学位制度改革本不是为非洲制定的，但由于欧洲和非洲之间的学生流动和交流相当频繁，迫使非洲不得不建立一个与欧洲现行学术计划相一致的体系。由此，部分西方学者将非洲视为“欧洲教育系统的俘虏用户”——非洲被迫让自己符合欧洲设计的标准。[②] 欧盟对非洲的教育发展合作政策本质上是维护欧洲对非洲的影响，其操控着非洲

---

① Moreno, N., Puigrefagut, A. & Yárnoz, I., *The European Union's Soft Power: Image Branding or Neo-colonialism*, Center for Global Affairs & Strategic Studies, 2018, p. 6.

② Woldegiorgis, E. T., Jonck, P. & Goujon, A., "Regional Higher Education Reform Initiatives in Africa: A Comparative Analysis with Bologna Process", *International Journal of Higher Education*, Vol. 4, No. 1, 2015, pp. 241-253.

区域和国家的教育、卫生等社会公共服务，影响着非洲区域和国家政策的制定，将教育模式、教育经验和相关的工具等作为欧盟新殖民主义的工具，使非洲长期依赖欧洲模式，能通过“润物细无声”般潜移默化的影响向非洲渗透欧盟的规范，培养了一批近欧、亲欧的非洲政治精英，以软性的方式增强了欧盟的软实力。① “政治精英——其本身就是殖民经验的产物——继续模仿殖民地的援助者，继承援助者的教育经验并延续下去。”② 最典型的欧盟教育规范扩散——博洛尼亚进程在非洲的扩散和应用，便是以满足欧洲的政治诉求和意图为出发点和落脚点，却并不能完全满足非洲国家对高等教育改革的需求。在此情况下，由于难以摆脱新殖民主义色彩的猜疑，博洛尼亚进程甚至被视为欧洲在非洲推行霸权的工具。③

再者，欧盟对非洲的教育发展合作忽略了非洲的实际情况，导致欧盟推行的规范并不完全适用于非洲。作为规范塑造者和传播者，欧盟将自身的规范传播和移植至非洲，而作为规范受动者的非洲则需要将这些规范加以接受、执行和内化，然而非洲在推行欧盟规范经验时，受自身实际情况的限制，面临着诸多挑战。对于非洲国家来说，因历史和地缘联系，完全摆脱欧洲教育发展模式的影响是不可能也是不现实的，但是欧洲中心主义的教育发展模式移植，如不经过有效改造和选择而一味照搬，也将会在非洲遭到排斥，给非洲教育的发展带来巨大的负面影响。欧盟对非洲教育发展合作行为是单向性的，专注于促进欧洲主导的和以欧洲为中心的博洛尼亚进程相关的结构性改

---

① 赵雅婷：“大变局下的欧盟对非洲新战略探析”，《当代世界》2020 年第 8 期。

② Obasi, I. N. & Akinpelu, O. O., “Globalization, the Bologna Process and African Universities: Limits and Contradictions of Market-Oriented Higher Education Reforms”, *Journal of Higher Education in Africa*, No. 7, 2009, pp. 159-187.

③ Charlier, J-É. & Croché, S., “The Bologna Process: A Tool for Europe's Hegemonic Project on Africa”, *Power and Education*, Vol. 3, No. 3, 2011, pp. 304-316.

革。而博洛尼亚进程如果在不改变旧的教育系统核心的情况下引入新的元素，很可能会给非洲国家的教育制度造成更多的混乱，无法从根本上解决非洲高等教育的挑战和问题。[①] 况且，非洲即便能从博洛尼亚进程中获益，但伊拉斯谟世界计划等项目也加剧了非洲的人才流失。[②]

欧非区域存在许多差异，欧盟的规范不能完全适应非洲的具体情况，也无法实现预期结果。尽管博洛尼亚进程可以在高等教育政策整合过程中提供许多经验借鉴，但欧非两个区域的背景差异使规范的迁移和扩散存在挑战。博洛尼亚进程从一开始就是在欧洲背景下创建和实施的，欧洲在区域一体化方面有着相对成功的历史，这与非洲的情况不同。在教育一体化之前，欧洲已成功建立了一个结构良好的经济区域共同体，促进了其他区域政策框架的发展。通过《马斯特里赫特条约》，欧盟成员国甚至进一步重新设计了其一体化计划，通过建立单一的欧盟、统一的外交和安全政策以及共同的公民权利来加强欧洲的政治和经济一体化。所有这些设置不仅使区域政策框架的制定变得容易，而且使学生流动和机构合作更加灵活。因此，欧洲高等教育的协调过程在该区域上述社会经济和政治背景下随着时间的推移而演变。非洲虽然在政治和经济领域也在推进一体化的进程，但其政治和经济领域一体化的基础较为薄弱，缺乏对教育一体化强有力的支撑。再者，非洲各次区域情况也颇为复杂，次区域在统一的大陆层面的倡议和举措前各自按照博洛尼亚进程进行改革尝试，进展不一，这在一

---

① Alemu, S. K., “African Higher Education and the Bologna Process”, *European Journal of Higher Education*, Vol. 9, No. 1, 2019, pp. 118-132.

② Obasi, I. N. & Akinpelu, O. O., “Globalization, the Bologna Process and African Universities: Limits and Contradictions of Market-Oriented Higher Education Reforms”, *Journal of Higher Education in Africa*, No. 7, 2009, pp. 159-187.

定程度上造成了协调工作的重复和分散，也给非洲区域层面如何更好地协调次区域分散的倡议、统筹各次区域间推进博洛尼亚进程不同程度的进展带来了挑战。另外，欧洲的教育一体化是由内部驱动的，而非洲的教育一体化倡议实际上是外部驱动的，大部分改革是由欧盟、联合国教科文组织、世界银行以及其他援助者发起、资助、实施推动的，仍旧处于起步阶段，内部驱动力不足。[①] 此外，欧洲高等教育质量保障机制是在成员国已建立某种国家质量保障结构的背景下建立的，区域质量保障体系基本上通过协调国家举措发挥作用；然而非洲区域质量保障倡议是在只有少数成员国实际参与的情况下启动的，大多数高等教育机构并没有质量保障体系，这使得建立一个非洲大陆层面的倡议、在没有既有的功能性国家质量保障工具的基础上建立一个区域质量保障机制的做法颇具挑战性。[②]

最后，欧盟对非洲的教育发展合作忽略了非洲的自主发展。欧盟忽视了非洲的自主发展和所有权，难以调动非洲利益相关者的参与度和积极性。欧洲对非洲国家的教育发展合作通常将教师、家长和学生等利益相关者排除在外，欧洲教育项目地方主人翁意识不强，再加上缺乏地方自主权，导致部分非洲国家的利益相关者抵制欧盟提议的教育改革，这使得欧盟对非洲发展合作的影响一直低于预期，也削弱了利益相关者参与的热情和积极性。[③] 教育发展合作其实并非仅依赖于

---

① Pundy, P., Woldegiorgis, E. T. & Knight, J., "Higher Education Finance: Implications for Regionalization", in J. Knight, E. T. Woldegiorgis (eds.), *Regionalization of African Higher Education: Progress and Prospects*, Rotterdam: Sense Publishers, 2017, p. 175.

② Woldegiorgis, E. T., Jonck, P. & Goujon, A., "Regional Higher Education Reform Initiatives in Africa: A Comparative Analysis with Bologna Process", *International Journal of Higher Education*, Vol. 4, No. 1, 2015, pp. 241-253.

③ African Union & European Union, *The Future of the Africa-EU Partnership: Key Messages for the IV Summit*, 2014, p. 3.

欧盟这个援助者，还需要依赖于受援者的实施和执行。然而系统性和结构性挑战影响了非洲利用与欧盟和世界其他行为体合作机会的能力，网络支持、能力建设和加强国家体制创新等行动需要成为欧盟未来对非洲教育发展合作的一部分。① 最典型的便是调整非洲项目，该项目包含大量的国家和区域质量保障、认证、资历框架、学分积累和转换系统以及课程改革，调整过程涉及众多利益相关者，例如管理人员、部委、高等教育和质量保障机构、决策者、雇主、公共部门、学生、区域机构、中介机构和大学协会等。只有利益相关者的有效整合和同步，才能确保及时有效地开展相关的活动。然而，由于大多数非洲高等教育机构、区域组织等长期面临财政拮据的问题，资源的提供必须同援助者进行谈判，调整非洲项目的推进很大程度上会受到机构基础设施差异和机构人力资源基础薄弱的限制，这是一直以来悬而未决的问题。② 欧盟教育发展合作的评估报告也指出，资金和部门支持、能力建设和体制发展是影响欧盟教育发展合作成效以及后续干预措施可持续性的重要因素。③

---

① ECDPM, *Refresh and Reload: EU and Africa Working Together on Research and Innovation*, 2019, p. 10.

② Hahn, K. & Teferra, D., “Harmonisation and Tuning: Integrating African Higher Education”, 09 September 2012, https://www.universityworldnews.com/post.php?story=20120907100207652.

③ ECDPM, *EU Development Cooperation with Sub-Saharan Africa 2013–2018: Policies, Funding and Results*, 2020, p. 63.

结　论

本书基于规范力量的视角，以 21 世纪以来欧盟对非洲的教育发展合作为主要研究对象，全面系统地梳理了欧盟对非洲教育发展合作的政策和实践，深入考察了欧盟对非洲教育发展合作的背景，提炼和解读欧盟对非洲教育发展合作的目标，剖析欧盟对非洲教育发展合作的本质和内核，探究欧盟对非洲教育发展合作的作用机制和手段，并批判性反思欧盟对非洲教育发展合作的成效与挑战。在此基础上，本书得出以下四个研究结论。

其一，欧盟对非洲教育发展合作追求规范性目标，力求实现欧非双赢。

研究发现，欧盟对非洲教育发展合作追求规范性目标，力求实现欧非双赢。对非洲来说，欧盟的教育发展合作不仅旨在促进非洲人力资本开发和教育领域的可持续发展，而且还力求在政治、经济和社会等多个领域产生溢出效应。在政治层面，欧盟对非洲的教育发展合作力求推进非洲的民主、人权、法治、和平建设和冲突预防；在经济层面，促进非洲经济包容性增长、可持续增长和区域经济一体化；在社会层面，促进非洲教育事业的发展，尤其是教育区域一体化的进程，增强非洲人力资本开发，扭转非洲人才外流的现状。

对欧盟来说，对非洲的教育发展合作也带有政治、经济、国际角色塑造等多方面的利益考量。在政治、地缘战略以及安全层面，欧盟通过教育发展合作促进非洲的和平与安全，输出欧洲的价值观和意识形态，促使非洲青年认同欧洲发展模式，培养亲欧、近欧人才。在经济层面，欧盟对非洲教育发展合作促进人员流动和迁徙，弥补欧盟劳动力短缺的问题，满足欧盟自身经济发展对高质量人才的需求。在国际角色和国际影响力层面，欧盟对非洲教育发展合作加强非洲以及国际社会对欧盟身份的认同，以教育发展合作这种较为软性的介入方式保持乃至增强欧盟在非洲的影响力，提升欧盟在国际舞台上的存在感、影响力和话语权。

整体而言，欧盟对非洲的教育发展合作促进非洲国家的教育发展以及非洲政治、经济和社会多个领域的可持续发展，并服务于欧盟的整体利益和政治意图。欧盟对非洲的教育发展合作融合了欧非双方的发展诉求和发展动机，为欧盟发展与非洲的战略合作提供了强有力的支撑，也服务于双方短、中及长期的发展利益。欧非双方通过创造环境和有效框架促进关于经济、政治、社会和发展问题的建设性和制度性的对话以及相关的政策和实践活动。由此可见，欧盟对非洲教育发展合作力求实现规范性目标，追求“环境目标”而非“占有目标”，致力于实现国际政治中“非零和”，达到双赢的目标。

其二，欧盟对非洲教育发展合作传播了构成性规范和约束性规范。

教育发展合作不同于传统的经济和政治援助，并非简单的物质方面的转移支付，还包括非物质的、理念方面特别是规范的转移和扩散。这种规范的转移和扩散相较于政治和经济等物质层面的转移支付，将会产生更隐而不显、潜移默化且深远持久的影响。教育发展合作在教育领域以及其他领域发挥示范作用，能帮助带动欧盟内部的各种要素向非洲区域和国家进行多层次多维度的扩散和渗透。教育发展合作自身不可避免地带有援助者的意识形态和价值观等核心要素，欧盟在对非洲的教育发展合作中传播了构成性规范和约束性规范。具体来说，一是构成性规范明确了行为体身份，反映了特定群体的价值观。欧盟通过教育这种软性的方式将尊重人权、和平、民主、性别平等、善治等欧洲主流价值观向非洲进行传播和扩散，通过教育影响和塑造非洲人民的意识形态和价值观。二是约束性规范是对行为体行为准则进行重塑，这类似于行为体在互动中的“游戏规则”。欧盟在对非洲的教育发展合作过程中，将自身塑造为规范的制定者和扩散者，试图以自身“欧洲模式”为基础，力争将欧盟在教育等领域的社会发展模式向非洲区域和国家进行推广，将教育区域一体化模式（如哥本哈根进程和博洛尼亚进程）、教育相关的标准、专业知识和工具、实践经验等规范对非洲进行扩散和传播，对发展合作国家的教育制度和教育运行机制等进行重塑，实现欧盟规范的推广和传播。

其三，欧盟对非洲教育发展合作主要采取了程序性扩散、传递性扩散以及“文化过滤”扩散等规范性手段。

在对非洲的教育发展合作中，欧盟主要采取了程序性扩散、传递性扩散以及“文化过滤”扩散等规范性手段，注重制度性规范的输出，通过教育影响和塑造非洲区域青年的意识形态和价值观，推动非洲区域和国家按照“欧洲模式”进行社会领域的变革和转型。值得关注的是，在对外进行教育发展合作时，欧盟将战略重点聚焦在自身更专业且经验更丰富的高等教育和职业教育领域上，引导伙伴国家的高等教育和职业教育向欧洲模式转型。

程序性扩散对应欧盟同非洲在《欧非联合战略》基础上建立的制度化区域间对话机制，这包括欧非首脑峰会、欧盟委员会和非盟委员会会议、欧非科技创新政策高层对话、欧非青年峰会等多层次的对话平台，实现了欧非双方在教育领域组织化和制度化的对话。欧盟将教育领域的议题合法化，使欧盟关心的议题以及欧非间共同面对的教育领域的挑战成为欧非教育对话的重要内容，比如技能开发、人员流动、青年赋权等，通过对话等向非洲利益相关者传达欧洲的教育发展理念以及相关的规范规则，间接说服非洲接受欧盟规范。

传递性扩散主要表现为，在欧盟对非洲的教育发展合作过程中，欧盟通过向非洲提供财政和技术援助项目，向非洲移植欧洲教育一体化模式，推进非洲教育一体化进程。具体的项目活动为非洲大陆资历框架开发项目、调整非洲项目、“非洲高等教育质量保障和认证协调”倡议、“非洲连接”项目、“泛非统计”项目、非洲内部学术流动计划等，将欧洲教育一体化进程中的资历框架、质量保障、资历认可、人员内部流动以及信息交流等主要的技术性运行机制和规则向非洲进行推广和扩散，这是典型的传递性扩散手段。实际上，欧洲教育一体化模式和经验的扩散与传播不仅包含在传递性扩散这种较为主动且显性的规范扩散方式中，还包含在“传染性”扩散这种更为隐性且间接的方式中。“传染性”扩散表现在，非洲将欧洲视为区域教育一体化和政策协调进程的开拓者和标杆，自发主动地接受、学习和内化欧盟的规范，主动参照欧洲模式启动相似的高等教育协调进程，比如非盟参考博洛尼亚进程出台的《非洲高等教育协调战略》，以及非洲参照《里斯本条约》修改推出的《亚的斯亚贝巴公约》。“传染性”扩散还表现在次区域层面。非洲次区域的阿拉伯语国家、法语国家、葡语国家和英语国家主动参照博洛尼亚进程，在次区域推行类似的改革，加强高等教育的协调和区域一体化，尤其是在推进区域学位制度统一方面已取得了积极的成效。

“文化过滤”扩散则主要表现为欧非人文交流与能力建设。欧盟通过坦普斯计划、伊拉斯谟世界计划、“伊拉斯谟+”计划、玛丽·

居里行动等项目，强化欧非之间的人员流动，其中以非洲人员到欧洲流动为主，这使得非洲学者和学生能在欧洲国家接受教育。欧盟还创新地推出“让·莫内”人文交流形式，使之成为在非洲伙伴国家传播欧洲价值观和推动实现教育可持续发展的重要方式。欧盟通过人文交流这种“润物细无声”的方式促进思想和价值观的传播，为非洲区域和国家的政治、经济和社会变革播下了种子。能力建设方面，欧盟对教育部门、教育机构以及青年等群体开展了系列能力建设的项目，促进欧洲专业知识、专业工具和实践经验在非洲的转移，也强化非洲区域、国家、高等教育机构以及个体对欧盟规范原则的学习、认知、认同和内化。

其四，欧盟对非洲教育发展合作取得了规范性效果，也面临现实挑战。

从规范绩效、规范竞争以及规范共鸣这三个维度来看，欧盟对非洲教育发展合作取得了规范性效果。一是从规范绩效的维度来看，欧盟在对非洲的教育发展合作过程中，做到了同发展战略的契合。这也是欧盟在其政策文本中强调的“发展政策一致性”，即欧盟对非洲的教育发展合作同国际教育援助、非洲区域和国家发展战略、其他援助者对非教育发展合作以及对非洲教育发展合作项目内部保持一致性和协同性，借此增强教育发展合作的积极影响并提高其有效性。二是从规范竞争的维度来看，欧盟凭借历史传统、地缘政治以及欧盟在教育一体化方面成熟的发展模式、充足的实践经验和丰富的专业知识等，形成了在非洲的比较优势。欧盟的发展模式、经验和专业知识对非洲以及世界其他区域都产生了强烈的吸引力，能使其自愿主动地合作和模仿学习。三是从规范共鸣维度来看，欧盟通过对非洲的教育发展合作，成功实现了欧盟规范的外溢，推动博洛尼亚进程和都灵进程南渐。非洲区域和国家对欧盟规范的认可和接受度较高，欧盟在区域教育一体化等方面的规范已被非洲内化到其自身的政策和法律中，将会在后续实践中继续内化和应用这些规范，这种规范的持续内化和应用是规范力量最深层次的影响表现。

但与此同时，欧盟对非洲的教育发展合作也面临着一些现实挑战。一是从规范绩效的维度来看，欧盟对非洲教育发展合作的很多承诺并未彻底履行，执行方面的力度不强，规范绩效欠佳，深陷"形式主义"的泥潭。这主要表现在欧盟对非洲发展合作的分散化和碎片化、欧盟对非洲教育发展合作的优先级和重视程度不够且缺乏明确的统领性战略纲领、区域统一发展合作框架同非洲各国具体需求不完全契合等。二是从规范竞争的维度来看，欧盟在非洲推行教育发展合作需面对美日等传统援助者和新兴援助者的竞争。尤其是中国，其倡导的不同于传统援助者的"发展引导型援助"理念以及互惠互利、平等、不干涉内政的发展合作原则得到了非洲受援国、国际组织以及西方学者的认可。传统和新兴援助者对非洲的教育发展合作对欧盟一直以来在非洲的优势地位构成了一定的竞争和挑战。三是从规范共鸣维度来看，欧盟对非洲的教育发展合作带有鲜明的新殖民主义色彩。欧非双方在综合实力、权力关系、谈判地位等方面明显不均衡，从而产生"单边进程"和非对称性依赖，整体呈现出由欧盟牵头推进、非洲响应参与的非对称发展合作模式。欧盟逐渐用"欧洲模式"取代受援国原有的模式，用欧盟的价值观和文化同化受援国本土的价值观和文化，在当地增强欧盟的存在感，赋予其欧洲意识，这背后蕴含着新殖民主义的色彩。另外，欧盟对非洲的教育发展合作忽略了非洲的实际情况，欧盟推行的规范并不完全适用于非洲，而且非洲在教育发展合作过程中缺少"话语权"，其独立自主发展受到制约。

规范力量视角下欧盟对非洲的教育发展合作的政策和实践也为我国推动教育发展合作，尤其是在构建人类命运共同体、共建“一带一路”倡议的背景下深化同非洲以及其他发展中国家的关系提供了借鉴和参考。2021 年，国务院新闻办公室发布的《新时代的中国国际发展合作》白皮书指出，中国是南南合作的坚定支持者、积极参与者和重要贡献者，将继续承担南南合作的国际责任，深化南南合作，实现联合自强，也发挥教育发展合作在“南南合作”中的重要作用。[①] 这是中国履行大国责任，积极为全球发展提供公共产品的重要彰显。如何更好地推动中国对非洲国家以及其他发展中国家的教育发展合作、在教育发展合作过程中如何更好地增强教育发展合作的影响力以及如何使教育发展合作成为提升国家国际影响力和软力量的助推器等，这些都是值得我们进一步探索和思考的话题。作为新兴援助者，中国在发展合作方面开展时间相对较短且经验相对有限，需要向较为成熟的传统援助者借鉴经验。而欧盟将教育发展合作作为其权力运用和利益维护的重要载体，通过教育发展合作这种软性的方式介入，从而实现制度和理念等规范的转移和扩散，以增加自身在国际舞台上的话语权和影响力，构建强有力的国际规范塑造者和扩散者的形象，它的经验为我国提供了以下启示。

其一，转变教育发展合作模式，从以往聚焦基础设施项目的“硬”合作转向聚焦制度规范输出的“软”合作。

我国历来重视对发展中国家的教育发展合作，根据 2011 年《中国的对外援助》和 2021 年《新时代的中国国际发展合作》两份白皮书的统计口径，我国对外的教育发展合作主要包含了校舍援建、教学材料

① 国务院新闻办公室：“《新时代的中国国际发展合作》白皮书”，2021 年 1 月 10 日，http：//www. gov. cn/xinwen/2021-01/10/content_5578617. htm。

供应、教师派遣和培训、留学生奖学金等内容。其中，校舍援建、教学材料供应等基础设施类项目比重较大，但这类项目成效有限，影响不够长远且不够深入。再者，我国在文化和价值观输出、国际舆论和传播方面有所欠缺，这使得国际社会对我国的发展存在一定的曲解和误解。部分国家曲解或抹黑我国的发展战略，将"一带一路"倡议错误解读为中国推行的地缘政治策略，"修昔底德陷阱论""中国威胁论"甚嚣尘上。[①] 因此，我国亟须转变教育发展合作模式，不能仅仅停留在物质层面的教育发展合作，而是要更多地寻求在价值、精神等规范层面的交流和认同以及中国教育模式和教育标准规则的外溢，从而将教育发展合作塑造为促进民心相通、正确传播中国文化理念、消除文化冲突方面的重要渠道和手段。面向非洲，我国需要继续拓展交流合作层次，加大"中非人文合作计划"、孔子学院、头雁计划、"中非联合研究交流计划"、"中非高校20+20合作计划"、"中非智库10+10合作伙伴计划"等已有的人文交流、人员流动以及能力建设计划，加大人才资助力度、数量和覆盖面，为非洲培养更多领域的专业人才，拉近中非人文交流的纽带，巩固和夯实中非友好合作关系的社会和民意基础，培养知华、友华、爱华人士，在此过程中更好地传递我国"人类命运共同体""共商共建共享""合作共赢"等多元发展理念。

其二，总结和提炼我国教育发展经验，发挥我国对外教育发展合作的比较优势。

非洲成为多元政治力量角逐日益激烈的地缘板块，中国通过教育发展合作的方式参与非洲事务的同时，也必然会面临着同传统援助者

---

① 俞凌云、马早明："'一带一路'倡议下中国对外教育合作：基本特征、政策取向与实践模式"，《教育发展研究》2019年第5期。

和新兴援助者、多边援助者和双边援助者的竞争局面。因此，我国必须发挥自身教育发展合作的比较优势。事实上，中国南南合作参与者的身份以及平等互助的发展合作理念是我国拥有的无可比拟的优势之一，这为我国赢得了在非洲的道义优势和信任。南南合作同南北合作有本质上的差异，我国秉持构建人类命运共同体的理念和原则，坚定走不同于传统援助者南北合作的南南合作道路，高度尊重受援国的自主发展，不寻求将自身的国家意志和发展道路强加于人，也不寻求向非洲输出自身的价值观或发展模式，尊重非洲各国自主选择其发展道路和发展模式的权利。自身的发展经历赋予了我国在探索适合本国国情的发展道路上所具有的独特的经验，这些经验（比如在治国理政、减贫等方面）对于正在寻求发展道路的非洲国家而言具有一定的借鉴价值。

我国也需要总结和提炼自身的教育经验，尤其是“世界教育问题的中国经验”，明确自身在教育领域的比较优势和软实力资源。我国可借助“一带一路”重大战略发展机会，通过创新培训模式、构建相关议题领域的学习交流网络、合作开发相关的知识产品、实现特定领域的知识共享、提供相关的政策咨询和技术援助等方式，积极向非洲区域和国家乃至全世界分享和推广中国的教育经验和教育标准，推进我国规范的外溢。我国需要基于大国责任、增强国际影响力和话语权的现实诉求，探索如何更好地利用教育发展合作，提供能解决世界教育问题的中国经验、中国智慧和中国方案。尤其要总结提炼我国在农村教育、教育减贫、职业教育方面的经验，把我国教育经验作为解决世界教育问题的有效方案向非洲等区域的发展中国家进行推广和分享，形成中国特色的教育品牌资源，从而进一步提升我国在国际社会和国际舞台上的话语权和国际影响力，更好地做到“讲好中国故事，传播好中国声音”的时代使命。[①] 对此，我国已然做出了不少的尝试，比如建设鲁班工坊、南南合作与发展学院、尼雷尔领导力学院等，并在此过程中加强同非洲各国在治国理政、教育减贫、职业教育等方面的经验交流互鉴，支持非洲国家走符合国情的发展道路，深化各领域的务实合作，推动构建高水平的中非命运共同体。我国可以在已有的基础上，进一步依托产业发展，动员政府、高等教育院校和职业教育院校、企业、民间等多维度全方位的力量，形成对非洲发展合作的合力，充分调动行业企业、非政府组织在对非教育发展合作中的积极性。尤其是职业院校要携手相关的企业行业一起走出去，以鲁班工坊为载体，以研发的国际化专业教学标准为基础，将中国优质的职业教育、产品、技术服务等向非洲等国家输出，在当地培养熟悉中国标准和技术的专业型人才，弘扬中国的工匠精神。

其三，统筹规划对外教育发展合作的布局和机制，针对重点国家和重点领域开展的教育发展合作，确保各项资源的有效利用。

从整体上来说，要统筹规划对外教育发展合作的布局，加强同非洲、亚洲等重点区域的合作；加快出台统一、连贯的教育援助战略规划，统筹规划对外教育发展合作的机制和机构，进一步明确对外教育发展合作的负责机构以及金融资助工具，完善教育发展合作的机制和平台。聚焦对非洲的教育发展合作，目前，中非合作论坛是我国同非洲国家在南南合作范畴内的集体对话机制，是中非区域间最大的合作平台，囊括了非盟委员会以及与我国建交的53个非洲国家。该论坛自2000年正式运行以来，已成为中非磋商共同关系以及商定国际和区域间议题的重要渠道和平台，为落实区域间合作规划提供了强有力

---

① 胡昳昀、刘宝存：“国际比较视野下的中国教育软实力”，《教育研究》2021年第10期。

的制度和平台保障。我国需要在中非合作论坛的基础上，健全和完善中国对非洲教育发展合作的机制，在此基础上更多地纳入教育的相关议题，增加中非合作论坛中对教育及相关议题的关注和讨论，建立教育、科技等分论坛机制，推动设立常规的教育部长级会议以及高校、青年等其他教育利益相关者的专门的教育对话机制平台，为深化中国对非洲教育发展合作提供多层次、组织化和制度化的对话平台和保障，为教育发展合作搭建沟通、交流和合作的平台，也通过对话和论坛的形式促进思想、价值观、制度和实践的交流，吸引更多非洲学者和学生关注中国、理解中国和认同中国，使其成为“中国故事”和“中国声音”的传播者。

另外，我国要瞄准区域内的重要支点国家，加强与我国已有教育合作或民间经济来往密切的、区域内有影响力的国家开展教育发展合作。这样可以避免产生教育资源分散、影响力和效果欠佳的问题，充分利用这些国家的区域和次区域效应，以点带面，形成对大陆和次区域以及国家的辐射和影响。我国还需要聚焦重点领域，目前我国对外的教育发展合作较为零散碎片化，尚未形成统一的体系和清晰的人员交流网络、研究网络、知识信息分享网络、政策沟通网络，缺乏一体化的教育发展合作。我国可以加快启动在农村教育、教育减贫、职业教育等领域有竞争优势且带有“中国品牌”效应的特色项目活动，深化已有的鲁班工坊、南南合作与发展学院、中非减贫与发展会议、中非青年减贫与发展交流项目等带有中国发展经验和发展优势的特色活动，在此基础上开展并形成一揽子的品牌活动，搭建相关的人员交流网络、研究网络、知识信息分享的网络和政策沟通的网络。我国迫切需要加强在特定议题领域的对话，根据非洲国家的现实需求提供相关的专业学位教育项目、举办相关的政策和实践研修班，帮助非洲国家培养专业人才，构建相关的专家人员交流和知识共享网络，联合开发相关的公共知识产品，为非洲国家提供相应的政策咨询和技术支持，提升综合效益，争取实际效果最大化，进而促使非洲国家自发主动地接受、认可、学习和内化我国的教育经验和模式。这能在我国较为成熟的模式和经验基础上推进其国家层面的政策和实践，提升我国教育发展合作的可持续和深入影响。

其四，强化我国教育发展合作同国际教育援助、发展合作区域和对象国发展战略、其他双边和多边援助者教育发展合作等方面的一致性和协调性，发挥各行为体教育发展合作项目的协同效应，有效整合援助资源，提高援助效率。

聚焦对非洲的教育发展合作，首先要同国际教育发展目标保持一致，支持实现国际商定的全球教育发展目标（如千年发展目标、可持续发展目标和全民教育等），将全球教育发展目标的核心议题融入中非教育的对话和议程中，协助非洲实现与教育密切相关的可持续发展目标 4。其次需要在充分考虑非洲国家的资源禀赋、发展水平以及发展诉求的基础上，制定有针对性的教育发展合作项目，使我国教育发展合作同非洲区域和国家的制度改革和长期发展目标相捆绑，满足非洲区域和国家在教育准入、教育质量等方面迫切的发展诉求，做到“授人以渔，自主发展”，注重增强非洲自身的“造血”能力，充分挖掘非洲的增长潜力，实现非洲的独立自主发展和可持续发展。再者需要积极同有关双边和多边援助机构开展对话和交流，促进中国同外部多边和双边援助者的合力，从而达到“1+1>2”的协同增效。《新时代的中国国际发展合作》白皮书也呼吁加强国际交流与三方合作，尤其是在非洲这个多元权力交错的地缘板块上，进一步寻求我国“一带一路”倡议和欧非联合战略以及其他多边和双边援助者对非洲战略的协同效应。比如，欧非联合战略同我国“一带一路”倡议有相似之处，两者都强调将基础设施方面的“硬”合作和教育人文交流等方面的“软”合作相结合。2008 年，欧盟委员会发布了题为《欧盟、非洲和中国：走向三方对话与合作》(*The EU, Africa and China: Towards Trilateral Dialogue and Cooperation*)的文件；2019 年，中欧峰会的联合声明也都呼吁推进欧中非的三方合作，呼吁加强同中国在非洲问题上的对话、协调与合作，共同合作解决非洲的发展问题。[①] 我国可寻求强化同欧非联合战略以及其他行为体对非战略的协同增效，发挥彼此的比较优势，合力实现三方共赢，既能确保非洲区域的稳定以及社会经济的可持续发展，也能维护行为体自身的利益。

---

① Commission of the European Communities, *The EU, Africa and China: Towards Trilateral Dialogue and Cooperation*, 2008, p. 1.

附录一　欧盟经验以及拟议的非洲发展策略

		欧洲经验	非洲已有行动和拟议的行动
趋同的环境	大陆政策	欧盟的系列法律法规	将泛非议程具体化
	机构支持	欧盟委员会	非盟委员会
	政策工具	欧洲学分累积与转换系统、《里斯本战略》、《欧盟教育与培训合作 2020 战略框架》等	《非洲第二个十年教育行动计划(2006—2015 年)》、尼雷尔流动计划、欧非之间以及非洲内部学术流动计划
	补充性协定和支持网络	《欧洲文化公约》、《里斯本公约》、《索邦宣言》、经合组织/教科文组织国际质量保障准则、欧洲国家信息中心网络	非洲发展新伙伴关系、《亚的斯亚贝巴公约》
高级别国际合作机制	共同目标	博洛尼亚高等教育区 2010 和 2020 年议程	支持建立大陆质量保障和认证框架，加强非洲高等教育协调战略
	包容性协商	成员国、欧盟委员会、欧洲理事会、“欧洲四方联盟”（欧洲学生联盟、欧洲大学协会、欧洲高等教育质量保障协会、欧洲高等教育机构协会）、教科文组织、商业欧洲(Business Europe)等	非洲大学协会、非洲质量保障网络和非洲学生联盟可发展成与“欧洲四方联盟”相当的“非洲三方联盟”；确定区域、次区域和国家的执行方式和利益相关者的作用

（续表）

		欧洲经验	非洲已有行动和拟议的行动
高级别国际合作机制	过程管理组织	博洛尼亚后续行动小组、博洛尼亚秘书处和理事会等	建立后续小组和编制盘点报告及其他过程管理工具的能力
	过程管理工具	博洛尼亚后续行动小组工作计划、进度目标、盘点报告、利益相关者报告	利用现有计划，配备博洛尼亚流程的管理工具
趋同工具和调整立法	社会政策原则	社会维度、终身学习、流动	为高等教育利益相关者制定共同的大陆政策
	相辅相成的趋同政策工具	三级学位制度、欧洲高等教育区资历框架、国家资历框架、欧洲学分累积与转换系统、文凭补充、欧洲质量保障机构登记局等	采用博洛尼亚式的系列工具，如三级学位制度、非洲学分转换系统、国家资历框架、《非洲高等教育质量保障标准和指南》等
	立法趋同	成员国调整立法以适应一致性工具	确保泛非层面的立法趋同
融资系统	筹资项目	"伊拉斯谟+"、结构性基金	增加高等教育的融资机会
	筹资优先事项	将国家资金转向社会优先领域的实施	将国家支出与非盟社会政策框架挂钩
	高等教育资助体系	根据流动、终身学习、社会维度等方面奖励高等教育机构的绩效	确定非盟委员会在协调筹款和分配大陆高等教育资金方面的作用
质量保障工具与其他政策工具的互动	大陆质量保障标准和指南	《欧洲高等教育区质量保障标准和指南》	制定高等教育机构和质量保障机构内外部质量保障标准和指南
	大陆质量保障机构的认证	欧洲质量保障机构登记局基于《欧洲高等教育区质量保障标准和指南》开展质量保障机构的认证	为质量保障机构开发泛非认证系统
	质量保障与其他工具的互动	质量保障与欧洲高等教育区资历框架、国家资历框架、欧洲学分累积与转换系统和文凭补充之间的一致性	确保质量保障体系与协调和认证政策工具的一致性

（续表）

		欧洲经验	非洲已有行动和拟议的行动
质量保障标准和指南	结构描述	《欧洲高等教育区质量保障标准和指南》是以原则为基础的，在质量保障需要执行的方式上不是规定性的	描述每级应制定哪些类型的政策和流程；描述系统的基本组件和程序
分散和独立的质量保障机制	质量保障责任	高等教育机构负责内部质量保障	高等教育机构负责内部质量保障
	独立质量保障机构	质量保障机构基于高等教育机构内部质量保障的外部质量保障	促进外部质量保障机构的独立性
	国际同行评审	质量保障机构的内部质量保障，以及同行评审的外部质量保障	在大陆层面，确保质量保障机构的外部质量保障
认证和质量提升	认证	欧洲高等教育质量保障协会致力于提高质量，欧洲质量保障机构登记局提供了促进质量保障机构跨境运营的问责机制	促进质量提升，作为在可持续改进周期中最大化内外部质量保障工具
透明度工具	排名	支持个性化排名的 U Multi-rank 工具	促进灵活性排名

资料来源：Okebukola，P. A. & Fonteyne，B.，*Developing A Pan-African Quality Assurance and Accreditation Framework Report: Draft for Expert and AUC/EC Approval*，2014，pp. 28–152。

附录二　欧非高等教育质量保障标准和指南的对比

具体条款内容		非洲	欧洲
第一部分：内部质量保障的标准和指南	标准1：愿景、使命和战略目标	标准9：持续监测和定期审查	标准：确保能实现为其设定的目标 指南：进行持续和定期的监测和评估
	标准2：治理与管理	标准1：质量保障政策	标准：机构应具有明确的治理和管理结构 指南：（1）有明确的职责；(2)强调学术诚信和自由；(3)禁止任何形式的歧视
	标准3：人力资源	标准5：教师队伍	标准：确保教师能完成其使命、履行法定任务 指南：(1)建立并遵循明确和公平的员工招聘和雇佣流程；(2)为教师提供专业发展的机会
	标准4：财务资源管理 标准5：基础设施	标准6：学习资源和学生支持	标准：机构应为教学活动提供适当的资金，确保提供充足且易于获取的学习资源和基础设施 指南：在分配、规划和提供学习资源和学生支持时，考虑到不同群体的需要，向以学生为中心、灵活的教学模式转变

（续表）

具体条款内容		非洲	欧洲
第一部分：内部质量保障的标准和指南	标准6：学生入学、录取、认证和学生福利	标准4：学生录取、升学、认可和认证	标准：明确预定义和公布涵盖学生所有环节的相关规定 指南：机构需要有明确的录取和认证等方面的程序
	标准7：设计、批准、学习计划的监测和评估	标准2：计划的设计和批准	标准：各机构应当明确计划程序，确保设计和开发基于学习成果并符合需求的计划 指南：(1)确保计划目标符合机构战略和需求，并具有明确的预期学习成果；(2)鼓励利益相关者的参与；(3)确保制定的学习成果以国际和区域为基准；(4)规定机构批准程序
	标准8：教学和评估	标准3：以学生为中心的教学和评估	标准：强调以学生为中心的教学和评估 指南：(1)教学和评估以学生为中心且灵活，鼓励学习者的自主反思和参与；(2)灵活使用多种教学方法；(3)定期评估和调整教学方法
	标准11：信息管理系统	标准7：信息管理	标准：机构应收集、分析和使用相关信息 指南：统计学生辍学率、课程满意度、毕业去向等数据
	标准12：公共沟通	标准8：公众信息	标准：机构应以明确和客观的方式公布清晰、准确、及时且易于获取的信息 指南：机构提供有关课程和选择标准、课程预期学习成果、授予的文凭、教学方式、毕业去向等信息

（续表）

具体条款内容		非洲	欧洲
第二部分：外部质量保障的标准和指南	标准1：外部质量保障的目标和内部质量保障的考虑因素	标准1：对内部质量保障的考虑	标准：外部质量保障应协助高等教育机构确保其内部质量保障机制的有效性 指南：外部质量保障必须承认并支持机构对其质量保障的责任
	标准2：设计符合目的的外部质量保障机制	标准2：设计符合目的的方法	标准：外部质量保障的定义和设计应确保其能实现设定的目标和目的 指南：有必要与利益相关者协商，明确外部质量保障的目标
	标准3：外部质量保障的实施过程	标准3：实施过程	标准：可靠的外部质量保障过程 指南：外部质量保障需以专业、一致和透明的方式进行。外部质量保障主要包括机构的自我评估、现场考察和访谈、初步书面报告以及后续行动等环节
	标准4：评估的独立性	标准4：同行审查专家	标准：外部质量保障应由外部专家小组进行 指南：为确保专家工作的价值和一致性，专家必须经过精心挑选，确保其能胜任任务，得到适当培训和支持，且通过实施无利益冲突机制，确保专家的独立性
	标准5：外部质量保障结果的决策和报告	标准5：成果标准	标准：对外公布清晰的外部质量保障报告 指南：外部质量保障的结果要基于预定义和公布的标准
	标准6：定期审查	标准6：报告	标准：定期报告
	标准7：投诉及上诉	标准7：投诉及上诉	标准：明确投诉和上诉的程序 指南：制定明确的投诉和上诉程序

（续表）

具体条款内容		非洲	欧洲
第三部分：质量保障机构的标准和指南	标准1：法律地位	标准2：法律地位	标准：机构应具有既定的法律基础，并应被主管当局正式认定为质量保障机构
	标准4：质量保障机构的独立性	标准3：独立性	标准：各机构应独立运作 指南：(1)组织独立性：机构工作独立于官方文件，如政府文书、组织立法或法规证明；(2)运作独立性：机构运作以及外部专家的提名和任命具有独立性；(3)正式结果独立性：机构对质量保障活动的最终结果负责
	标准5：政策、过程和活动	标准1：质量保障的活动、政策和流程	标准：机构应根据标准和指南开展质量保障活动 指南：机构需做到公开透明，公布其目标和活动、工作范围、专业知识，加强与利益相关者的互动
	标准6：内部质量保障	标准6：内部质量保障和专业行为	标准：各机构应制定其内部质量保障政策和流程，保障和提高其活动的质量和完整性 指南：确保所有参与活动的人员都能胜任工作，并以专业和道德的方式行事；建立机构内部持续改进的反馈机制；禁止任何形式的歧视；与相关当局保持沟通
	标准7：财政和人力资源	标准5：资源	标准：拥有足够和适当的人力和财力资源来开展工作 指南：使其能以有效和高效的方式组织和运行其外部质量保障活动
	标准9：定期审查质量保障体系	标准7：机构的定期外部审查	标准：机构应定期进行外部审查

资料来源：研究者根据相关信息整理而成。

参考文献

一、著作/译著

陈友庚、张才圣：《中国和欧盟对非洲援助比较研究》，中国政法大学出版社2017年版。

丁韶彬：《大国对外援助：社会交换论的视角》，社会科学文献出版社2010年版。

胡鞍钢、胡光宇等：《援助与发展：国际金融组织对中国贷款绩效评价（1981—2002）》，清华大学出版社2005年版。

靳希斌、安雪慧、闫国华、周玲：《国际教育援助研究——理论概述与实践分析》，福建教育出版社2008年版。

阚阅：《多样与统一：欧洲高等教育一体化研究》，浙江大学出版社2016年版。

肯尼斯·金：《中国对非洲的援助与软实力：以教育和培训为例》，刘爱生、彭利平译，浙江大学出版社2015年版。

罗伯特·基欧汉、约瑟夫·奈：《权力与相互依赖》，门洪华译，北京大学出版社2012年版。

欧共体官方出版局编：《欧共体基础法》，苏明忠译，国际文化出版公司1992年版。

秦亚青：《观念、制度与政策：欧盟软权力研究》，世界知识出版社2008年版。

斯蒂芬·柯克莱勒、汤姆·德尔鲁：《欧盟外交政策》，刘宏松译，上海人民出版社2017年版。

王承绪、顾明远：《比较教育》，人民教育出版社1999年版。

王新影：《欧盟发展合作政策与欧洲一体化关系研究》，人民出版社2014年版。

万秀兰、李佳宇：《非洲教育一体化发展战略研究》，浙江大学出版社2020年版。

薛莲：《中国对非洲教育援助研究：以中国—联合国教科文组织信托基金为

例》，社会科学文献出版社2020年版。
袁振国：《教育研究方法》，高等教育出版社2000年版。
约瑟夫·奈：《软力量：世界政坛成功之道》，吴晓晖、钱程译，东方出版社2005年版。
詹姆斯·柯维、伯恩·查克劳：《学习成果的分层和认定——21世纪应用探讨》，孙爱萍、韦欢欢、刘作芬译，福建教育出版社2019年版。
张海冰：《发展引导型援助：中国对非洲援助模式研究》，上海人民出版社2013年版。
赵雅婷、刘青建：《21世纪欧盟对非洲援助的政治导向研究》，社会科学文献出版社2019年版。
周弘：《对外援助与国际关系》，中国社会科学出版社2002年版。
左常升：《国际发展援助理论与实践》，中国社会科学出版社2015年版。
Arts, K. & Dickson, A., *EU Development Cooperation: From Model to Symbol*, Manchester: Manchester University Press, 2004.
Berenskoetter, F. & Williams M. J. (eds.), *Power in World Politics*, London: Routledge, 2007.
Carbone, M., *The European Union and International Development: The Politics of Foreign Aid*, New York: Routledge, 2007.
Cherry, A., Haselip, J. & Ralphs, G. (eds.), *Africa-Europe Research and Innovation Cooperation*, Cham: Springer International Publishing, 2018.
Curaj, A., Deca, L. & Pricopie, R. (eds.), *European Higher Education Area: The Impact of Past and Future Policies*, Cham: Springer International Publishing, 2018.
Davis, Cross M. K. & Melissen, J. (eds.), *European Public Diplomacy: Soft Power at Work*, New York: Palgrave Macmillan, 2013.
Hanauer, L. & Morris, L., *Chinese Engagement in Africa: Drivers, Reactions, and Implications for US Policy*, Santa Monica, CA: Rand Corporation, 2014.
Holden, P., *In Search of Structural Power: EU Aid Policy as A Global Political Instrument*, Farnham, England; Burlington, VT: Ashgate, 2009.
Knight, J. & Woldegiorgis E. T. (eds.), *Regionalization of African Higher Education: Progress and Prospects*, Rotterdam: Sense Publishers, 2017.
Laïdi, Z. (ed.), *EU Foreign Policy in a Globalized World: Normative Power and*

Social Preferences, New York：Routledge, 2008.

Lister, M., *The European Union and the South*, London：Routledge, 1997.

Lister, M. (ed.), *European Union Development Policy*, New York：St. Martin's Press, 1998.

Long, F., *The Political Economy of EEC Relations with African, Caribbean and Pacific States: Contributions to the Understanding of the Lime Convention on North-South Relations*, UK：Pergamon Press, 2013.

Lucarelli, S. & Manners, I. (eds.), *Values and Principles in European Union Foreign Policy*, New York：Routledge, 2006.

Mangala, J. (ed.), *Africa and the European Union: A Strategic Partnership*, New York：Palgrave Macmillan, 2013.

Mario, Telò (ed.), *The European Union and Global Governance*, London：Routledge, 2009.

McCann, G. & McCloskey, S. (eds.), *From the Local to the Global: Key Issues in Development Studies*, London：Pluto Press, 2009.

Men, J. & Barton, B. (eds.), *China and the European Union in Africa: Partners or Competitors?*, Surrey：Ashgate, 2011.

Ndlovu-Gatsheni, S. J., *Coloniality of Power in Postcolonial Africa*, Oxford：African Books Collective, 2013.

Orbie, J. (ed.), *Europe's Global Role: External Policies of the European Union*, Farnham：Ashgate Publishing Limited, 2008.

Portnoi, L. M., Rust, V. D. & Bagley, S. S. (eds.), *Higher Education, Policy, and the Global Competition Phenomenon*, New York：Palgrave Macmillan, 2010.

Stokke, O. & Hoebink, P. (eds.), *Perspectives on European Development Cooperation*, New York：Routledge, 2005.

二、期刊文章/报告/学位论文

陈水胜："冷战后欧盟对非洲政策调整析论"，外交学院博士学位论文，2015 年。

陈莹："中国对东南亚教育援助论析"，《东南亚研究》2019 年第 3 期。

崔文星："欧盟发展合作政策探析——基于欧盟与千年发展目标和 2015 年后发

展议程关系的考察”，上海交通大学博士学位论文，2015年。
戴瑞：“欧盟对非洲援助政策的调整：规范传播理论的视角”，复旦大学博士学位论文，2013年。
高虹瑶：“欧盟援助非洲教育政策的发展演变研究”，浙江师范大学硕士学位论文，2015年。
高希杰：“‘政策一致性’视野下的欧盟对非援助研究”，华东师范大学硕士学位论文，2011年。
洪邮生：“‘规范性力量欧洲’与欧盟对华外交”，《世界经济与政治》2010年第1期。
胡昳昀、刘宝存：“国际比较视野下的中国教育软实力”，《教育研究》2021年第10期。
季玲：“从区域主义到全球主义——欧盟发展合作政策研究”，外交学院硕士学位论文，2004年。
金玲：“欧非关系转型——从‘依附’到‘平等’”，《国际问题研究》2008年第3期。
金玲：“欧盟对非洲制度机制调整及其对中国的影响”，《欧洲研究》2010年第5期。
金玲：“欧盟的非洲政策调整：话语、行为与身份重塑”，《西亚非洲》2019年第2期。
阚阅：“泛欧高等教育合作的新起点：欧盟‘坦普斯计划’述略”，《高等工程教育研究》2010年第5期。
阚阅：“从单一功能到多重互动：国际高等教育资历承认的发展与展望”，《中国高教研究》2019年第7期。
谌晓芹：“结构主义视角下的欧洲高等教育一体化改革研究：聚焦于博洛尼亚进程(1999—2010)”，华中科技大学博士学位论文，2014年。
康乐、李福林：“‘一带一路’教育行动中教育援助可持续模式探析”，《高校教育管理》2018年第2期。
李佳宇：“非洲区域一体化高等教育质量保障政策研究”，浙江师范大学博士学位论文，2019年。
李素琴、胡丽娜：“从‘伊拉斯谟项目’到‘伊拉斯谟世界项目’：欧盟高等教育的国际化发展”，《比较教育研究》2010年第4期。
刘丽云：“试析欧盟发展政策的新特点、新取向和新功能”，《欧洲研究》2009

年第 1 期。
罗建波："中国对外援助模式：理论、经验与世界意义"，《国际论坛》2020 年第 6 期。
罗梦云："依附理论视角下的外部援助与非洲高等教育发展关系的研究"，浙江师范大学硕士学位论文，2016 年。
彭文平："日本的国际教育援助及其软实力构建"，《比较教育研究》2014 年第 2 期。
任莺、万秀兰："中西教育援助政策话语与客观实践一致性的比较——对西方学者质疑我国教育援助政治性的回应"，《浙江师范大学学报(社会科学版)》2020 年第 5 期。
宋黎磊："欧盟特性研究：作为一种规范性力量的欧盟"，《国际论坛》2008 年第 2 期。
宋黎磊："关于欧盟作为一种规范性力量的讨论"，《德国研究》2008 年第 1 期。
陶俊浪、万秀兰："非洲高等教育一体化进程研究"，《比较教育研究》2016 年第 4 期。
土居健市："'日本特色'的对非教育合作及其对中国的借鉴——东京非洲发展国际会议回顾与展望"，《清华大学教育研究》2021 年第 3 期。
万秀兰、孙志远："《非盟高等教育一体化战略》评析"，《比较教育研究》2011 年第 4 期。
王渤力："欧盟发展政策的演进研究"，中国人民大学博士学位论文，2017 年。
王学军："教育援助与国家软实力培育——中日在尼日利亚小学援建项目的案例比较"，《比较教育研究》2015 年第 3 期。
王涛、鲍家政："'多边—多边'机制视域下的欧非峰会探析"，《西亚非洲》2018 年第 4 期。
王新影："欧盟对外援助与欧洲一体化"，中国社会科学院博士学位论文，2010 年。
吴燕妮："欧盟发展援助政策的有效性问题及解决"，《欧洲研究》2010 年第 3 期。
徐辉："欧洲'博洛尼亚进程'的目标、内容及其影响"，《教育研究》2010 年第 4 期。
徐辉："改革开放以来我国教育援助的政治理念与实践策略"，《比较教育研究》2021 年第 8 期。
荀鸣瀚："公共外交视域下美国通过教育援助提升教育国际影响力研究——以 USAID 对非教育援助项目为例"，西南大学硕士学位论文，2021 年。

严骁骁：“反思‘规范性力量欧洲’：理论与实践”，南京大学博士学位论文，2016年。
俞丹丰、楼世洲：“令和时代日本对非教育援助研究——基于第七届东京非洲发展国际会议的分析”，《浙江师范大学学报(社会科学版)》2021年第5期。
俞凌云、马早明：“‘一带一路’倡议下中国对外教育合作：基本特征、政策取向与实践模式”，《教育发展研究》2019年第5期。
曾向红：“‘规范性力量’遭遇‘新大博弈’：欧盟在中亚推进民主的三重困境”，《欧洲研究》2020年第2期。
张超：“全球视野下的欧盟与美国发展援助政策论析”，《国际政治研究》2019年第4期。
张海冰：“欧盟对外援助政策调整的背景及趋势”，《德国研究》2011年第2期。
张浚：“欧盟的‘软力量’：欧盟发挥国际影响的方式”，《欧洲研究》2007年第3期。
张军广、楼世洲：“赢得青年就赢得未来：欧盟对非教育援助新理念——基于2017年‘非—欧峰会’主题的分析”，《比较教育研究》2018年第12期。
张茗：“‘规范性力量欧洲’：理论、现实或‘欧托邦’？”，《欧洲研究》2008年第5期。
张永富、徐辉：“人类命运共同体视域下国际教育援助的核心内涵、理论特征与时代价值”，《西南大学学报(社会科学版)》2021年第5期。
张玉婷：“国际社会对非洲教育援助发展态势分析”，《比较教育研究》2016年第4期。
赵可旻：“冷战后欧盟对非洲发展援助政策研究”，外交学院硕士学位论文，2017年。
赵雅婷、刘青建：“欧盟对非援助政策新变化探析”，《教学与研究》2015年第6期。
赵雅婷：“21世纪以来欧盟对非援助的政治导向研究”，中国人民大学博士学位论文，2017年。
赵雅婷：“大变局下的欧盟对非洲新战略探析”，《当代世界》2020年第8期。
赵玉池：“国际教育援助发展的四个历史阶段”，《外国教育研究》2013年第5期。
周谷平、韩亮：“‘一带一路’倡议与教育外交”，《比较教育研究》2018年第4期。

周玉渊、唐翀："欧盟对非援助协调新变化及对中国的启示"，《教学与研究》2013 年第 7 期。

Alemu, S. K., "African Higher Education and the Bologna Process", *European Journal of Higher Education*, Vol. 9, No. 1, 2019, pp. 118-132.

Birchfield, V. L., *The EU's Development Policy: Empirical Evidence of 'Normative Power Europe'?*, Montreal: Tenth Biennial International Conference of the European Union Studies Association, 2007.

Björkdahl, A., "Norms in International Relations: Some Conceptual and Methodological Reflections", *Cambridge Review of International Affairs*, Vol. 15, No. 1, 2002, pp. 9-23.

Bossuyt, F., *An Economic Giant, Political Dwarf and Military Worm?*, Pisa: 4th ECPR General Conference, 2007.

Botonero, E. M. R., *EU Higher Education as Soft Power in Neighbouring Countries: A Projection of Influence by Compelling Means*, Bordeaux: ECPR General Conference Sciences, 2013, pp. 1-28.

Bräutigam, D., "Aid 'With Chinese Characteristics': Chinese Foreign Aid and Development Finance Meet the OECD-DAC Aid Regime", *Journal of International Development*, Vol. 23, No. 5, 2011, pp. 752-764.

Breuning, M., "Foreign Aid, Development Assistance or Development Cooperation: What's in a Name?", *International Politics*, No. 39, 2002, pp. 369-377.

Carbone, M., "Mission Impossible: The European Union and Policy Coherence for Development", *Journal of European Integration*, Vol. 30, No. 3, 2008, pp. 323-342.

Carbone, M., "The European Union and China's Rise in Africa: Competing Visions, External Coherence and Trilateral Cooperation", *Journal of Contemporary African Studies*, Vol. 29, No. 2, 2011, pp. 203-221.

Carbone, M., "Beyond Aid: Policy Coherence and Europe's Development Policy", *Revue Internationale de Politique de Développement*, Vol. 3, No. 3, 2012, pp. 161-173.

Charlier, J-É. & Croché S., "The Bologna Process: A Tool for Europe's Hegemonic Project on Africa", *Power and Education*, Vol. 3, No. 3, 2011, pp. 304-316.

Chiat, B., "Towards a Strategy for Higher Education in Africa: The European Bologna Process as a Model", *Socialsci Journal*, Vol. 1, No. 2, 2018, pp. 99–109.

Diez, T., "Constructing the Self and Changing Others: Reconsidering 'Normative Power Europe' ", *Millennium: Journal of International Studies*, Vol. 33, No. 3, 2005, pp. 613–636.

Ederveen, S., Groot, D. & Nahuis, R., "Fertile Soil for Structural Funds? A Panel Data Analysis of the Conditional Effectiveness of European Cohesion Policy", *Kyklos*, Vol. 59, No. 1, 2006, pp. 17–42.

Eta, E. A. & Mngo, Z. Y., "Policy Diffusion and Transfer of the Bologna Process in Africa's National, Sub-regional and Regional Contexts", *European Educational Research Journal*, Vol. 20, No. 1, 2021, pp. 59–82.

Falkner, R., *The European Union as A Green Normative Power? EU Leadership in International Biotechnology Regulation*, Minda de Gunzburg Center for European Studies, Harvard University, 2006.

Farrell, M., "A Triumph of Realism over Idealism? Cooperation between the European Union and Africa", *European Integration*, Vol. 27, No. 3, 2005, pp. 263–283.

Forsberg, T., "Normative Power Europe, Once Again: A Conceptual Analysis of an Ideal Type", *Journal of Common Market Studies*, Vol. 49, No. 6, 2011, pp. 1183–1204.

Hahn, K. & Teferra, D., "Tuning as Instrument of Systematic Higher Education Reform and Quality Enhancement: The African Experience", *Tuning Journal for Higher Education*, Vol. 1, No. 1, 2014, pp. 127–163.

Hamid, R. H. A., *Exchanging Experience of Four Different Tempus Mechatronice Projects: Egypt-EU Partnership*, 9th France-Japan & 7th Europe-Asia Congress on Mechatronics (MECATRONICS)/13th Int'l Workshop on Research and Education in Mechatronics (REM), 2012.

Heyneman, S. & Lee B., "International Organizations and the Future of Education Assistance", *International Journal of Educational Development*, No. 48, 2016, pp. 9–22.

Hurt, S., "Cooperation and Coercion? The Cotonou Agreement between the European Union and ACP States and the End of the Lomé Convention", *Third World Quarterly*, Vol. 24, No. 1, 2003, pp. 161–176.

Kingah, S., "European Union's New Africa Strategy: Grounds for Cautious Optimism", *European Foreign Affairs Review*, No. 11, 2006, pp. 527-553.

King, K., *China's Cooperation in Education and Training with Kenya: a Comparative Analysis*, UKFIET Conference on International Education and Development, 2009, pp. 1-22.

Langan, M., "Normative Power Europe and the Moral Economy of Africa-EU Ties: A Conceptual Reorientation of 'Normative Power' ", *New Political Economy*, Vol. 17, No. 3, 2012, pp. 243-270.

Larsen, H., "Normative Power Europe or Capability-Expectations Gap? The Performativity of Concepts in the Study of European Foreign Policy", *Journal of Common Market Studies*, Vol. 58, No. 4, 2020, pp. 962-977.

Lavenex, S. & Schimmelfennig F., "EU Rules beyond EU Borders: Theorizing External Governance in European Politics", *Journal of European Public Policy*, Vol. 16, No. 6, 2009, pp. 791-812.

Lundsgaarde, E., "The Future of European Development Aid", *Futures*, Vol. 44, No. 7, 2012, pp. 704-710.

Manners, I., "Normative Power Europe: A Contradiction in Terms?", *Journal of Common Market Studies*, Vol. 40, No. 2, 2002, pp. 235-258.

Manners, I., *Normative Power Europe Reconsidered*, CIDEL Workshop, 2004.

Manners, I., "Normative Power Europe Reconsidered: Beyond the Crossroads", *Journal of European Public Policy*, Vol. 13, No. 2, 2006, pp. 182-199.

Manners, I., "Assessing the Decennial, Reassessing the Global: Understanding European Union Normative Power in Global Politics", *Cooperation and Conflict*, Vol. 48, No. 2, 2013, pp. 304-329.

Mngo, Z. Y., "Probing the Progress of the External Dimension of the Bologna Process", *PSU Research Review*, Vol. 3, No. 3, 2019, pp. 215-226.

Moreno, N., Puigrefagut, A. & Yárnoz, I., *The European Union's Soft Power: Image Branding or Neo-colonialism*, Center for Global Affairs & Strategic Studies, 2018, p. 6.

Murphy, E. & Sika, N., "Euro-Mediterranean Partnership and Youth Policies in the MENA: Why Policy Discourse Travels but Implementation Doesn't", *Mediterranean Politics*, Vol. 26, No. 3, 2021, pp. 393-406.

Nye, J. S., “Soft Power”, *Foreign Policy*, Vol. 80, 1990 (Oct), pp. 153–171.

Nyircsák, A., *Exporting European Quality Structures in Higher Education-normative Attempts to Secure the Southern Neighbourhood?*, Academic Association for Contemporary European Studies, 2015.

Obasi, I. N. & Akinpelu, O. O., “Globalization, the Bologna Process and African Universities: Limits and Contradictions of Market-Oriented Higher Education Reforms”, *Journal of Higher Education in Africa*, No. 7, 2009, pp. 159–187.

Rein, C., “The Prospects for the Future of European Union-African Union Relations in Uncertain Times”, *European Review*, Vol. 25, No. 4, 2017, pp. 550–559.

Risse, T., “Let's Argue! Communicative Action in World Politics”, *International Organization*, Vol. 54, No. 1, 2000, pp. 1–39.

Santiso, C., “Sisyphus in the Castle: Improving European Union Strategies for Democracy Promotion and Governance Conditionality”, *The European Journal of Development Research*, Vol. 15, No. 1, 2003, pp. 1–28.

Scheipers, S. & Sicurelli, D., “Empowering Africa: Normative Power in EU-Africa Relations”, *Journal of European Public Policy*, Vol. 15, No. 4, 2008, pp. 607–623.

Skolimowska, A., “The European Union as a ‘Normative Power’ in International Relations: Theoretical and Empirical Challenges”, *Yearbook of Polish European Studies*, No. 18, 2015, pp. 111–131.

Sjursen, H., “The EU as a ‘Normative’ Power: How Can this Be?”, *Journal of European Public Policy*, Vol. 13, No. 2, 2006, pp. 235–251.

Tocci, N., *Profiling Normative Foreign Policy: The European Union and Its Global Partners*, CEPS Working Document No. 279, 2007.

Tocci, N., *Who is a Normative Foreign Policy Actor? The European Union and Its Global Partners*, Brussels: Centre for European Policy Studies, 2008.

Von der Leyen, U., *Political Guidelines of the Commission 2019–2024*, European Commission, 2019.

Wissenbach, U., “The EU's Response to China's Africa Safari. Can Triangular Co-operation Match Needs?”, *European Journal of Development Research*, No. 21, 2009, pp. 662–674.

Woldegiyorgis, A. A., “Harmonization of Higher Education in Africa and Europe:

Policy Convergence at Supranational Level", *Tuning Journal for Higher Education*, Vol. 5, No. 2, 2018, pp. 133-157.

Woldegiorgis, E. T., Jonck, P. & Goujon, A., "Regional Higher Education Reform Initiatives in Africa: A Comparative Analysis with Bologna Process", *International Journal of Higher Education*, Vol. 4, No. 1, 2015, pp. 241-253.

Woldegiorgis, E. T. & Doevenspeck, M., "Current Trends, Challenges and Prospects of Student Mobility in the African Higher Education Landscape", *International Journal of Higher Education*, Vol. 4, No. 2, 2015, pp. 105-115.

三、官方电子文献

国务院新闻办公室："《新时代的中国国际发展合作》白皮书"，2021 年 1 月 10 日，http：//www. gov. cn/xinwen/2021-01/10/content_5578617. htm。

中华人民共和国教育部："在联合国‘教育第一’全球倡议行动一周年纪念活动上发表视频贺词"，2013 年 9 月 27 日，http：//www. moe. gov. cn/jyb_xwfb/xw_zt/moe_357/s7865/s8417/s8420/201410/t20141024_177241. html。

中华人民共和国教育部："中办国办印发《关于做好新时期教育对外开放工作的若干意见》坚持扩大开放　做强中国教育"，2016 年 4 月 30 日，http：//www. moe. gov. cn/jyb_xwfb/s6052/moe_838/201605/t20160503_241658. html。

中华人民共和国教育部："教育部关于印发《推进共建‘一带一路’教育行动》的通知"，2016 年 7 月 15 日，http：//www. moe. gov. cn/srcsite/A20/s7068/201608/t20160811_274679. html.

中华人民共和国外交部："中非合作论坛—北京行动计划(2019—2021 年)"，2019 年 9 月 5 日，https：//www. mfa. gov. cn/ce/cesg/chn/jrzg/t1592067. htm。

中华人民共和国中央人民政府："习近平在 2018 年中非合作论坛北京峰会开幕式上的主旨讲话"，2018 年 9 月 23 日，http：//ww. gov. cn/xinwen/2018-09/03/content_5318979。

Africa-Europe Youth Summit, *The Tripoli Declaration*, 2010.

Africa-Europe Youth Summit, *3rd Africa Europe Youth Leaders' Summit Paper*, 2014.

Africa-Europe Youth Summit, *4th Africa-Europe Youth Summit Abidjan Youth Declaration and Youth Agenda*, 2017.

African Union, *Second Decade of Education for Africa (2006-2015): Plan of Ac-*

tion, 2006.

African Union, *Second EU-Africa High Level Policy Dialog on Science, Technology and Innovation-Conclusions*, 2013.

African Union, *Second EU-Africa High Level Policy Dialog on Science, Technology and Innovation-Terms of Reference*, 2013.

African Union, *Second EU-Africa High Level Policy Dialog on Science, Technology and Innovation-Concept Note*, 2013.

African Union, *Continental Education Strategy for Africa (CESA 16-25)*, 2016.

African Union, *Roadmap for a Jointly Funded AU-EU Research & Innovation Partnership on Climate Change and Sustainable Energy (CCSE)*, 2017.

African Union, *First Progress Report of the Chairperson of the Commission on Academic Mobility Scheme in Africa*, 2018.

African Union, *African Standards and Guidelines for Quality Assurance in Higher Education (ASG-QA)*, 2019.

African Union, *Developing the African Continental Qualifications Framework (ACQF): Inaugural Workshop and ACQF Advisory Group Meeting*, 2019.

African Union, "Africa Connect II", 30 April 2020, https://www.africa-eu-partnership.org/en/projects/africaconnect2.

African Union, "AU-EU Higher Education Programme", 30 April 2020, https://www.africa-eu-partnership.org/en/projects/au-eu-higher-education-programme.

African Union, *Mapping Report: Towards the African Continental Qualifications Framework*, 2020.

African Union, "African Continental Qualifications Framework (ACQF) Factsheet", 23 August 2021, https://www.edu-au.org/resources/category/29-african-continental-qualifications-framework-acqf-factsheet.

African Union & European Union, *EU-Africa Declaration on Migration and Mobility*, 2014.

African Union & European Union, *The Future of the Africa-EU Partnership: Key Messages for the IV Summit*, 2014.

African Union & European Union, "Support to Pan-African Quality Assurance Initiatives Deepens", 30 September 2016, https://africa-eu-partnership.org/en/stay-informed/news/support-pan-african-quality-assurance-initiatives-deepens.

African Union Commission, "Opening Speech by Prof. Jean-Pierre EZIN Commissioner, Human Resources, Science and Technology", 11 October 2011, https://au.int/sites/default/files/newsevents/.

African Union Commission, *Agenda 2063: The Africa We Want*, 2015.

African Union Commission & European Commission, "Meeting between the European Commission and the African Union Commission in Addis Ababa", 04 June 2010, https://reliefweb.int/report/mauritania/meeting-between-european-commission-and-african-union-commission-addis-ababa.

African Union Commission & European Commission, *4th College-to-College Meeting Joint Declaration*, 2010.

African Union Commission & European Commission, "Launch of the African Higher Education Harmonisation and Tuning Initiative", 14 December 2011, https://africa-eu-partnership.org/en/stay-informed/news/launch-african-higher-education-harmonisation-and-tuning-initiative.

African Union Commission & European Commission, *6th College-to-College Meeting Joint Declaration*, 2013.

African Union Commission & European Commission, "EU and Africa Bolster Cooperation on Food and Nutrition Research", 19 April 2016, https://africa-eu-partnership.org/fr/node/8405.

African Union Commission & European Commission, "Higher Education in Africa: Next Steps for Tuning and Harmonisation", 04 February 2019, https://africa-eu-partnership.org/en/stay-informed/news/higher-education-africa-next-steps-tuning-and-harmonisation.

African Union Commission & European Commission, *Outcome Report from the Stakeholder Event*, 2019.

African Union Commission & European Commission, "AU-EU Skills for Youth Employability Programme", 30 April 2020, https://www.africa-eu-partnership.org/en/projects/au-eu-skills-youth-employability-programme.

African Union Commission & European Commission, *HLPD Virtual Plenary Meeting Conclusions*, 2020.

African Union Commission & European Commission, "How It Works | The Africa-EU Partnership", 02 January 2021, https://africa-eu-partnership.org/en/

about-us/how-it-works.

African Union Commission & European Commission, “African Union-European Union College-to-College Meeting”, 12 May 2021, https://africa-eu-partnership.org/en/our-events/african-union-european-union-college-college-meeting.

African Union Commission & European Commission, “What Is the Pan-African Programme?”, 12 May 2021, https://africa-eu-partnership.org/en/financial-support-partnership-programme/pan-african-programme.

African Union Commission & European Commission, “Africa-Europe Youth Summit”, 21 June 2021, https://africa-eu-partnership.org/en/about-us/africa-europe-youth-summit.

African Union Commission & European Commission, “Investing in People by Investing in Education and Skills”, 25 August 2021, https://africa-eu-partnership.org/en/investing-people-investing-education-and-skills.

ASAF, “Vision and Mission Statement”, 12 December 2021, https://www.asaf.africa/about/vision-and-mission.

ASREN, “Africa Connect”, 09 December 2021, https://asrenorg.net/?q=content/africaconnect.

AUDA-NEPAD, “African Continental Qualifications Framework (ACQF) Project: Capacity Development Programme”, 29 September 2021, https://www.nepad.org/skillsportalforyouth/publication/african-continental-qualifications-framework-acqf-project-capacity.

AU-EU Youth Cooperation Hub, “About”, 12 June 2021, https://www.aueuyouthhub.org/about/.

Commission of the European Communities, *Communication from the Commission to the Council and the European Parliament: The European Community's Development Policy*, 2000.

Commission of the European Communities, *Communication from the Commission to the Council and the European Parliament on Education and Training in the Context of Poverty Reduction in Developing Countries*, 2002.

Commission of the European Communities, *Communication from the Commission to the Council and the European Parliament: Proposal for A EU Code of Conduct on Division of Labour in Development Policy*, 2007.

Commission of the European Communities, *Communication from the Commission to the European Parliament and the Council: From Cairo to Lisbon-The EU-Africa Strategic Partnership*, 2007.

Commission of the European Communities, *The EU, Africa and China: Towards Trilateral Dialogue and Cooperation*, 2008.

CONCORD, *Guide to EuropeAid Funding Instruments 2014–2020*, 2016.

Consolidated Version of the Treaty on European Union, 2012.

Consolidated Version of the Treaty on the Functioning of the European Union, 2012

Council of the European Communities, *Proposal for a Council Decision Establishing a Trans-European Mobility Scheme for University Studies 'TEMPUS'*, 1990.

Council of the European Union, *The Africa-EU Strategic Partnership: A Joint Africa-EU Strategy*, 2007.

DAAD, "HAQAA", 26 August 2021, https://www.daad.de/en/information-services-for-higher-education-institutions/further-information-on-daad-programmes/haqaa/.

Donor Tracker, "EU Donor Profile", 20 December 2019, https://donortracker.org/country/eu.

ECDPM, *Beyond Structures? Reflections on the Implementation of the Joint Africa-EU Strategy*, 2009.

ECDPM, *EU Development Cooperation with Sub-Saharan Africa 2013–2018: Policies, Funding and Results*, 2020.

EFVET, "SAAM Working TOGETHER to Improve VET Mobilities Partnerships EU-Africa", 22 January 2020, https://www.efvet.org/2020/01/22/saam-working-together-to-improve-vet-mobilities-partnerships-eu-africa/.

ETF, *The Torino Process*, 2012.

ETF, *ETF International Conference Report: Torino Process-Moving Skills Forward Together*, 2015.

ETF, *Algeria: Education, Training and Employment Developments 2020*, 2020.

ETF, *Country Strategy Paper 2020 Update: Algeria*, 2020.

ETF, "Education Central to the European Union's Partnership to Africa", 14 May 2021, https://www.etf.europa.eu/en/news-and-events/news/education-central-european-unions-partnership-africa.

ETF, *An ETF Torino Process Assessment: Southern and Eastern Mediterranean Region*, 2021.

ETF, *Capacity Development Programme 2021 Thematic CDP Briefs: Quality Assurance for Technical Vocational Education and Training*, 2021.

ETF & GIZ, *Towards the African Continental Qualifications Framework: Synthesis Report*, 2021.

EU Centre in Singapore, *Higher Education Scholarships as a Soft power Tool: An Analysis of Its Role in the EU and Singapore*, 2015.

EUA, *White Paper: Africa-Europe Higher Education Cooperation for Development-Meeting Regional and Global Challenges*, 2010.

EUA, *Europe-Africa Quality Connect: Building Institutional Capacity through Partnership-Project Results and Future Prospects*, 2012.

EUA, "Quality Assurance in Africa, Asia and Europe: Differences and Similarities", 28 January 2019, https://eua.eu/resources/expert-voices/78: quality-assurance-in-africa, -asia-and-europe-differences-and-similarities.html.

EUA, "HAQAA Initiative", 5 August 2021, https://eua.eu/101-projects/583-haqaa-initiative.html.

EUR-Lex, "European Development Fund", 29 April 2014, https://eur-lex.europa.eu/legal-content/EN/TXT/? uri=LEGISSUM%3Ar12102.

European Parliament & Council, *Decision No 2317/2003/EC of the European Parliament and of the Council of 5 December 2003 Establishing a Programme for the Enhancement of Quality in Higher Education and the Promotion of Intercultural Understanding through Cooperation with Third Countries (Erasmus Mundus) (2004 to 2008)*, 2003.

European Commission, *Communication on the Social Dimension of Globalization—The EU's Policy Contribution on Extending the Benefits to All*, 2004.

European Commission, "The European Commission and the Commission of the African Union Meet in Addis Ababa", 28 September 2006, https://ec.europa.eu/commission/presscorner/detail/en/IP_06_1277.

European Commission, *The European Consensus on Development*, 2006.

European Commission, *The History of European Cooperation in Education and Training*, 2006.

European Commission, "Erasmus Mundus II: A New Boost for the EU's Reference Programme for Cooperation with Third Countries in the Field of Higher Education", 12 July 2007, https://ec.europa.eu/commission/presscorner/detail/en/MEMO_07_292.

European Commission, *Linking the Worlds of Work and Education through Tempus*, 2007.

European Commission, "GÉANT: Europe's Research Network—Frequently Asked Questions", 29 February 2008, https://ec.europa.eu/commission/presscorner/detail/en/MEMO_08_133.

European Parliament & Council, *Decision No 1298/2008/EC of the European Parliament and of the Council of 16 December 2008 Establishing the Erasmus Mundus 2009-2013 Action Programme for the Enhancement of Quality in Higher Education and the Promotion of Intercultural Understanding through Cooperation with Third Countries*, 2008.

European Commission, *Tempus IV: Reform of Higher Education through International University Cooperation*, 2008.

European Commission, "Supporting Regional Integration and an African Higher Education Space", 03 May 2010, http://www.aic.lv/bolona/2010/sem09-10/ghana_2020/workshop.

European Commission, "3rd Africa EU-Summit 29/30 November, Tripoli", 24 November 2010, https://ec.europa.eu/commission/presscorner/detail/fr/MEMO_10_604.

European Commission, *Commission Staff Working Document: More and Better Education in Developing Countries*, 2010.

European Commission, *Overview of the Programme TEMPUS IV (2007-2013)*, 2010.

European Commission, *The Communication on A New Impetus for European Vocational Education and Training Cooperation to Support the Europe 2020 Strategy*, 2010.

European Commission, *The Cotonou Agreement*, 2010.

European Commission, "Joint Communication on the European Parliament, the Council, the European Economic and Social Committee and the Committee of the

Regions：A New Response to A Changing Neighbourhood”, 25 May 2011, https：//eur-lex. europa. eu/legal-content/EN/TXT/? uri = celex% 3A52011DC0303#document1.

European Commission, “The European Commission Promotes Democracy and Growth with Its African Union Partners”, 30 May 2011, https：//ec. europa. eu/commission/presscorner/detail/en/IP_11_656.

European Commission, *A Retrospective of the TEMPUS Programme over the Past Twenty Years (1990–2010)*, 2011.

European Commission, *Increasing the Impact of EU Development Policy: An Agenda for Change*, 2011.

European Court of Auditors, *EU Development Assistance for Basic Education in Sub-Saharan Africa and South Asia*, 2011.

European Commission, *Overview of the Higher Education Systems in the Tempus Partner Countries Southern Mediterranean*, 2011.

European Communities, *Toolkit for Capacity Development*, 2011.

European Commission, *State of Play of the Bologna Process in the Tempus Partner Countries (2012)*, 2012.

European Commission, “The Multiannual Financial Framework：The External Action Financing Instruments”, 11 December 2013, https：//ec. europa. eu/commission/presscorner/detail/en/MEMO_13_1134.

European Commission, *Opening Speech by President Barroso at the 6th College-to-College Meeting of the African Union Commission and the European Commission*, 2013.

European Parliament & Council of the European Union, *Regulation (EU) No 1288/2013 of the European Parliament and of the Council of 11 December 2013 establishing Erasmus+*, 2013.

European Commission, *The Main Achievements of the Tempus Programme in the Southern Mediterranean (2002–2013)*, 2013.

European Commission, *TVET and Skills Development in EU Development Cooperation*, 2013.

European Commission, *ANNEX 1 of the Commission Implementing Decision on the Annual Action Programme 2016 of the DCI Pan-African Programme Action Docu-*

ment for Intra-Africa Academic Mobility Scheme II, 2014.

European Commission, *Annex 4 of the Commission Implementing Decision on the Annual Action Programme 2014 of the DCI Pan—African Programme: Action Document for AfricaConnect II*, 2014.

European Commission, *Annex 9 of the Commission Implementing Decision on the Annual Action Programme 2014 of the DCI Pan-African Programme Action Document for Pan African Statistics*, 2014.

European Commission, *Concept Note: Vocational Education and Training in European Development Cooperation*, 2014.

European Commission, *Pan-African Programme 2014–2020: Multiannual Indicative Programme 2014–2017*, 2014.

European Commission, *Tuning Africa: Tuning and Harmonisation of Higher Education-The African Experience*, 2014.

European Commission, *ANNEX 5 of the Commission Decision on the Annual Action Programme 2015 of the DCI Pan-African Programme Action Document for Intra-Africa Academic Mobility Scheme*, 2015.

European Commission, *Intra-ACP Academic Mobility Scheme Mobility Survey Results*, 2015.

European Commission, *Intra-ACP Academic Mobility Scheme: Enhancing the Quality of Higher Education in Africa*, 2015.

European Commission, *Intra-ACP Cooperation—11th European Development Fund: Strategy Paper and Indicative Programme (2014–2020)*, 2015.

European Commission, "The Africa-EU Partnership", 05 April 2016, https://ec.europa.eu/commission/presscorner/detail/en/MEMO_16_1208.

European Commission, "Inclusive Social Youth Entrepreneurship for Better Social Change", 01 September 2016, https://ec.europa.eu/programmes/erasmus-plus/projects/eplus-project-details/#project/573203-EPP-1-2016-1-BE-EPPKA2-CBY-ACPALA.

European Commission, "Learning and Teaching Tools Fuelling University Relations with the Economy in Mozambique and South Africa", 15 October 2016, https://ec.europa.eu/programmes/erasmus-plus/projects/eplus-projectdetails/#project/573579-EPP-1-2016-1-AT-EPPKA2-CBHE-SP.

European Commission, “Qualité en enseignement supérieur pour les énergies renouvelables en Afrique du Nord et de l'Ouest”, 15 October 2016, https://ec.europa.eu/programmes/erasmus-plus/projects/eplus-project-details/#project/573852-EPP-1-2016-1-FR-EPPKA2-CBHE-JP.

European Commission, *Joint Communication to the European Parliament and the Council: A Renewed Partnership with the Countries of Africa, the Caribbean and the Pacific*, 2016.

European Commission, *Study of the Achievements of Tempus IV Projects in University-Enterprise Cooperation in the Southern Mediterranean region*, 2016.

European Commission, “EU Official Development Assistance Reaches Highest Level Ever”, 11 April 2017, https://europa.eu/rapid/press-release_IP-17-916_en.htm.

European Commission, “African Higher Education Leadership in Advancing Inclusive Innovation for Development”, 15 October 2017, https://ec.europa.eu/programmes/erasmus-plus/projects/eplus-project-details/#project/585919-EPP-1-2017-1-RO-EPPKA2-CBHE-JP.

European Commission, *Erasmus Mundus Action 2 Partnerships: Main Achievements and Results (2010–2018)*, 2017.

European Commission, *Erasmus Mundus Action 2 Scholarship Holder's Impact Survey Results*, 2017.

European Commission, *Evaluation of the EU Development Cooperation Support to Higher Education in Partner Countries (2007–2014) Executive Summary*, 2017.

European Commission, *Evaluation of the EU Development Cooperation Support to Higher Education in Partner Countries (2007–2014) Final Report Volume I-Main Report*, 2017.

European Commission, *Evaluation of the EU Development Cooperation Support to Higher Education in Partner Countries (2007–2014) Final Report Volume III-Desk Phase Analysis*, 2017.

European Commission, *Evaluation of the EU Development Cooperation Support to Higher Education in Partner Countries (2007–2014) Final Report Volume IV-Field Phase Analysis*, 2017.

European Commission, *Evaluation of the EU Development Cooperation Support to*

Higher Education in Partner Countries (2007 – 2014): Country Note Egypt, 2017.

European Commission, *Evaluation of the EU Development Cooperation Support to Higher Education in Partner Countries (2007 – 2014): Country Note Kenya*, 2017.

European Commission, *Joint Communication to the European Parliament and the Council for a Renewed Impetus of the African Union*, 2017.

European Commission, *Roadmap for EU-African Union S&T Cooperation*, 2017.

European Commission, *Tools and Methods Series Reference Document No. 24: Vocational Education and Training for Inclusive Growth in Development Cooperation*, 2017.

European Commission, "Factsheet: European Commission and African Union Commission Step up Their Cooperation to Support Young People, Jobs and Peace", 23 May 2018, https://ec.europa.eu/commission/presscorner/detail/en/MEMO_18_3890.

European Commission, "EU-Africa Cooperation through Erasmus+", 2018, https://ec.europa.eu/programmes/erasmus-plus/sites/erasmusplus2/files/eu-africa-four-pager-2018.pdf.

European Commission, *Annex 6 of the Commission Implementing Decision on the Annual Action Programme 2018 of the DCI Pan-African Programme: Action Document for AU-EU Higher Education Programme*, 2018.

European Commission, *Communication from the Commission to the European Parliament and the Council on Education in Emergencies and Protracted Crises*, 2018.

European Commission, *Communication from the Commission to the European Parliament, the European Council and the Council: Communication on a New Africa-Europe Alliance for Sustainable Investment and Jobs: Taking Our Partnership for Investment and Jobs to the Next Level*, 2018.

European Commission, *Concept Paper No. 6: Promoting Employment and Decent Work in Development Cooperation*, 2018.

European Commission, *Pan African Programme-Multi Annual Indicative Programme (MIP) 2018-2020 Summary*, 2018.

European Commission, “Appropriation des Standards Internationaux pour la structuration de formations d’Ingénieurs en Afrique de l’Ouest”, 15 January 2019, https：//ec. europa. eu/programmes/erasmus-plus/projects/eplus-project-details/#project/599030-EPP-1-2018-1-FR-EPPKA2-CBHE-JP.

European Commission, “Education in International Cooperation and Development”, 12 August 2019, https：//ec. europa. eu/europeaid/sectors/human-development/education_en.

European Commission, “Digital Generation Youth”, 01 December 2019, https：//ec. europa. eu/programmes/erasmus-plus/projects/eplus-project-etails/# project/608393-EPP-1-2019-1-NL-EPPKA2-CBY-ACPALA.

European Commission, *Annex 2 of the Commission Implementing Decision on the Annual Action Programme 2019 Part 2 and Annual Action Programme 2020 Part 1 for the Pan-African Programme: Action Document for ‘Pan-African Statistics Programme II’*, 2019.

European Commission, “Commission Selects Three Projects for Pilot Vocational Education and Training Mobility Scheme for Western Balkan and African Countries”, 13 January 2020, https：//ec. europa. eu/neighbourhood-enlargement/news_corner/news/commission-selects-three-projects-pilot-vocational-education-and-training-mobility_en.

European Commission, “VET Mobility Scheme Selects Three Projects for Funding”, 13 January 2020, https：//ec. europa. eu/education/news/vet-mobility-results_en.

European Commission, “10th African Union Commission-European Commission Meeting-Joint Communique”, 29 February 2020, https：//ec. europa. eu/commission/presscorner/detail/en/statement_20_365.

European Commission, “Reference Document No. 6：Toolkit for Capacity Development (2010)”, 08 April 2020, https：//europa. eu/capacity4dev/t-and-m-series/documents/reference-document-nr-6-toolkit-capacity-development-2010.

European Commission, “European Union and African Union Research and Innovation Ministers Meet for the First Time”, 17 July 2020, https：//ec. europa. eu/info/news/european-union-and-african-union-research-and-innovation-ministers-meet-first-time-2020-jul-16_en.

European Commission, "European Commission Welcomes Political Agreement on Future € 79. 5 Billion for a New Instrument to Finance the EU External Action and Lead Global Recovery through International Partnerships", 18 December 2020, https://ec.europa.eu/international-partnerships/news/european-commission-welcomes-political-agreement-future-eu795-billion-new-instrument-finance-eu_en.

European Commission, *Africa & Europe Innovation Partnership AEIP Booklet*, 2020.

European Commission, *Erasmus+ Capacity Building in Higher Education (CBHE) Action Regional Report: South Mediterranean Region*, 2020.

European Commission, *Erasmus+Capacity Building in Higher Education (CBHE) Action Regional Report: African Caribbean and Pacific Countries (ACP)*, 2020.

European Commission, *EU-AU Commission to Commission Take Their Cooperation Forward*, 2020.

European Commission, *European Union-African Union Cooperation in Research and Innovation*, 2020.

European Commission, *Intra-ACP Academic Mobility Scheme: Scholarship Holders' Impact Survey Results*, 2020.

European Commission, *Joint Communication to the European Parliament and the Council Towards a Comprehensive Strategy with Africa*, 2020.

European Commission, *Practical Guidance Note 4: Capacity Development for Education Systems Strengthening*, 2020.

European Commission, "Africa-EU Partnership", 04 January 2021, https://ec.europa.eu/international-partnerships/topics/africa-eu-partnership_en.

European Commission, "DG International Cooperation and Development Becomes DG International Partnerships", 15 January 2021, https://ec.europa.eu/international-partnerships/news/dg-international-cooperation-and-development-becomes-dg-international-partnerships_en.

European Commission, "Horizon 2020: Participatory Tools for Human Development with the Youth", 17 March 2021, https://cordis.europa.eu/project/id/645743/reporting.

European Commission, "EU Cooperation in Education in Central Asia", 21 March

2021, https: //eeas. europa. eu/central_ asia/docs/factsheet_ education_ en. pdf.

European Commission, "International Partnerships-Education", 10 May 2021, https: //ec. europa. eu/international-partnerships/topics/education _ en # header-6527.

European Commission, "Governance Structure of the HLPD", 2 June 2021, https: //ec. europa. eu/info/research-and-innovation/strategy/strategy-2020-2024/europe-world/international-cooperation/eu-africa-cooperation/governance-structure-hlpd_ en.

European Commission, "Partnership and Innovation", 12 June 2021, https: //ec. europa. eu/info/research-and-innovation/strategy/strategy-2020-2024/europe-world/international-cooperation/eu-africa-cooperation/partnership-innovation_ en.

European Commission, "Intra-Africa (2014–2020) Supporting Academic Mobility in Africa", 30 November 2021, https: //www. eacea. ec. europa. eu/grants/2014-2020/intra-africa_ de.

European Commission, "Intra-Africa Academic Mobility Scheme (2016–2017)", 11 December 2021, https: //eacea. ec. europa. eu/intra-africa/library/intra-africa-academic-mobility-scheme-general-statistics_ en.

European Commission, "Jean Monnet Activities-Database-Jean Monnet Activities from 1995 – 2020", 20 January 2022, https: //www. eacea. ec. europa. eu/grants/2021-2027/erasmus/jean-monnet-activities-database_ en.

European Commission, "Policy Coherence for Development", 01 February 2022, https: //ec. europa. eu/international-partnerships/policy-coherence-development _ en.

European Commission & African Union Commission, *Joint Declaration: The 5th College-to-College Meeting of the European Commission and the African Union Commission*, 2011.

European Commission & African Union Commission, *7th College-to-College meeting Joint Declaration*, 2015.

European Commission & African Union Commission, *Joint Communiqué between the African Union Commission and the European Commission at their 8th College to College Meeting*, 2016.

European Commission, Council of the European Communities & Council of the European Communities, *Development Cooperation Policy in the Run-up to 2000: Collection of Communications from the Commission to the Council and the European Parliament and of Relevant Resolutions, Declarations and Conclusions of the Council of Ministers May 1992/ May 1995*, 1996.

European Parliament, *The Joint Africa-EU Strategy*, 2017.

European Parliament, *European Parliament Resolution of 13 November 2018 on EU Development Assistance in the Field of Education (2018/2081(INI))*, 2018.

European Parliament Research Service, "EU-Africa Academic Cooperation", 12 December 2019, https://www.europarl.europa.eu/thinktank/en/document.html? reference=EPRS_BRI(2019)642810.

European Parliament Think Tank, "Empowering Africa's Youth: The New Focus of EU-Africa Cooperation", 14 November 2017, https://www.europarl.europa.eu/thinktank/en/document.html? reference=EPRS_BRI(2017)608806.

European Parliament Think Tank, *Understanding Capacity-Building / Capacity Development: A Core Concept of Development Policy*, 2017.

European Parliament & Council of the European Union, *Regulation (EU) No 233/2014 of the European Parliament and of the Council of 11 March 2014 Establishing a Financing Instrument for Development Cooperation for the Period 2014-2020*, 2014.

European Parliament, Council & European Commission, *Joint statement by the Council and the Representatives of the Governments of the Member States Meeting within the Council, the European Parliament and the Commission: The New European Consensus on Development*, 2017.

European Union, *Cairo Declaration and Cairo Plan of Action*, 2000.

European Union, *Cairo Declaration*, 2000.

European Union, *First Action Plan (2008-2010) for Implementation of the Africa-EU Strategic Partnership*, 2007.

European Union, *Africa-EU Dialogue: 3rd Africa-EU Summit*, 2010.

European Union, *Joint Africa EU Strategy Action Plan 2011-2013*, 2011.

European Union, *Brussels Declaration*, 2014.

European Union, *Forth EU-Africa Summit Declaration*, 2014.

European Union, *Forth EU-Africa Summit: Roadmap 2014-2017*, 2014.

European Union, *Roadmap Towards a Jointly Funded EU-Africa Research &Innovation Partnership on Food and Nutrition Security and Sustainable Agriculture*, 2016.

European Union, *5th AU-EU Summit Joint Declaration: Investing in Youth for Accelerated Inclusive Growth and Sustainable Development*, 2017.

European Union, *The European Union's Global Strategy: Three Years on, Looking Forward*, 2019.

European Union & African Union, *European Union (EU) African Union (AU) Research &Innovation Ministerial Meeting Report*, 2020.

European Union External Action, *Shared Vision, Common Action: A Stronger Europe. A Global Strategy for the European Union's Foreign and Security Policy*, 2016.

Expertise France, *Report on the Pan-African Statistical Institute*, 2019.

GMES, "GMES & Africa Discusses Usage and Applications of Copernicus Data", 19 February 2019, http://gmes4africa.blogspot.com/2018/02/gmes-africa-discusses-usage-and.html.

GMES, "Objectives", 31 May 2021, http://gmes4africa.blogspot.com/p/objectives.html.

HAQAA2, "About Us", 26 August 2021, https://haqaa2.obsglob.org/about-us/.

National Erasmus Office in Uzbekistan, "TEMPUS IV (2007-2013)", 10 January 2022, http://www.erasmusplus.uz/Information-about-the-projects/tempus/Tempus-4/ index.htm.

North-South Centre of the Council of Europe, *Africa-Europe Youth Cooperation Programme: Collection of the Declarations and Main Document Adopted by the Youth Movement since 2007*, 2011.

OECD, *The Paris Declaration on Aid Effectiveness and the Accra Agenda for Action*, 2008.

OECD, *Development Assistance Committee (DAC) Peer Review: European Union 2012*, 2012.

OECD, *OECD Development Cooperation Peer Reviews: European Union 2018*, 2018.

OECD, *Development Aid at a Glance: Statistics by Region: Africa*, 2019.

OECD, "Development Cooperation Profiles-European Union Institutions", 17 August 2021, https://www.oecd-ilibrary.org/sites/c0ad1f0d-en/index.html?itemId=/content/component/5e331623-en&_csp_=b14d4f60505d057b456dd1730d8fcea3&itemIGO=oecd&itemContentType=chapter&_ga=2.129018124.1869246607.1628666699-889053882.1628666699.

Okebukola P. A. & Fonteyne B., *Developing a Pan-African Quality Assurance and Accreditation Framework Report: Draft for Expert and AUC/EC Approval*, African Union Commission, 2014.

The Norwegian Ministry of Education and Research, *Looking Out! The Bologna Process in a Global Setting on the "External Dimension" of the Bologna Process*, 2006.

Treaty of Lisbon Amending the Treaty on European Union and the Treaty Establishing the European Community, 2007.

Tuning Africa, *Feasibility Study into the Relevance of a Tuning Approach for Higher Education in Africa Final Report*, 2011.

Tuning Africa, *Tuning Africa Phase II: 5th General Meeting*, 2017.

Tuning Africa, "What is Tuning Africa", 7 April 2020, https://tuningafrica.org/en/what-is-tuning-africa.

Tuning Africa, "The Africa-EU Partnership", 17 April 2020, https://tuningafrica.org/en/the-africa-eu-partnership.

Tuning Africa, "Structure of the Tuning Africa Project", 05 October 2020, http://tuningafrica.org/en/structure.

UbuntuNet Alliance, "Africa Connect: Celebrating 10 Years of African European Collaboration | UbuntuNet Alliance", 11 May 2021, https://ubuntunet.net/2021/05/africaconnect-celebrating-10-years-of-african-european-collaboration/.

UNESCO, *Global Monitoring Report 2008, Education for All by 2015: Will We Make it?*, 2007.

UNESCO, *Background Paper Prepared for the Education for All Global Monitoring Report 2015: the Role of China as An Education Aid Donor*, 2015.

UNESCO, *Incheon Declaration and Framework for Action for the Implementation of Sustainable Development Goal 4*, 2015.

UNESCO, *Evaluation of UNESCO's Regional Conventions on the Recognition of Qualifications in Higher Education*, 2016.

UENSCO, *Aid to Education: A Return to Growth?*, 2018.

UNESCO, "COVID-19 Threatens to Set Aid to Education Back by Six Years, Warns UNESCO", 17 March 2020, https://en.unesco.org/news/covid-19-threatens-set-aid-education-back-six-years-warns-unesco.

UNESCO, *COVID-19 Is a Serious Threat to Aid to Education Recovery*, 2020.

UNESCO, *Global Education Monitoring Report 2020: Inclusion and Education-All Means All*, 2020.

UNESCO, *UNESCO COVID-19 Education Response: How Many Students Are at Risk of Not Returning to School?*, 2020.

UNESCO&UIS, *Meeting Commitments: Are Countries on Track to Achieve SDG4?*, 2019.

UIS, *New Methodology Shows that 258 Million Children, Adolescents and Youth Are Out of School*, 2019.

UIS, "SDG 4 Dashboard", 14 January 2021, https://infogram.com/sdg-4-data-dashboard-1hnq41z1k09p63z? live.

UIS, "Education in Africa", 17 January 2021, http://uis.unesco.org/en/topic/education-africa.

World Bank, *The COVID-19 Pandemic: Shocks to Education and Policy Responses*, 2020.

后　记

本书在本人博士学位论文的基础上补充修改完成，非常有幸作为“全球治理与教育变革丛书”中的一员得以出版。

本书所涉及的国际教育援助是比较教育学的新兴话题和学术前沿议题。当今世界正在经历百年未有之大变局，经济复苏乏力，地缘政治冲突加剧，全球性问题集中爆发，伴随着蔓延全球的脆弱性、复杂性和不确定性，“去全球化”和“逆全球化”的声音甚嚣尘上。国际援助作为一种跨国性、公益性的国际公共产品，是解决全球性问题，实现全球共同发展的重要抓手。教育援助作为国际援助的重要领域之一，备受国际社会的关注，也是各行为体在国际舞台上重要的外交手段。当前国际教育援助进入了新的发展时期，援助由双边向多边、由官方向民间、由项目向整体转型。我国是新兴援助国，实现从受援国向援助国的转变，将在国际教育援助上发挥着更大的作用。我国对外教育援助的潜在需求日益增长，相较于国际关系领域对援助的研究，教育学界在国际教育援助领域的研究略为滞后，尚且处于起步阶段。因此，全方位把握国际教育援助发展态势，尤其是典型的传统援助者在教育援助方面的政策计划和实践举措，对我国开展对外教育援助有较强的国际借鉴价值和现实指向意义。本书通过收集、整理和分析相关的文献资料，为学界更系统全面地把握作为传统援助者的欧盟对非洲教育发展合作的政策和实践提供了可能。从某种程度上来说，这或许也是本书最大的意义所在。当然，平心而论，本书对欧盟对非洲教育发展合作只是做了一些初步的研究工作，由于学识和能力有限，仍存在不少疏漏和不足。在本书付梓之际，既有喜悦却又充满忐忑，因此诚恳希望学界前辈和同仁对本书批评指正。

借本书出版问世之机，谨向曾给予我支持和帮助的老师、朋友和家人致以最诚挚的感谢！感谢博士导师阚阅教授一直以来在我的学术成长和个人发展方面提供的支持和帮助！在论文写作和发表、学术交流和社会实践、国际组织实习、博士联合培养、博士学位论文选题和撰写、毕业就业等各个环节，我都得到了导师的悉心指导和大力帮助。读博期间，我曾几度踌躇不前，因论文和毕业就业灰心丧气，导师的一段段微信、一个个电话、一句句鼓励，便如消融冬雪寒冰的暖阳，伴我度过暗淡失意的日子。只此寥寥数语，道不尽对导师的感恩之情！

也由衷感谢宋永华教授、吴雪萍教授、梅伟惠教授、刘淑华教授、吴寒天老师、翟俊卿老师等在本书撰写过程中提供的指导和帮助，各位老师的宝贵建议让我受益匪浅！感谢给予我宝贵实习机会的联合国教科文组织亚太教育局，感谢汪利兵教授、Wesley Teter、Ji-hye Hwang 等导师给予的指导，让我有幸在实习实践中找到了个人的研究旨趣，最终将“教育援助”确定为研究方向。

此外，在博士学位论文撰写期间，感谢浙江大学争创优秀博士学位论文资助！作为浙江大学首批多学科交叉培养博士生，感谢浙江大学“文科+X”多学科交叉人才培养卓越中心自入学以来给予的关心和帮助！感谢浙江大学联合国教科文组织研究中心为本书出版提供的资助和支持！感谢朱雪莉、袁李兰、张萌、李默妍、辛越优、王文雯、段世飞、尹向毅、周婷婷、王琰、余沁芸等同窗和好友在本书撰写和修改过程中提供的建议和鼓励！亦感谢父母家人一直以来的理解、支持和陪伴！

徐冰娜

2022 年 12 月 30 日